关 怀 现 实 ， 沟 通 学 术 与 大 众

王甲红 ———— 著

穿行秘鲁
五千年

SPM
南方传媒 | 广东人民出版社

· 广州 ·

图书在版编目（CIP）数据

穿行秘鲁五千年 / 王甲红著. —广州：广东人民出版社，2024.10
（万有引力书系）
ISBN 978-7-218-17411-2

Ⅰ. ①穿… Ⅱ. ①王… Ⅲ. ①游记—秘鲁 Ⅳ. ①K977.89

中国国家版本馆CIP数据核字（2024）第027336号

CHUANXING BILU WUQIAN NIAN
穿行秘鲁五千年
王甲红 著

出 版 人：肖风华

丛书策划：施　勇　钱　丰
责任编辑：刘飞桐
营销编辑：常同同　张　哲
责任技编：吴彦斌

出版发行：广东人民出版社
地　　址：广州市越秀区大沙头四马路10号（邮政编码：510199）
电　　话：（020）85716809（总编室）
传　　真：（020）83289585
网　　址：http://www.gdpph.com
印　　刷：广州市岭美文化科技有限公司
开　　本：787毫米×1092毫米　1/16
印　　张：23.5　**字　　数**：329千
版　　次：2024年10月第1版
印　　次：2024年10月第1次印刷
定　　价：138.00元

如发现印装质量问题影响阅读，请与出版社（020-85716849）联系调换。
售书热线：（020）87716172

推荐语

孟可心 | 中国外文局美洲中心《今日中国》杂志
秘鲁代表处负责人，秘鲁《公言报》总编

　　《穿行秘鲁五千年》是一本了解秘鲁、认识秘鲁的好书，作者王甲红从地理、历史、与文化多角度、立体地展现了秘鲁的独特风情，图文并茂地记述了他在秘鲁的半年时间里走过沿海荒漠、安第斯山脉和热带雨林的旅程，直观、详实地记录了所见的文物古迹、优美风光和多彩的文化习俗，更以学者的角度认真挖掘了秘鲁五千年的历史文化发展脉络，语言朴素，却引人入胜。书中丰富的图片把故事与实景完美结合，读来仿佛身临其境。

谌良仲 | 原联合国环境规划署专家，世界银行专家，守望地球创始人，
全国三亿青少年进森林公益活动首席研学顾问

　　这是一本从自然、生态、历史、人文以及与中国的渊源等方面，全方位介绍遥远的南美国家——秘鲁的百科全书。作者以自己的亲身体验和独特见解，饱含深情地带领读者领略大自然赋予秘鲁从太平洋沿海到雄伟的安第斯山脉，从亚马孙热带雨林到海边沙漠的多样地貌、气候、生态环境和由此孕育的独特历史文化，以及改变世界的航海大发现塑造的南美洲近代史，为读者提供了广阔的视野，拓展了人文地理疆界。

宋晓丽 | 河北师范大学秘鲁研究中心
执行主任、讲师

　　《穿行秘鲁五千年》是王甲红老师多年旅行科考的重要成果。王甲红老师在书中渊博的学识、真挚的情感、优美的文字、有趣的见闻深深地吸引了我。他从沿海沙漠、安第斯山区穿越到热带雨林，用脚丈量秘鲁，用心感受秘鲁，在旅行科考中记录了"太阳之国"秘鲁的悠久历史、精美古迹和神秘文化。王甲红老师让远在西半球的南美神秘国度更加鲜活而灵动，让我们更加了解秘鲁的历史文化和风土人情……相互理解是文化交流互鉴的基础，相互理解是友谊不断增进的纽带。中秘文化交流互鉴和两国人民之间的友谊将在彼此的好奇和热爱中不断深化发展。

田　野 | 纪录片导演、
拉丁美洲文化学者

　　当我在亚马逊科考船上，被如红茶颜色的河水、树冠上若隐若现的闪电与动物啼鸣包围的时候，怎么也没想到与我同舱的甲红会从此恋上秘鲁，最终写出这本《穿行秘鲁五千年》。

　　他将亚马逊雨林的沛然生机付诸文字当中。翻开书卷，文字立刻将我拉回到了背起行囊奔赴最遥远异乡的漫游时代。秘鲁一次次召唤他前往、寻找、思考。最终，以安第斯群山与浩瀚的太平洋为纸，以古城、故道、遗址等地理节点为脉络，甲红用工笔画一般的细腻笔触，为读者描摹出了这块土地五千年历史的背影。

秘鲁的
魔力

秘鲁，似乎对我施加了什么魔法。

幼学时期，我曾在历史课本上看到一幅插图，那是的的喀喀湖上一叶芦苇小船。仿佛有一位手舞足蹈、念念有词的巫师，从数千公里之外，将的的喀喀湖这个极富节奏感的名字强行塞进我的头脑，令我不能须臾忘怀，虽不能至，然心向往之。

我真正亲近秘鲁，是几十年后了。2011 年，我第一次作为科考志愿者走进亚马孙雨林，就此欲罢不能，先后四次漫游秘鲁，累计停留半年时间。

要了解秘鲁，需手持地形图才能体会那份凹凸起伏和变化莫测。秘鲁并不十分辽阔，国土面积 128 万平方公里，仅比我国西藏自治区略大一些，但地形极为复杂，沿海荒漠、安第斯高原和热带雨林很不协调却紧凑地拼接在一起。

秘鲁名为高山之国，但山区只占国土面积的 30%。安第斯山脉如蜿蜒的巨龙，如巨人的脊梁，呈西北—东南走向，纵贯 2000 多公里，海拔 5000 多米的雪山有 200 多座，白雪皑皑，连绵起伏，无数条河流发源于安第斯山脉，向西平行流动，分头注入太平洋，向东则逐渐集中起来，汇入亚马孙河，注入大西洋；狭窄的沿海荒漠位于安第斯山脉与浩渺的

太平洋之间，占国土面积 10%，最窄处只有 5 公里，如一条灰黄色的
缎带，与湛蓝的大海形成鲜明对比；安第斯山脉东北侧的亚马孙热带雨林
最为辽阔，莽荡无垠，像一块巨大的地毯，又像一片醉人的绿色海洋。

秘鲁整体位于南纬 0°01'48" 和 18°21'03" 之间，最北端直抵赤道，
最南端也在南回归线之内，本应是典型的热带气候。但其沿海是温凉而
干旱少雨的荒漠，更常常有调皮的"圣婴"（厄尔尼诺现象）和"圣女"
（拉尼娜现象）不期而至，将气候变得紊乱而不可捉摸，安第斯山脉呈
高原气候，只有东北部的雨林才有热带的模样，炎热而潮湿，有明显的
旱季和雨季之分。

或许，上苍异常垂青于秘鲁，赋予她丰富的自然资源和多彩的地貌，
但又如此吝于赏赐，必要秘鲁人民付出极大的艰辛才能享用这份恩典。

当我们徘徊于埃及金字塔下，流连于殷墟之前，仰望古印度的塑像，
驻足于古希腊的神庙，抒怀旧之蓄念、发思古之幽情时，总是会忽略美
洲大陆的古老文明。

地形与气候深刻影响着秘鲁的历史进程。数千年间，一系列地区性
文化如星辰般散落在安第斯山区和太平洋东岸的沙漠地带。安第斯文明
发轫于 5000 年前的卡拉尔－苏佩文化，经查文文化广播火种，在灿烂
的星河中，帕拉卡斯、莫切、纳斯卡、蒂亚瓦纳库、瓦里、兰巴耶克、
奇穆和查查波亚斯等文化如满天繁星，熠熠生辉，历经文化嬗替，军事
征伐，信仰变迁，不断推移演化和交流融合，最终集大成于印加帝国。
每一段地区性文化都有数百年历史，在秘鲁历史进程中不可或缺，它们
想象奇特，或张扬恣肆，或恢诡谲怪，充满迷人的气质，在历史长河中
永恒激荡。

印加帝国横空出世，大军从都城库斯科频频出击，如强秦东出函谷
关，攻城略地，殄灭诸侯，首次统一了秘鲁。马丘比丘作为印加王室的
庄园、硕果仅存的完整印加遗迹，成为南美文化的象征。

但印加帝国之后的历史却被悲剧气息笼罩，每一步都充满艰涩。我
们很难判断，如果印加帝国的历史进程没有被西班牙殖民者打断，安第

斯文明的走向会是如何。暂且放下对残酷殖民统治的谴责，我们可以纯粹地从文明碰撞和融合的角度来看待秘鲁1532年之后的历史。安第斯文明与欧洲文明的融合，彻底改变了整个国家的人口结构和文化景观。

秘鲁人民对西班牙殖民者的反抗从没停止过。图帕克·阿马鲁二世成为秘鲁的民族英雄，悠扬飘逸的民歌《老鹰之歌》深切表达了对他的崇敬，保罗·西蒙让这首曲子走向世界，而邓丽君一曲《旧梦何处寻》又使其流传于中国。

一如南美洲其他地区，秘鲁共和国也经历了漫长的动荡，先行者们在寻找医治南美洲创伤的良药。诺贝尔文学奖得主马里奥·巴尔加斯·略萨在思索秘鲁的未来；赫尔南多·德·索托在经济领域对秘鲁进行了大刀阔斧的改革。

从宏伟的卡拉尔金字塔，查文梦幻般的石刻，纳斯卡神秘的地画，西潘王高规格的墓葬，奇穆厚重的土砖城市，到印加的巨石墙体，西班牙殖民时期的巴洛克教堂，秘鲁共和国时期的新古典主义建筑……历史在这块土地上留下了不可磨灭的印迹，如同时代的影像，定格了历史的瞬间，流风余韵，吉光片羽，弥足珍贵，令人一唱三叹，流连不已。

无论是在海滨沙漠、安第斯山区或是在热带雨林，大量民俗依然得以保留，艳丽的服饰，数不清的节日，奔放的歌舞，大行其道的巫术，融合了安第斯和欧亚非元素的饮食文化，使秘鲁充满瑰丽而神秘的色彩，无限精彩。

徜徉在秘鲁街头，必然会留意到无数中餐馆"Chifa"（粤语"吃饭"的发音），我们得以窥见华人艰辛的契约劳工之路。

在秘鲁旅行，如同在古今欧美亚不同世界的不同时空场景中穿梭。作为旅行者，我只是基于肤浅的认知，力图经纬兼顾，点面俱到，既呈现秘鲁的完整图像，又尝试深入解读，不厌其烦地描述遗迹和建筑以及它们与秘鲁历史、地理和文化背景的关联，让自己在游记作者和历史文化地理作者之间切换。

目　录

目　录

连绵的中部安第斯山脉

莽莽苍苍的东部热带雨林

干旱的
西部沿海
热带荒漠

　　狭窄的沿海沙漠，从比邻厄瓜多尔的边境城市通贝斯，到接壤智利的边境城市塔克纳，绵延 2500 公里。

　　这一条漫长的沙漠带是诸多矛盾的统一体。

　　向西，浩瀚的太平洋多产，又多灾。强大的冷水洋流——秘鲁寒流带来了全世界 1/5 的渔获，却孳生了可怕的"圣婴"（厄尔尼诺现象）和"圣女"（拉尼娜现象），无常，却循环往复。

　　向东，安第斯山脉高耸而模糊的灰色轮廓连绵起伏，依稀可见。

　　秘鲁海滨本就位于副热带高气压带，干燥少雨；而秘鲁寒流水温低，海水蒸发缓慢，水汽不足，更加剧了干旱；来自大西洋或亚马孙河流域的湿润空气努力攀爬安第斯山脉，却总是力竭后跌落在山脉的东坡，去浸润广袤的亚马孙热带雨林。太平洋东岸的荒芜由此形成。

　　高山融雪汇集成 53 条河流。北部，大河奔腾而下，义无反顾地注入太平洋，短促而湍急。南部，河流在大部分时间裸露着干涸的河床。干旱、荒凉、孤寂本是沙漠的常态，繁荣的绿洲只是荒漠中的点缀。这片明显不适宜人类居住的沙漠地带却是复杂的早期社会的重要中心。古代秘鲁人早已掌握修建灌溉系统的技术，造就肥沃的沙漠绿洲，在河谷周边发展农业，使一系列重要城市应运而生。

人们头顶始终悬着一柄达摩克利斯之剑。在"圣婴"光顾的年份，连续数月的暴雨和洪涝灾害能够冲毁农田，冲毁灌溉系统，甚至一度决定文化的兴衰。

五千年来，在这沿海沙漠的河谷中，卡拉尔－苏佩、帕拉卡斯、莫切、纳斯卡、兰巴耶克和奇穆等文化相继萌芽、生发、浮浮沉沉、此消彼长，如璀璨的明星闪烁在夜空，虽终将化作流星坠落，却在划破夜空时发出夺目的光彩，其文化持久传承，融入秘鲁人的精神世界。

众多的文明遗迹，零星分布在僻静的角落，那是历史的回声和投影，期待后世的和歌。

卡拉尔金字塔
——与古埃及同时期的文化

离开利马，我乘巴士沿太平洋向北进发。海水蓝得醉人，明亮闪烁，一波一波向岸边推进，迸溅在嶙峋的礁石上，留下一片白色泡沫，又退回去积蓄力量，再次发动攻击。公路曲折蜿蜒，小型沙滩、海湾和岬角，一个连着一个，没有尽头，且千姿百态，生怕旅行者产生视觉疲劳。而右侧，连绵的沙丘似要将公路吞没。

随后，车辆转向泛美公路，一头扎进灰黄色的沙漠，两侧平坦得没有一丁点起伏，了无生机。途经钱卡伊河和瓦乌拉河，河水欢快地流淌，那是生命之水。绿洲上，村镇和工厂连缀成片。200公里大致如此，几千年来，人们面对着同样的生存环境。

海洋之滨、沙漠之中、河流之畔，坐落着美洲大陆最古老的城市遗址，一处前陶器时代晚期的遗址——卡拉尔－苏佩金字塔群。金字塔群位于苏佩河谷地，西距太平洋大约20公里，是卡拉尔－苏佩文化（又称小北文化）的大型居住地。

中午到达巴兰科。我顺手拦下一辆出租车，司机巴桑身材魁梧，极为热情。有强壮的本地人陪伴，相当于有了绝佳的保镖。尽管卡拉尔就在泛美公路边，距离利马并不遥远，但其并不是大多数游客的目的地，能遇到东方游客，巴桑也颇为意外，初见面，他以为我来自日本，甚至拿出放在车上的过期护照给我看，他仅有的国际旅行即是前往日本。他坚持认为自己有 1/16 的日本血统——想来也很有可能，100 多年前，很多早期日本移民即是在沿海的大型甘蔗和棉花庄园中工作。

　　在颠簸不堪的沙土路上，我们驶向金字塔。巴桑开车相当狂野，车后扬起滚滚灰尘，周边土黄色的沙漠草木不生。此地的年雨量只有25 毫米，那是一种令人绝望的干旱和荒凉。随着苏佩河谷渐行渐近，路边开始有了一些生机，之后变得绿意盎然。远古的卡拉尔人在苏佩河谷生活，创造了不朽的文化。

▼ 蓝天、白云、青山、黄沙和金字塔，构成无比壮阔的画面

❖ 美洲大陆最古老的文化

溯源秘鲁古文明当从卡拉尔－苏佩文化说起。卡拉尔－苏佩遗址最早从公元前 3000 年左右开始建设，经过长达 1500 年的扩建、重建，从繁荣到萧条，大约在公元前 1500 年被遗弃。

这是一段相当古老而漫长的历史。让我们把一些古文明放在时间轴上做个比较，会看得更加真切。

当卡拉尔文化达到鼎盛，在遥远的东方，在中华大地，按照传说，大禹和夏启的子孙们正在黄河岸边叮叮当当地修建宫殿。公元前 1600 年前后，卡拉尔文化晚期，太平洋彼岸传来一阵喧嚣，商汤起兵讨伐夏桀，夏亡，商立。

卡拉尔－苏佩文化最具代表性的建筑——金字塔，可比拟古埃及法老们的陵墓。公元前 2700 年前后，古埃及文明开始进入古王国时期，开始进入法老们热衷于修建金字塔的年代。大体与此同时，两河流域的古代苏美尔人也正在如火如荼地修建着塔庙。

纳斯卡地画举世皆知，其发现者保罗·柯索，早在 1948 年就发现了卡拉尔金字塔，但没有挖掘出典型的陶器等古器物，没有得到足够重视。那时，学界通常将公元前 1300 年前后的查文文化视作安第斯文明之母。伴随新考古发现，卡拉尔金字塔的重要意义才被广泛认可。

如果说印加文化是西班牙入侵前最后一个安第斯文化，那卡拉尔－苏佩文化则是安第斯文明"矩阵文化"的发源地，早于查文文化 1700 年，早于纳斯卡地画 2900 年，早于印加文化 4200 年，是不折不扣的安第斯文明之母。它比中美洲文明之母奥尔梅克文化早 1900 年，堪称美洲大陆最古老的文化，是人类文明的曙光。

面对卡拉尔，我们怎能不肃然起敬。

但在史学家笔下，美洲大陆往往被忽略，我们在谈及世界上最古老的文明时，也鲜有人提及卡拉尔。念及此，不免为之抱屈，但也深知，历史认识的发展往往会遵循它的逻辑。

为避免遗址遭受人为破坏，管理方每天安排数次有组织的导览，我比预定时间到得早了一些，就驻足于管理处的看板前，浏览卡拉尔的基本信息。卡拉尔－苏佩文化有20处定居点，分布于40公里长的范围。卡拉尔是其中心城市，占地面积2.5平方公里，拥有6座金字塔神庙、大型广场和普通房屋，成为后期安第斯文明城市建设的范例。2009年，卡拉尔－苏佩遗址被联合国教科文组织评定为世界文化遗产。

跟随解说员豪赫尔走进遗址，脚踩漫漫黄土，站立在中央广场。这座广场是集会、大型祭祀活动和贸易的场所。蓝天、白云、青山、黄沙和金字塔，构成无比壮阔的画面。尽管损毁严重，颇多残缺，但土黄色的金字塔仍直指苍宇，散发着不可知的神秘气息。高耸的金字塔模糊了现实世界与神秘世界的界限，似乎沿金字塔斜坡攀登，我们就可以从凡界登临神界；它们也模糊了现在与过往，似乎每爬升一步，都可以走向过去，直到消失在金字塔顶端，消失在历史里。

正前方，广场正北，大金字塔耸立在青色的远山前；中央金字塔和采石场金字塔位于左侧，右侧是小金字塔，画廊金字塔和拉万卡金字塔在我右后方，我身后稍远处，还有一座剧场神庙。考古学家推测，六座金字塔系按星座排列，祭司每年遵照固定时间表，率众在不同金字塔举行祭祀活动。说到这里，解说员仿佛已经幻化为神秘的祭司，站立在星座中央，民众紧张地注视着他的一举一动，倾听他发出的每一个音节，如聆听天启。

每座金字塔旁都有一些残存的附属建筑，供神职人员居住，如印度教神庙的婆罗门、佛教寺庙的僧侣和教堂的神甫。

大金字塔规模宏大，是卡拉尔圣城中最壮观的建筑，作为卡拉尔的政治和宗教权力中心。金字塔残存部分高30米，底部东西长171米，南北宽150米。在考古发掘的最初阶段，由于清理现场的工作量浩大，考古学家不得不请求军队协助。精英阶层站立在金字塔顶端时，整个苏佩河谷一览无余，城市居民的所有行动也尽收眼底，振臂一呼，山鸣谷应，可以想见其高高在上的心态。硕大无朋的建筑充分体现了统

大金字塔是卡拉尔最壮观的建筑，也是圣城的政治和宗教权力中心

治者的权威和他们的法统地位，也令居民深感渺小。

卡拉尔人用石块、鹅卵石和沙土修建金字塔。人们用石块垒筑外墙，再用芦苇编织的袋子拖运鹅卵石作为填充物，以支撑墙体，这些芦苇袋就保留在金字塔内，其过程颇类似于李冰父子采用竹笼络石法修筑都江堰。采用这种方式，卡拉尔人垒起了令人敬畏的建筑，它甚至可以抵御强烈地震。而检测这些芦苇袋帮助考古学家们确定了金字塔建造的年代：公元前 2600 年。

金字塔很难攀登，也不允许攀登。豪赫尔介绍："我们在平台上发现了鲨鱼牙齿制作的吉祥物。金字塔顶有一些房屋，墙体为白色、黄色和红色。其中有专用于祭祀仪式的房间，我们称之为神庙。神庙旁有一座长方形祭坛，祭坛拥有地下通风系统。神庙墙体有涂鸦，中央有燃烧圣火的平台，四周环绕阶梯状长凳。在建筑材料和石块堆中，我们发现了一个中年人的残骸，他全身赤裸，双手反绑，脊柱的增生

▼ 由石块、鹅卵石和沙土筑成的金字塔

显示他是重体力劳动者，头骨多处损伤，应是卡拉尔人采用人祭来祭告神灵，以保佑整个建筑坚固持久。"看来，后世安第斯文明中盛行的人祭早在卡拉尔时期已初现端倪。

中央广场和大金字塔之间，有一座圆形下沉广场，下沉广场北部台阶是大金字塔的轴线，一直向上延伸，台阶两侧有类似于梯田的阶梯平台。

中央金字塔向东面朝中央广场，高 18 米，底部南北长 92 米，用石块修建，金字塔四角用巨石加固。"我们还在金字塔平台发现了一具婴孩的遗骸，婴孩只有两个月大，戴宝石项链。"听到此处，大家都有些紧张，有人还发出了惊讶的叹声——难道又有孩子成为人祭的牺牲品？豪赫尔看出大家情绪的变化，赶紧解释："但孩子全身并无伤痕，应不是人祭，而是夭折后厚葬于此。"卡拉尔人在原采石场的石山一角修建了采石场金字塔，高 14 米，东西长 66 米，南北宽 44 米，顶部有一些未经烧制的泥土人偶。

东侧小金字塔高 10 米，底部长宽近 50 米，近似正方形，其上平台发现有一只葫芦瓢；东南方向的画廊金字塔高 19 米，底部 70 米见方，其腰部发现一只作为祭品的木筏，用于祭祀仪式的平台顶部则发现了一段树干，树干周围细心地陈列着蓝鲸脊椎骨，另还发现了奇普（quipu或 khipu）和排箫；拉万卡金字塔位于中央广场南侧，高 13 米，底部长宽约 50 多米，正前方竖立着高 2.5 米的单体巨石拉万卡，巨石可能与天文或者仪式有关。

六座金字塔各就其位，构成一只巨大的秃鹰，鹰头高挺，翅展开阔，翼蔽子孙。即使金字塔多有坍塌，破败迹象明显，仍巍然高耸，如同历经沧桑、白发苍苍的祖师爷，令人长存敬意。数千年来，它们朝迎晨曦，晚送夕阳，披星戴月，栉风沐雨，安于寂寥而与天地为一。

被称为"圆形剧场神庙"的宗教场所位于南侧，一片居住区将其与中央广场隔离开来。它独成一体，其结构不同于前述金字塔。进入神庙，首先要经过一个平台，平台两侧各有 12 间小屋，前面是被称为"圆形剧场"的大型圆形下沉广场，之后拾级而上，穿过两侧高中间低的两层平台，进入举行仪式的房间。房间结构与大金字塔上的仪式

▼ 拉万卡金字塔正前方竖立的单体巨石拉万卡，可能与天文或者仪式有关

房间结构相同，中央有燃烧圣火的平台，阶梯式长凳环绕四周。

在圆形剧场神庙中，出土了 38 支鹿角制作的喇叭，32 支使用秃鹰和鹈鹕骨制作的骨笛，骨笛上描绘着动物图案，如猴子、猫科动物、蛇和鹰等，这些乐器完全可以用来组建一支规模庞大的乐队。

我行走于金字塔间，追寻历史的遗迹，抬头看得到碧蓝的天空，低头看得到被风吹皱的沙地。就让我融入这天地间，融入沙砾中，让我生活在卡拉尔人的时代，让我与祭司相遇，让我与神灵对话吧。

人影幢幢，似乎有一支游行队伍正在金字塔群中穿行，棉服束腰，短裙及膝。巫觋居前，手舞足蹈，动作夸张，念念有词；乐师在后，骨笛齐鸣，排箫幽咽，贝壳喇叭声大作，抑扬顿挫，高低疾徐。整个队伍如醉如狂，虔诚而蛮野，充满戏剧色彩，极富表演性质。数千年前人们的呼吸，回荡在骨笛和排箫的孔管中，那曲调，是文明的先声，在金字塔群中环绕，不绝如缕。民众熙熙攘攘，前呼后拥，罗拜于金字塔前。随后，各色祭品在火焰中化为灰烬，青烟袅袅，向金字塔顶飘去。

隐藏于古老神话中的秘密

卡拉尔 – 苏佩文化标志着美洲大陆文明的兴起。人们对古代美洲的了解来自古老的神话传说和考古发掘。透过历史的重重迷雾，依稀能看到早期文明的曙光。

探寻文明肇始离不开神话。中国人在盘古开天辟地、女娲补天和抟土造人等神话中寻找中华文明的民族精神和集体人格。秘鲁各地也流传着神话故事，其中隐藏着早期文明的影子，似隐若现。历史是制作神话的原料，制作神话也是历史过程的一部分。透过动人而天马行空的故事，我们可以提炼出合乎逻辑的猜想。

海滨小镇贝格塔距离卡拉尔 – 苏佩遗址不远，创世神话在镇上代代相传，与安第斯山区创世神维拉科查的版本大相径庭。

在这里的传说中，太阳神创造了一对男女，他们在荆棘丛中以采集植物根茎为生，男子不幸死去，孤寂无依的女子向神抱怨她的不幸，并祈求得到更多眷顾，于是太阳神将自己的光植入她的身体，四日后，她产下一子。

太阳神之子帕查卡玛卡，嫉妒太阳神对新生儿的爱，残忍地将孩子撕成碎片，又缝合起来弃之荒野。慢慢地，尸体的牙齿中生长出玉米，肋间生长出木薯和其他可食用根茎作物，肉体中生长出瓜果、豆类和树木。

太阳神心生怜悯，用孩子的脐带创造出男孩维查玛。维查玛长大成人后云游四方，歹毒的帕查卡玛卡趁机杀死他母亲，并创造众多男人和女人，从中任命首领和精英阶层来领导他们。

维查玛归来后，异常愤怒。在他祈求下，太阳神将所有人变成石头。但太阳神随即后悔，于是赋予原有首领、精英阶层、贵族和勇敢的武士们神性，将他们变为瓦卡（神祇所在的场所）、变为海中的岩石和礁石，将原首领阿纳特化身为海岛，令他成为神祇。

维查玛也很伤心人类的消失，央求太阳神再次创造人类。太阳神送来金蛋、银蛋和铜蛋，金蛋中走出贵族们，银蛋中走出他们的妻子，铜蛋中走出普通人。人类开始在这块土地上繁衍生息。

故事一波三折，听起来颇有一些不忍。神话形成时间不明，蕴含着一些似是而非的要素：他们经历了早期的母系氏族社会，知母而不知父；维查玛的出现，大概意味着母系社会向父系社会的转变；人们最初依靠采集植物根茎生活，他们慢慢培育出玉米等农作物，开始发展农业，不再有饥馑；社会开始出现阶层，但阶层固化并非一以贯之，曾一度出现反复，原有精英阶层被彻底抛弃，但后来者又将他们化为神祇，以阐释统治的合法性。

虽然神话传说"往往有事实之素地"，但仍会有八成来自不着边际的想象，考古则提供了更多可靠的依据。不断更新的考古发现，尽管仍是一鳞半爪，很是碎片化，有很大局限性，且学者们各有不同解读方式，但终归提供了合理推断的坚实基础，令我们得以透物见人，透物见史。

卡拉尔文化的社会

卡拉尔拥有如此众多的建筑，规模如此宏大，其建造和维护都需要耗费大量人力物力。显而易见，卡拉尔－苏佩已经出现明显权力集中——没有强大的动员能力、控制能力和管理水平，如何能够建设这些大型公共设施？

卡拉尔没有任何防御工事，没有类似美索不达米亚早期文明的城墙，没有发现武器，没有经历战争而致残的躯体，没有烧毁的建筑，没有任何曾经发生冲突的迹象。尽管有人祭产生，但卡拉尔仍不失为一种和平而温和的文化。那么这些统治者是谁？他们通过什么力量控制社会？他们显然不会来自太阳神的金蛋。从神话故事推断，他们或曾通过某种方式实现权力更替。

宗教是最有效的控制方式。卡拉尔－苏佩已具备相当程度的宗教意识形态，甚至是完全的神权统治。卡拉尔被称为"圣城"，为数不多的精英阶层通过控制宗教，控制与神灵和其他超自然力沟通的渠道，来确保其政治权力，固定社会等级，维持社会秩序，确保社会的黏合力，掌控经济。公元前 2250 年的葫芦上有一尊持权杖的神灵，眼睛斜视，戴头巾，尖牙利齿。手持权杖的神灵是安第斯山区后期文化的重要神祇。或许金字塔中的涂鸦是一种符号，也代表着他们所崇拜的神祇？

卡拉尔城市规划初具形态，空间布局极富技巧，建筑设计和复杂性都令人感叹，我们可以看到数学和几何学的初期应用，甚至可能涉及天文学。有考古学家猜测，卡拉尔可能按宇宙图景布局，代表着一套历法，代表着卡拉尔－苏佩文化的宇宙观，每座建筑都对应着不同的神祇和恒星。而在古文化中，天文总是与宗教密切相关的。

卡拉尔－苏佩文化修建了数量众多而复杂的河道，以"驯服"湍急的河水进行灌溉，发展农业，这也是卡拉尔－苏佩文化得以存续的关键，而修建河道需要全社会协调，恶劣的生存环境也促进了社会组织的发展。卡拉尔人食谱很广，玉米是最重要的主食，他们已培育南瓜、豆类、路枯马果、辣椒、竹芋、花生、番石榴和葫芦等农作物，但动物性食物几乎完全局限于海洋动物，如蚌、贻贝及大量鳀鱼和沙丁鱼。他们没有陶器，不能煮食，只能烧烤。

海洋渔业和农业间存在着密切联系，考古学家们提出了一种有趣的假设：尽管渔业提供必要的蛋白质，但农业则更有优势——棉花至为重要，它可以用来织布裁衣，还可以用来编织渔网——精英阶层通过控制棉花生产，进而控制了服装和渔网生产，从而控制了沿海居民。

卡拉尔与其他文化有着贸易往来，来自厄瓜多尔水域的海菊蛤、安第斯山区的染料以及亚马孙雨林的迷幻药都显示卡拉尔人与其他地区的贸易交流。

卡拉尔众多文物中，最引人注目的莫过于打结的编织物，它被认为是一件奇普——秘鲁先民的古老"文字"。如果它确实是，那这将是南美大陆最早的奇普。奇普经数千年发展演变，日臻完善，在印加帝国时期达到完美的程度，以绳子的颜色、粗细、长短，结的结构和形状以及结之间的距离来代表不同的含义，安第斯文明的连续性可见一斑。无独有偶，《易经》记载，中国"上古结绳而治，后世圣人易之于书契"。或许通过绳结，古安第斯人也可以进行音节等复杂表述，或许绳结是一种十进制系统，可用于复杂计数。希望有朝一日可以发掘出安第斯文明的"罗塞塔石碑"，破译这种古老的记事方法。

除了150多个没有烧制的黏土人偶、葫芦上的权杖之神和乐器上的动物刻画，卡拉尔文化没有更多的视觉艺术痕迹。比较欧亚大陆的古代文明，卡拉尔－苏佩文化确实令人惊讶。他们几乎没有视觉艺术，没有类似埃及神庙墙壁的法老战功浮雕，没有苏美尔人的图画叙事，也没有良渚玉琮和红山玉龙，房屋内几乎没有装饰，但他们却有能力组织修建庞大的金字塔群。

大约公元前 1800 年，卡拉尔－苏佩文化开始衰落，他们没能逃脱厄尔尼诺现象带来的自然环境的变化，而在东、南、北三个方向出现的更为强势的文化，也给他们造成了压力。卡拉尔随后被遗弃，但长时期没有遭到破坏，保存相对完好。即使有两次被占用，也只是在圣城外围，没有影响到圣城本身，毕竟这里没有金银器物，没有掠夺价值。

卡拉尔是美洲大陆最早的文化，是文明形成阶段发展水平最高的定居点，是远古文明城市规划的代表，它的平台型金字塔、下沉广场和城市规划在数个世纪里影响着附近定居点，影响着整个秘鲁沿海和安第斯山区。

太阳西沉，余晖斜洒在金字塔上，像是为金字塔镶上一层金边。游客逐渐离去，空旷的金字塔群沉静下来。此刻，天地无言，古迹寂寥，我的思绪却跨越千里、跨越古今，自由自在地驰骋起来。

地中海南岸，撒哈拉沙漠的边缘，风沙漫漫；太平洋东岸，秘鲁沙漠里的谷地，赤日炎炎。各有一群人，他们汗流浃背，疲惫不堪，都在喊着号子，修建金字塔。两群人头顶同样的日月，却度过不同光阴；他们脚下踩着同样的沙粒，却是不同的沙漠，撒哈拉沙漠浩瀚无边，秘鲁沙漠狭窄漫长；他们同样喊着号子，却操着不同的语言；埃及金字塔是石制的，搬动每一块巨石都需要耗费大量人力，卡拉尔金字塔却是石块混合沙土堆砌而成，易于搬动；埃及金字塔是法老们的不朽陵墓，卡拉尔金字塔则是与上天沟通的场所；大部分埃及金字塔保留了相当好的构造，卡拉尔的金字塔却损毁严重。

两群金字塔如此不同，却都是人类历史上早期文明的见证。

离开卡拉尔，巴桑在门口等候。有两位搭车前来遗址的英国女士与我一起返回巴兰科。难得遇到国际游客，就相约一起晚餐。

话题依然不能离开卡拉尔。大家存在同样的疑问：卡拉尔文化与两河流域、古埃及以及古代中国文明几乎同期产生，但在漫长的历史长河中，它们的发展轨迹何以会有如此巨大的差异，以致最终美洲文明进程严重落后于欧亚大陆？

大家看法趋于一致。文明发展依赖于交流和竞争，不期而来的互动与转换可以省却悠长的探索期。旧世界诸文明之间交换物品和经验，彼此征伐，相互竞争。环地中海文明之互相影响自不待言，自张骞凿空西域，东西交流也成为常态。在早期，殷墟墓葬中曾发现类高加索人种和太平洋类黑人种头骨，三星堆出土文物既有中华文明也有两河文明的元素。这些都表明，早在数千年前，就存在跨区域文化交流的可能。而卡拉尔－苏佩及其后的南美洲社会被隔离于世界交流体系之外，独立发展，成为巨大的孤岛。哥伦布之前，除维京人短暂到达北美洲东北角以外，美洲和欧亚大陆再没有其他沟通，所谓的殷人东渡之说，本属牵强附会，不足为凭。

安第斯文明最终未能创建文字体系，没有文字作为载体，毕竟韧性不足，是极脆弱的。常遗憾安第斯文明没有创造出文字，没有如两河流域的楔形文字、如尼罗河畔的象形文字、如中华大地的甲骨文，直如万古长夜，龙无睛，凤无羽。没有文字，人们不可以飞鸿传书，文学家无以抒发胸臆，思想家无以理性思辨，文化遗产只能凭借口耳相传和实物传承，历史在传说中变得真伪难辨，诸多细节杳无可寻。甚至，在长达数千年的时间里，能让我们记住名字的人物都寥若晨星，而名字得以传世者，也没有留下只言片语可以描述他们的音容笑貌、性情、日常生活和作为……总之，历史的面目是模糊的，乃至空白的。

数千年来，安第斯人民未得外来文化的帮助，在高山、在海滨、在雨林，踽踽独行，筚路蓝缕，步履蹒跚，其创造历史的艰辛殊难想象，最终成就了辉煌的文明，独立而独特。不著一字，亦得风流。

在被长枪利剑征服后，在异族文化绵厚而强大的力量的裹挟下，安第斯文明的元素成为新文明的组成部分。为之一叹。

次日，巴桑驱车带我前往附近的帕拉蒙加（Paramonga）遗址，这处遗址曾被认为是奇穆王国时期的神庙废墟，后被考古学家所否定。

秘鲁各地有大量等待发现或发掘，也亟须保护的遗址。帕拉蒙加遗址无人值守，杂草丛生，更显荒凉。秘鲁的治安只能说差强人意，单人独行，总是存在被抢劫的风险，健壮的巴桑拍了拍厚实的胸膛，自告奋勇地陪同我走进了遗址。

在这土丘之上，我陷入沉思。我从一处遗迹游荡至另一处，就像在搜寻古老的化石标本，古文化之于现今世界，恰如古化石之于如今鲜活的物种。"人们自己创造自己的历史……是在直接碰到的、既定的、从过去承继下来的条件下创造。一切已死的先辈们的传统，像梦魇一样纠缠着活人的头脑。"我总是试图寻幽探微，寻找蛛丝马迹，试图建立过去与现在的联系，富有竞争力的、活下来的内容富有意义。但我们又怎能否认，那些久已湮没于历史长河，在当今已不见显著痕迹的过往也曾以某种方式悄悄地影响了整个历史进程呢？

巴桑送我到驰安（Chihan）巴士公司的办公室，驰安运营着通往瓦拉斯的班车。售票大姐像接待贵宾一样把我迎进办公室，脸上洋溢着笑容。他们总是那么友好而热情。我想，这就是为什么我对秘鲁那么情有独钟了。

莫切文化遗址

——饱受厄尔尼诺摧残的文化

我在特鲁希略停留的时间略长了一些。从卡哈马卡返回海滨，身体略觉疲惫，遂在此稍做休整。选择在特鲁希略停留，是因为一个小插曲。

我在酒店大堂闲坐，离开时将冲锋衣遗留在沙发上，半个小时后方才想起，想到护照就在冲锋衣口袋中，瞬间惊出一身冷汗。我赶紧返回酒店到前台询问，得知酒店工作人员帮我收了起来。感激之余，亲切之感顿生，立即决定延住。行程变化，往往缘于一件小事引起的感动。而特鲁希略附近莫切金字塔遗址和奇穆文化的昌昌古城遗址也值得我停留数日。

从特鲁希略往东南约 5 公里，穿过莫切河，即是太阳神庙金字塔和月亮神庙金字塔——莫切（Moche）文化都城所在，距离太平洋岸大约 6 公里。两处金字塔直线距离约 600 米，周边黄沙漫漫，寸草不生。近旁，布兰科火山充其量算是一座小山丘，名曰白山，质地是风化严重的黑色火山岩，像极了残破的金字塔。

白山掩映下，两座金字塔依然高大，但严重破损，厚重而沧桑。盛衰荣辱，俱在天地之间，千秋寂寞，幽然涌上心头。

公元前 500 年前后，安第斯山脉崇山峻岭中，查文文化幽咽的海菊蛤号角声逐渐沉寂，查文祭司们蹒跚的脚步逐渐停歇，被死藤水麻醉的身影逐渐隐去。700多年后，祭司们又在莫切金字塔上活跃起来，沿海沙漠里，他们迷离的眼神看得到大风卷起的黄沙，他们迟钝的鼻子闻得到海水湿咸的味道。

公元250—750年，莫切文化从形成、扩张并达到高峰，渐至衰落，最终解体，被称为"古典文化盛开的花朵"。它与中华文明的三国、两晋南北朝、隋朝和唐玄宗之开元盛世并行。

莫切文化从海岸线向内陆跨度大约80公里，南北延伸570公里，以帕伊汉（Paijan）沙漠为界分为南北两部分。南莫切是莫切文化的核心地带，包括莫切谷地和奇卡玛谷地，太阳神庙金字塔和月亮神庙金字塔即是其政治和宗教中心。北莫切包括上皮乌拉谷地的比库斯文化区域、下兰巴耶克谷地和下赫克特佩克谷地，由一系列松散的区域性王国组成，或许，西潘王是其中势力最为强大者。

南北莫切没有形成政治上统一的帝国或国家，分别有自己的统治者，它们独立发展又互相关联，偶尔会出现某种程度的中央控制，但并不频繁，北部莫切可能附属于南莫切。南北政体不同，但文化一致，有共同的宗教信仰、相似的艺术创作和象征符号系统。

莫切文化行政中心
——太阳神庙金字塔

太阳神庙金字塔是莫切行政和军事中心，也是统治者的住宅和墓葬地。它高40米，长345米，宽160米，曾是前哥伦布时期美洲大陆最大的土砖建筑。

特鲁希略流传着古老的传说，25万人用7000万块土砖，花费三天时间修建了太阳神庙金字塔。罗马绝非一天可以建成的，太阳神庙金字塔也历经很多代人的多次扩建，每次都直接在原有金字塔外铺设新土砖，层层叠压，共计使用了超过 1.4 亿块土砖，直到公元 450 年才告停止。每块砖体上都刻有制砖者的标记，三百年间，曾有上百个团体为金字塔提供建筑材料。

整个建筑外观本有鲜亮的色彩，并饰以各种图案，在灰黄色的沙漠中，在湛蓝的天空下，在雨季的浓雾里，有着高高在上的气场，夺人魂魄的肃穆和不可抗拒的威严。莫切统治者站立于金字塔顶部，自觉身处世界巅峰，拥有浩瀚宇宙。

但盛世繁华，如过眼云烟，恢宏建筑，似尢野尘梦。太阳神庙金字塔已颓圮不堪，成为一座黄色"土丘"，我们只能凭借想象，约莫看出金字塔的原始模样。"土丘"中部高耸，一座小平台位于南侧，还算平整，北侧本有长长的斜坡式步道，但坍塌严重。金字塔原是四层退台式结构，据西班牙人记载，统治者居住在最高层，第三层是墓葬。站在金字塔下，侧耳倾听，你是否听得到细碎的耳语？那是莫切统治者们在商讨如何治理民众的窃窃私语。

莫切社会是神权和军事统治的国家，拥有森严的等级制度，恰如金字塔构造，统治者高高在上，武士和祭司集团协同控制社会，农民和渔民构成被统治的大多数。从墓葬、居住区类型和布局可以清晰地看到莫切社会的等级制度。

如同其查文先辈，莫切的统治阶层也通过宗教意识形态维持其地位。他们是连接人类和超自然力的桥梁，把控与宗教相关的仪轨和仪式，通过献祭来取悦神祇，以求风调雨顺，农业丰收，渔获满满，征战胜利。周而复始的厄尔尼诺现象和拉尼娜现象似乎恰好契合这种神权统治的需求：灾难来临时，祭司们开始与神祇沟通，祈求保佑，并得到神祇们厚爱，随后一切归于平静，统治阶层的威望得到加强。

不同于完全和平导向的卡拉尔－苏佩文化和查文文化，军事在莫切文化中至为重要，建筑上的浮雕和众多陶器上的画面充斥着行军和杀戮的图案，武士们南征北战，抓捕俘虏，向神庙奉献人牲。

莫切的经济以农业和渔业为主导。莫切人修建了高水平的灌溉网络，充分利用来自安第斯山脉的雪水在沿河谷地发展农业，并将沙漠改造为良田。他们扎芦苇为舟，在太平洋沿岸捕捞鱼类贝类。在特鲁希略西北方向的海滨小镇万查科（Huanchaco），人们至今还在使用名为"香蒲马"的芦苇小舟出海。

莫切被认为是秘鲁所有古代文化中技术水平、艺术造诣最高者，其陶器闻名遐迩。莫切人拥有复杂的贸易网络，覆盖远达数千公里之外，海菊蛤来自瓜亚基尔湾的温暖海域，青金石来自遥远的智利，方钠石来自高原之上的玻利维亚。

看起来莫切人在地球另一端开创了"开元盛世"，但一场超级厄尔尼诺现象和拉尼娜现象摧毁了经济，打破了社会平衡，破坏了社会信任，成为毁灭莫切文化的罪魁祸首。

布莱恩·费根致力于研究气候与文明的关系，他如此描述厄尔尼诺现象："厄尔尼诺/南方摆荡循环是全球大气形态的一部强而有力的引擎，从一个极端再摆荡至另一个极端，从厄尔尼诺转换成拉尼娜，再转换回来。许多科学家相信它的重要性仅排列在春、夏、秋、冬之后，是定期造成气候转变的重要原因之一。"科学家们钻取安第斯山区冰川的冰芯，分析发现，公元536—594年，天气剧烈变化，导致数十年的强降雨和洪水泛滥，继之又是数十年干旱。

恰逢莫切文化走向辉煌，灾难接踵而至。先是连绵不断的暴雨和浩浩汤汤的洪水冲坏农田，破坏灌溉系统，海水升温导致渔获减少；随后，来自安第斯山脉融雪的河流枯竭，狂风驱动流沙填满曾经富饶的河谷，饥馑袭击大地，饿殍遍野，瘟疫流行。众神沉浸在暴虐的狂欢之中，漠视世间的混乱与煎熬。莫切民众求助于统治者和祭司们却失望而归，开始牢骚满腹，民意汹汹。精英阶层在金字塔顶眉头不展，冥思苦想，试图找出上苍震怒的缘由，但一筹莫展。那是令人绝望的六十年。

气候剧变打断了莫切人的正常生活，动摇了他们的宗教信仰，削弱了社会制度基础，金字塔也被暴雨、洪水和流沙损坏，伤痕累累，亮丽的色彩变得苍白。

　　遭受大自然的重创和来自南部安第斯山区瓦里文化的冲击，莫切文化不断衰落，滑向深渊，但尚未立即解体。虽然权威尽失，局面动荡，辉煌不再，但莫切文化仍在风雨飘摇中残存至公元 750 年前后，随后，就从人们视野中消失了。

　　西班牙人占领秘鲁后，殖民当局将前哥伦布时期的遗址当作"矿山"，授权"财富猎人"去搜寻财宝，莫切难逃此劫。1604 年，"财富猎人"为掠夺统治者陪葬的黄金器物，将莫切河水引到这里，冲走了太阳神庙金字塔的三分之二，金字塔坍塌严重，其悲惨情形令人不忍目睹，扼腕叹息。沧海桑田如同幻梦，高塔神庙已成丘墟颓场。

❖ 莫切文化的宗教中心
——月亮神庙金字塔

　　月亮神庙金字塔是莫切文化宗教中心，莫切人在这里祈祷，举行祭祀活动等大型宗教仪式。它规模较小，高 20 米，长 285 米，宽 207 米，但比太阳神庙金字塔保存更加完好，提供了更多考古信息，也更为有趣。

　　我从两座金字塔之间的古城中心穿过，这里曾是莫切人的居住区、墓地、仓库和手工作坊，现场有几座顶棚，覆盖着井然有序的考古坑。

　　月亮神庙金字塔坐落于布兰科火山脚下，并向山坡上延伸。古代自然崇拜中，山有着特殊的地位，人类学家相信，正是形似金字塔的布兰科火山吸引莫切人定都于此，并将其宗教中心置于火山脚下，与之连为一体。

　　月亮金字塔整体呈土砖本有的土黄色，1000 多年前，外墙装饰着黑色、亮红色、天蓝色、白色和黄色浅浮雕，但频繁经受风吹雨打日晒，亮丽的色彩大都被抹去了。如同太阳金字塔，月亮金字塔也经历了三次修建和扩建，用土砖层层叠压而成。幸运的是，金字塔内的早期浮

雕得以保存下来，甚至相当完好。如同剥洋葱，考古学家们正在发掘其中的秘密，不放过一丁点蛛丝马迹，跨越时空与莫切人做面对面的交流。

宗教仪式由高级祭司在月亮神庙金字塔顶部主持，高高在上，而平民则在地面的主仪式广场观礼。广场坐落于金字塔北侧，长 175 米，宽 90 米，四周被厚厚的土砖墙体包围，入口位于最北侧。

穿过长长的广场，到达金字塔脚下，左侧是通向金字塔顶部的坡道。七层浮雕占据整个北墙，色彩斑斓，颇为壮观，充斥着图腾化的神怪和动物形象，蕴含着浓郁的宗教意味。最底层画面从左侧坡道下开始，盛装的武士们肩扛自己和俘虏的武器，画面转弯，向金字塔主体延伸，人牲脖子被绳索套住，串在一起，列队跟在武士们身后，画面看起来是武士们正带领人牲沿坡道爬上金字塔；一系列贵族或舞者位于第二层，他们面向广场，载歌载舞；第三层则是一串蜘蛛形象的"刽子手"阿依·阿巴艾克神（Ai Apaec），二十条腿或触角向四面八方延伸，其中一只持图米刀（祭司用刀），一只抓人头发部；海神位于更上一层，表现为渔夫和猎海狮者的形象，双手各抓一条鱼；半猫科动物半海鬣蜥的神秘形象在第五层，头尾各长着猫科动物脑袋，海鬣蜥前爪提着人头；广场左侧通向金字塔顶部的坡道在第六层转向金字塔主体，一条波浪形的长蛇绘于坡道上，它代表河流和水，长蛇右侧则是阿依·阿巴艾克神的另一变体，正面是尖牙利齿的红色猴头，两只爬行动物的大嘴从猴子腮部分别探向左右，它长着两只黄色鹰爪；最上一层也是阿依·阿巴艾克神的变体"枭首者"众山之神，装饰着四根末端为秃鹰脑袋的长飘带，左手持图米刀，右手抓人头发部。

　　金字塔主体与左侧坡道墙角处，有一个小小的半封闭空间，墙体上描绘着一幅2米多高的精美壁画，图画可能代表着莫切的众多神话故事，其中有身着仪式装束、手持武器头戴冠冕的人物，陆生和海生动植物以及大量符号，各种生活场景和宗教仪式场景如秃鹫吞噬人头。

壁画中，人牲脖子上被套着绳索，串在一起，盛装的武士们肩扛自己和俘虏的武器，贵族或舞者位于第二层，载歌载舞

状似水滴的图案占据画面中心位置，水滴内有人物形象。画面的内容还需要人类学家们继续解读：各种形象所表达的含义，人们的行为方式，人类与自然的关系，等等。

浮雕、大量陶器和金属工艺品展示了莫切人的"奥林匹斯山诸神"。阿依·阿巴艾克神是最高神灵和造物主，是莫切人的"宙斯"，它无处不在——阿依·阿巴艾克在克丘亚语中意为"全知"。在莫切数百年的发展历程中，阿依·阿巴艾克神的表现形式不断变化。早期他很具象化，呈人形，双手各持一条双头蛇，其形状似乎延续自卡拉尔－苏佩文化和查文文化中的权杖之神。但之后的演变却越来抽象，一度表现为中间巨大的动物脸庞，上有两只触手，周围有八个鸟头形状爪子的形象。在月亮金字塔北墙，他又形若蜘蛛。他有时还表现为人物形象，双翅，美洲虎嘴，獠牙外露，佩戴美洲虎头饰和蛇形耳环，围着锯齿形腰带。他经常一手持图米刀，一手抓人牲发部，颇似"刽子手"，其脸部颇多皱纹，被印加人戏称为"皱脸"。

所有神祇都各司其职。阿依·阿巴艾克神创造了日神和月神，月神力量强大，在夜间和日间都会出现，控制着影响农业和日常生活的季节和风暴，地位非常重要；猫头鹰神是祭司保护神，鹰是战神，蝙蝠是陶器工匠保护神，它们来自天空；蜥蜴代表死神，青蛙是武士和猎人的保护神，鹿则代表祖先，蜘蛛是巫术之神，它们来自大地；蟹是河流和河岸之神，魔鬼鱼是海神，章鱼是深海之神，它们来自海洋；吸血鬼神则是黑暗之神。

在我们看来，整个画面稚气未消，传递着一种文明童年的天真和质朴之趣，但在彼时，整个金字塔充斥着狞厉甚至肃杀的形象，庄重严肃，恐怖威赫，形成巨大的冲击力。

遥想1500年前，熙熙攘攘的民众簇拥在广场上，眼前是色彩艳丽的墙体，神话中的神祇扑面而来，各种动物兽面杂糅，众多舞者疯狂扭动，海菊蛤幽咽的声音如泣如诉，造成强烈的感官刺激，令人目眩神迷。统治者们站立在金字塔顶端，高级祭司身着盛装，按既定仪

莫切月亮神庙金字塔上的主神阿依·阿巴艾克神

式手舞足蹈，口中念念有词，随后是血腥的人祭仪式。气氛森严而狂热，震撼心灵，民众诚惶诚恐，充满焦虑，又为祭司们蛊惑，在获得上苍垂青的信息后，群情激奋，为阿依·阿巴艾克欢呼，为统治者欢呼。民众们深信精英阶层与神灵沟通的能力，愿意交出收成，接受支配，去疏浚灌溉设施、修建公共建筑或从军出征。

金字塔顶部分布着三个平台。主平台位于主仪式广场正上方，主祭台即坐落于此，周围曾装饰的多种亮丽的壁画和浮雕如今都被破坏殆尽；中部平台用于高等级墓葬，此处出土过精美的陶器和其他陪葬品；东部平台可能曾用于人祭，祭祀仪式可能有这样一个环节：人牲从此处被抛下，跌落在布兰科火山的黑色岩石上，考古学家在黑色岩石旁发现一些遗骸，其头部遭受过重击。

夫祀，国之大节也。莫切文化发掘出很多陶器，其造型或上面与宗教仪式相关的画面都表明，人祭在莫切宗教活动中有着重要地位，人牲被认为是献给神灵的最高敬意，可能出现于重大祭祀仪式，如祈祷祖先重生，或祈祷农业丰产，或遭遇旷日持久的天灾之际。月亮金字塔下发现了60多具武士的遗骸，他们都是宗教仪式的祭品，被从金字塔顶抛下，骨骼被斫断，手足被砍下，颌骨遗失。遗留人血痕迹的仪式用杯也被发掘出来。

武装冲突中捕获的战俘被作为人牲，他们被关押数周，遭受折磨，被故意伤害至流血；而在大型宗教仪式中，上层集团武士身着盛装，捉对搏斗，其目的不是要杀死对方，而是俘虏对方，失败者将被护送进神庙作为人牲，献给至高无上的神灵。作为人牲被献给神灵意味着巨大的荣誉。仪式中，人牲某些部位可能会被吃掉，血液被喝下，此时，整个宗教仪式达到高潮。经此仪式，他们被赋予某种神性。

无独有偶，阿兹特克人也认为人牲拥有滋润神祇的力量，可以将能量和生命回馈给神祇，从而加强神祇的力量。厄尔尼诺肆虐大地和海洋，古文明难以理解也难以抵御加诸他们的灭顶之灾，选择牺牲部分人的生命，以换取整个社会的福祉，我们尽可以释然。

在后起的奇穆文化中，人祭更达到新的规模，继承他们衣钵的印加帝国也有相当数量的人祭，如阿雷基帕的"冰冻少女"。

我无意为莫切人辩护，但如果强以现代社会的世界观和伦理观念，以上帝视角审视古文明中的人祭现象，不免掉进时代错置和以今律古的陷阱，从而得出残忍的结论。毕竟知识体系跨越千年，有云泥之别。在人类的野蛮时代，人祭似乎顺理成章。几乎所有古文明都存在人祭，鲜有例外，阿兹特克人的"荣冠战争"和玛雅人的球赛举世皆知，美索不达米亚、古埃及、古希腊、迦太基、古罗马和斯堪的纳维亚的人祭也屡见不鲜，中国殷商概莫能外。实际上，人祭并不比欧洲烧死女巫更加残忍，"欧洲最后一名女巫"——安娜·高尔迪——被烧死在瑞士格拉鲁斯的广场上，那已是1782年。当人类不再通过焚烧女巫，而是通过焚烧垃圾来杜绝疫病流行时，世界文明才真正翻开新的篇章。

奇穆文化时期，虽然莫切城市已被抛弃，但奇穆人仍将月亮金字塔作为神圣的墓葬地；印加帝国时期，当地人在这里举行仪式；即使在现代社会，在莫切遗址被保护起来之前，萨满们依然将月亮金字塔视作圣地。

金字塔就这样成为时间的检阅者，成为历史的证人，那幢幢人影，包括我的身影，终究长久地印在了这里，成为历史性的留存。人来人往，后影已非前影，前影看似消失无踪，其实仍在那里，从不曾改变。只要我们不以亡而亡，一切若亡的，都凌虚而存在。

❖ 莫切文化的图坦卡蒙
——西潘王

让我们暂且离开南莫切，把目光投向北方，前往见证一场宏大的王室葬礼。

1700 年前，秘鲁西北部兰巴耶克河谷西潘（Sipán）小村附近，北莫切一位统治者逝世了。我们不知道他的名字，只知道他身高 1.66 米，年纪大约 40 岁，学者们称之为"西潘王"。西潘距离奇克拉约 30 公里，距离兰巴耶克 50 公里。

统治者逝世后都享有隆重而繁缛的丧葬仪式，从筹备、献祭到下葬都很完备。死亡是生命的一个阶段，死者将在同一个世界里的另一个维度开启新的生命。

在高级祭司嘶哑的祝祷声中，祭司们开始为西潘王整理服饰。西潘王身着长至大腿中部的白色精织棉衫，佩戴由四块半圆形贝壳穿起的胸佩，被安放在木制"担架"上。祭司给王穿上带有黄金流苏、表面缝制长方形鎏金铜片的棉质短上衣，给他系上两端装饰蛇头的腰带，腰带上系有两个半圆形黄金响铃，如同中国古人的腰佩，铃铛主体图案是莫切主神阿依·阿巴艾克，阿依·阿巴艾克一手持图米刀，一手持人头，双眼和双耳镶嵌绿松石，胸前佩戴六只猫头鹰脑袋串成的项链，

▲ 西潘王墓穴。博物馆制作了死者遗骸、棺木和所有陪葬物的同比例模型，按考古发掘时的位置陈列于墓穴中

圆弧一侧有八个黄铜圆球，圆球内放置着金属小球，在祭司手中发出叮铃铃的清脆声响。

祭司给西潘王双耳分别戴上一串三只用绿松石和黄金制作的圆形耳轴，耳轴造型各具特色。最上边一对耳轴直径 92 毫米，外圈有 42 颗黄金圆珠焊接在黄金箍上，金箍内嵌合一圈绿松石，中间黄金圆盘上雕刻着三个人物，中心人物为莫切武士祭司的立体雕刻，他佩戴鼻饰、黄金面罩、绿松石冠，冠后有半月形头饰、绿松石耳环、猫头鹰项链，身着绿松石上衣，腰间悬挂两只半圆形铃铛，左手持盾，右手持狼牙棒。左右两侧分别有一位武士，面向他站立，武士以绿松石勾勒轮廓，佩戴不同的黄金头饰，手持盾牌，一位还手持投掷器。难以想象这一切都体现在直径不足 10 厘米的耳轴上。这个内涵丰富、表现力惊人的耳轴图案已成为西潘王陵博物馆的馆标，放大多倍的耳轴图案置于博物馆入口正上方。第二对耳轴的图案是已灭绝的扁嘴鸭，它们相对而立，其中一只呈行走状态，身体整体为绿松石，金线勾勒轮廓，黄金点睛，憨态可掬。第三组图案则是莫切人经常狩猎的鹿，绿松石身体，鹿角、眼眶、嘴部、腹部、生殖器和尾部用黄金表示，惟妙惟肖。

祭司们又给他戴上四串项链：其一用10个银质头像作为串珠，每个头像都有简略的头饰，眼睛镶嵌绿宝石；一串有72个黄金球；一串以16个黄金圆盘和金、银图米刀各一柄穿起，圆盘代表太阳，表面呈光滑的弧面；最后一串造型独特，以9厘米大的金、银花生各十粒作为串珠。黄金代表太阳神和男子气概，白银表示月亮神和女性气质，在秘鲁古文化中，二元性的表现随处可见。

西潘王的腕带几乎占去整个小臂，由一系列绿松石串珠穿起来，每个串珠只有2毫米大小。可以想见，制作这些串珠耗时之巨。

西潘王双耳分别佩戴绿松石和黄金制作的圆形耳轴，这个耳轴图案已成为西潘王陵博物馆的馆标

祭司们将王权的终极象征——金银权杖刀置于西潘王左右手。右手黄金权杖头呈倒金字塔形，上面和四个侧面有浅浮雕，一个俘虏匍匐于前、武士打扮的酋长左手抓俘虏发根，右手持木棒砸向俘虏；手柄部分是带有高大月牙形头饰的王冠，一系列武器位于王冠之下，两侧狼牙棒斜向略突出于手柄；权杖下端则是扁平开刃刀具，形同木工刀凿。左手权杖下端也是扁平刀具，上端有一个小平台，平台上有佩戴精致头饰和猫头鹰项链的武士，手持盾牌和木棒，一名俘虏跪于面前，脖子上套着绳索。

祭司们给西潘王脚腕戴上黄铜片腕带，腕带有蝙蝠图案，展翅欲飞；给他系上白银拖鞋，将五个黄金手柄的羽扇饰品放置在他身旁，又在他脚边放上来自厄瓜多尔的海菊蛤。

祭司们将一片贴合西潘王枕骨的曲面椭圆形金盘置于他头下，将一块金块放入他嘴中，将锻打而成的牙套套在牙齿上，随后往脸部喷洒红色海菊蛤粉末，戴上鼻饰；又为王的鼻、眼睛和脸颊覆盖上精细的黄金片保护罩，眼罩上清晰地刻着睫毛、眉毛和眼球，鼻罩上刻有蛇和鸟头神祇，脸罩则按脸颊、嘴部和下巴的曲度锤揲而成；又将两把鎏金银剃须刀和铜制青蛙放置身旁。

祭司们为西潘王佩戴各种王冠和头饰：圆筒形羽饰王冠、黄金狐狸头头饰、有西潘王标志的鎏金铜制王冠和黄金冠。宽 62.7 厘米的巨大半月形黄金板王冠则是王权的最重要象征之一，西潘王生前曾无数次佩戴它，黄金板上反射着太阳炽热的光芒。

随后，祭司们给王佩戴两件半圆形贝壳串珠胸佩，一件纯红色，另外一件则以绿色打底，闪烁着 24 道嵌白边的红色火焰，令人瞬间联想到太阳；再将半月形散发着光芒形状的铜制平板佩戴在颈部。65 厘米宽，造型特异的黄金板置于王胸前，其中心形象是主神阿依·阿巴艾克神，头戴金片流苏头盔，嘴部覆以刻有人脸的金属圆片，颈戴猫头鹰项链，双手侧平举、握拳，手戴绿松石腕带，上衣布满金色圆片，腰间悬挂倒三角流苏，双脚外翻，背后金板如同投射的巨大身影，形成一个双手伸展向上侧举、下体箕踞而坐的巨型人物轮廓。祭司们在这位神祇身上覆盖贝壳串珠胸佩，镶嵌红边，白色为底，两只红色猫科动物相向奔跑，尾巴上翘，爪子清晰可见。

最后，祭司们给王套上一件深紫色罩袍，罩袍上装饰有圆形和长方形鎏金铜块。

给西潘王穿戴完毕，祭司高亢许久的声调停了下来，用奇恰酒润润嘶哑的喉咙。

在祭司主持下，另一场令人心碎的仪式开始举行。仪式中心是西潘王的正妻和两名妾，她们只有20岁，正值花季；与西潘王大致同年的军队首脑和掌旗官，他们曾与西潘王一起狩猎，并肩征战沙场；西潘王勇敢的武士、贴身侍者，还有一个十岁男孩儿。他们都将作为陪葬，陪同先王开始新的生命。祭司们砍下军队首领、一名妾的左脚，以及武士双腿，或许还有其他更加血腥的场景。

随后，妻妾、军队首脑和掌旗官的遗体被放进竹条棺。正妻头戴圆柱形铜冠，铜冠上装饰人脸；军队首领戴头盔、半月形铜冠和头饰，身穿盔甲，手持盾牌和武器；掌旗官头戴羽毛头饰，胸前佩戴红白串珠胸佩，圆形旗子置于胸前。

莫切文化最重要的建筑就是月亮金字塔和太阳金字塔。按照传统，统治者和高级祭司都会被安葬在月亮金字塔和太阳金字塔对面的三层墓葬平台，平台长130米，宽50米，高10多米。

遵照神旨，高级祭司为西潘王在墓葬平台顶部选择了下葬地点。人们向下挖掘出5米深的墓穴，墓穴底部收窄，周围留下高1米左右的平台，平台东西两侧留有两个壁龛，南侧有一个壁龛，在距离墓穴底部大约3米的南墙上也凿有壁龛。

木匠们也已将西潘王的木棺制作完毕，长2.2米，宽1.25米，底板厚3毫米，木板之间以榫卯拼接，连接处用铜条捆扎。

在高级祭司主持下，鼓角齐鸣，下葬仪式正式开始。年轻的继任西潘王端坐于肩舆之上，颇具威仪，新任军队首脑和大队武士拱卫于侧，他们手持武器、战利品和旗帜。西潘王的棉制旗帜上，缝着细小的金属片。正方形旗子中央，有全身人像，圆眼睛，戴头盔，佩戴猫头鹰项链，上衣布满金色圆片，腰间悬挂倒三角流苏，双手平举，系绿松石腕带。

收殓着妻妾、军队首脑和掌旗官的五具棺木陈放在地面，他们的家人簇拥在一旁，呼天抢地，卑下的武士和侍者也有家人为他们落泪。始终伴随西潘王出席各种仪式、参加狩猎的无毛犬以及两只壮硕的美洲驼也被牵来。

祭司们在木棺最下部放置一捆木杆铜头标枪，以及微缩木棒和盾牌，其中三支标枪仅铜制枪头就长 75 厘米，在西潘王未来的生命中，征战将会继续，狩猎也必不可少。来自厄瓜多尔的贝壳一向被视为神圣的祭品，被散放在木棺底部。祭司们铺上三层厚厚的精织棉毯，最下层为红色，最上层棉毯整体覆盖着小块金板。

祭司们继续不疾不徐地往木棺内放置西潘王曾经使用过的器物：刻着主神阿依·阿巴艾克的半月形黄金王冠，黄金和植物纤维制作的头盔，五个黄金手柄的扇形羽饰，一串黄金项链。在此之上，祭司们又覆以一块装饰黄金流苏的棉毯。

祭司们在棉毯上放置扁平金、银器物各一件，代表二元性。它们高 45 厘米，整体形状如月牙向外的月牙铲，上部造型与西潘王腰间悬挂的铃铛相同，下部则是光可鉴人的刀体，它们用来保护西潘王的尾骨，祭司们知道它们至为重要，代表着西潘王半人半神的地位，所以格外小心。随后，他们将四套贝壳串珠胸佩平整地放在棉毯上。

最后，武士们将西潘王的遗体连同他身下的担架一起放入木棺，随后将两面旗帜平铺在王身上，徐徐盖上棺盖，并用黄铜铰链将棺盖固定。人群迸发一片恸哭。

高级祭司的声调亢奋起来，他把握着仪式节奏，将气氛推向高潮。西潘王的木棺被徐徐沉入墓穴底部。

正妻在北，军队首领在东，掌旗官在西，两名妾的棺木重叠着放在南侧。十岁男孩被以坐姿置于西南角，生前陪伴西潘王的无毛犬被放在西侧，两只美洲驼分置东西两侧。最后在五个壁龛中放入209件陶器，其上的图案，或为祈祷的人物形象，或为脖子拴绳索的俘虏，宗教和征战是莫切永恒的主题。

墓穴顶部覆盖着17根粗壮的瓦兰戈树干，再覆盖黄土，这个空旷的空间将是西潘王和陪葬者的身后世界。那位截断双腿的武士被戴上头盔，配上迷你盾牌和武器，置于树干上看守墓穴。失去双腿的武士无路可去，他将在此恪尽职守，守卫西潘王的"宫殿"。随后，人们在南侧壁龛中放置侍者，他将同生前一样服侍西潘王。最后又放入大量盛放美洲驼肉、其他食物和饮品的粗制陶罐以及一些铜制面具作为祭品，埋葬于地下。

西潘王下葬了，他将在另一个维度开始新的生命，亘古不凋，妻妾、军队首脑、掌旗官、武士、侍者和那个男孩将继续陪伴着他。太平洋沿岸无情的雨水冲刷着泥土，泥浆沿树干间的缝隙流入墓穴，渗入棺木，最终将墓穴完全填充。西潘王和陪葬者们，就这样沉睡了1700年。荒丘埋白骨，最终不朽的却是这些身外之物，它们成为艺术品，也为我们重现了历史。

这座看起来不起眼的荒丘是北莫切陵墓群，考古学家们陆续发现了十几座墓葬，包括其他西潘王、高级祭司和军事首脑。

其中一位高级祭司的墓葬尤值得一书，他生活的年代与西潘王大致同期，而DNA分析表明，他与西潘王是近亲，由此基本可以断定，莫切政治和宗教系统的领袖地位是以血缘传承的。这位高级祭司的鎏金黄铜猫头鹰头饰令考古学家欣喜不已，猫头鹰双翅伸展开来，高59.5厘米，眼睛用贝壳和绿松石镶嵌。而祭司右手持直径10厘米、用于祭祀、代表着高级祭司的身份与地位的鎏金带盖铜杯。祭祀主题频繁出现于莫切的陶器画面，西潘王墓的发掘帮助考古学家们确定了这些画面中领主的身份，而高级祭司墓中的猫头鹰头饰则帮助确定了画面中的大祭司，墓葬与陶器相互印证，厘清了莫切的宗教仪式和祭祀流程。另一座更早期的王墓被认为属于最古老的西潘王，墓葬品也同样丰富。

1987年，当地劫匪大规模火并，偶然间发现了陵墓，于是盗墓者们开始盗挖金字塔上的一座西潘王墓。若再过数周，我们熟悉的西潘王墓将难以幸免，幸而盗贼们因分赃不均，发生争执，消息走漏。秘鲁政府迅速组织考古队，经过抢救性发掘，用手铲逐层刮开尘封的历史，最终发现了这座1700年前的王墓，破解了无字的天书。这座王墓沉睡上千年，一醒惊天下。

在此之前，考古学家对莫切文化了解相当有限。西潘王墓中的文物与陶器画面相互印证，有助于学界构建秘鲁的古文明进程，构建更加清晰和准确的历史图像，其价值不可限量。秘鲁学者们一度自豪地将西潘王墓的发现与迈锡尼阿伽门农墓、古埃及图坦卡蒙墓和苏美尔乌尔王陵的再现相提并论。

在考古现场，注目太阳金字塔、月亮金字塔和墓葬金字塔，三座毫不起眼的土丘，黄土累累，布满雨水冲刷形成的沟壑，我们只能凭想象在头脑中再现1000多年前莫切人曾经的辉煌。几座主要墓葬被精心安置于遮阳棚下，西潘王和高级祭司的墓穴开放参观，场馆工作人员细致地制作了死者遗骸、棺木和所有陪葬物的同比例模型，按考古发掘时的位置陈列于墓穴中，让我们有机会一睹其原始情形。

实物展览于兰巴耶克西潘王陵博物馆。在博物馆，我真切地感受到西潘王的威仪和历史的震撼。博物馆设计风格充分参考了莫切金字塔和西潘王陵造型，所有器物都经过精心整理。面对这些绝世珍品，1700年前的历史仿佛再现于我眼前。秘鲁曾无以记录的历史，曾饱受摧残的过去，被填补了相当一块。

那一刻，我深切理解了秘鲁学者们的欣喜之情。1899年，正值中华民族遭受列强凌辱之际，金石学家王懿荣发现甲骨文，辗转近二十年后，罗振玉追踪甲骨文发现殷墟，商朝终于从真伪莫辨的传说走向信史，大大提振了中华民族的自豪感和文化自信。西潘王陵这一不甘磨灭的历史遗迹，恰如甲骨文之于中华大地，成为秘鲁国家认同的符号。

美丽而生动的语言
——莫切陶器

在前西班牙时期的所有安第斯文化中，莫切人享有最高的艺术成就。考古发现了大量异常精细的陶器、金银饰品、贝壳胸佩、绿松石珠宝、纺织品、图米刀、铜碗和饮水器具等，富有自然主义色彩的生动造型和画面美不胜收。陶器制作者富有天赋，金属手工艺人也不遑多让，他们都是王室御用职业工匠，其美学水平令人惊叹。我们不知道这些艺匠精工是谁，他们没有留下姓名，也没有留下相貌，但随着考古发掘，他们的作品走到了艺术史的前台。

莫切文明历时数百年，陶器制作不断发生变化，日益精巧。莫切人采用模具制作陶器，造型各异，千变万化；陶器着色非常简洁，通常使用奶油色、红色和棕色，只有统治阶层才可以使用微黄色和大红色，白色和黑色则鲜有用到；画面颇多人物轮廓图，细部嵌入精细的线条。

莫切人没有留下文字记载，包括马镫口陶器在内的艺术品就成为解读莫切文化的钥匙。莫切人经常将自然界、人类社会和超自然世界结合在一起展现。陶器多为丧葬仪式的器具或精英阶层的陪葬品，主题涵盖甚广，堪比古埃及亡灵书。手工艺人们不可以自由发挥，只能按照王室、祭司和贵族阶层的要求制作人物肖像或特定场景，丧葬、献祭、占卜和游行都是统治者们最热衷的题材，被御用手工艺人们长期重复表现，叙事场景栩栩如生，很好地反映了彼时政治、宗教和统治集团的状况，大量重要的社会活动信息，包括神话体系、宗教仪式、战争和日常生活等无声无息地呈现在我们面前。陶器工匠们用双手写就了莫切人的文化篇章。让我们拭去陶器上的泥土，欣赏陶器上精美的雕塑和画面吧，它们鲜明地代表了莫切人的审美情趣。

同其他古文明的陶器图案一样，神祇必不可少，莫切万神毕现于此；陶罐上的人物多真人肖像，相当写实，囊括了统治者、祭司、武士、乐师和俘虏等，有时会用一系列陶罐表现同一人物；祭祀、搏斗、打猎、捕获俘虏甚至大量性生活画面都极富现实主义色彩，极富神韵。把真人雕进陶器，陶器瞬间鲜活起来，有了生命，有了活力，有了人间趣味；动物或拟人化的动物比比皆是，造型奇巧，兼有獠牙利齿的猫科动物、狗、蛇、青蛙等陆地或两栖动物，猫头鹰、蜂鸟和秃鹰等鸟类，以及鱼类、贝类和螃蟹等海洋动物。

葬礼画面中，莫切的王身着盛装，穿着表明其身份和地位的服饰，祭司向他献上凤凰螺，一名裸体女性为人牲，最后，棺木被绳子垂直安放到深深的墓穴，层层叠叠的动物和陪葬器物构成了墓穴的墙壁。

人祭是陶罐的常规主题，通常呈现莫切统治者、身着猫头鹰服饰的高级祭司、女祭司和人牲等人物形象。典型画面中，长着两个美洲虎脑袋，手持黑色水果的长蛇将画面分为上下两部分。上部，莫切统治者位于画面最左侧，他手持高级祭司向他献上的人血圣杯，女祭司位于高级祭司身后，同样手持人血圣杯，头顶漂浮着拟人化的蜥蜴；下部是获取人血的场景：美洲虎坐在轿子上，前后簇拥着拟人化的蜂鸟和其他鸟类以及拟人化的狗，轿子右侧，猫科动物武士和女祭司手持滴血的圣杯，正从双手被捆绑的人牲脖子处获取血液，人牲的盔甲、服装和武器放置在右侧。西潘的大祭司墓和特鲁希略附近的女祭司曹夫人墓证明了祭司切实存在，而在曹夫人墓中发掘出圣杯，更加说明陶器上的画面是莫切人祭的真实再现。

武器叛乱是很有趣的主题。一些长着人类脑袋和四肢的武器，如棍棒和弹弓，起而造反，攻击人类主人，佩戴猫头鹰头饰的祭司和戴双穗头饰、长发辫的女祭司出面平息叛乱。类似画面可能出现于社会突变或大灾难之际，如厄尔尼诺现象导致洪水泛滥之时。

月亮女神的表现手法颇具象征意味：两艘半月形的芦苇船被一只

拟人化的海洋生物隔离开来，一艘船中的人物膝部弯曲，在用力划船，一位女性坐在另一艘船上，象征月亮神。

不同于殷商使用甲骨，也不同于两河流域的祭司使用动物内脏，莫切人使用利马豆进行占卜。陶罐上常绘有两个人或拟人化的动物，或躺或坐在轿子上，周围被大量绘有图案的利马豆包围，但具体如何占卜就不为我们所知了。印加帝国时期，用利马豆占卜也很常见，印加人还通过投掷鹅卵石和玉米占卜，过程大概与豆卜类似，与莫切文化有互通之处。印加人也使用鸟或豚鼠肺脏进行占卜，或观察蜘蛛和蛇的运动轨迹以定行止。

莫切人似乎会通过投掷长矛做出重大决定，人或拟人化的动物或神祇在宗教仪式上，手执长矛，投向系在绳子上的羽毛。

咀嚼古柯叶的传统可以从莫切陶罐上找出先例，身穿罩衫的人坐在双美洲虎头造型的拱门之下，手持盛放石灰的葫芦和小勺，咀嚼着古柯叶。石灰有助于释放古柯叶中的生物碱。

莫切陶器数量众多，达几万件，它们如同一本立体书，形象地记载了千年前的文化，填补了以往不为我们所知的空白。

我曾在秘鲁和世界各地的多处博物馆看到过形形色色的莫切陶器。我常常在想，如果莫切人曾经创造了文字，用已拥有的如此丰富的题材，一定可以成就莫切版的《封神演义》。或许，我们有机会看到依据陶器画面编纂的秘鲁古代神话集，这些故事也可以成为魔幻现实主义作品的素材。

莫切文化代表着前印加时期的艺术巅峰，为随后的兰巴耶克文化和奇穆文化所继承，最终体现于印加文化。前路漫漫，身后悠悠。

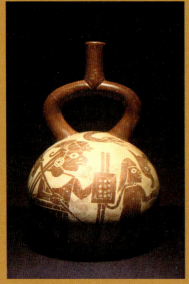

1. 莫切俘虏画面陶器
2. 莫切人面陶器
3. 莫切武士与俘虏马镫口陶器
4. 莫切祭司用刀——图米刀
5. 莫切陶器

昌昌古城
——奇穆王国宏伟的土砖都城

在特鲁希略稍作休整，闲来在城中四处走动。

独立大街正举行游行。特鲁希略以水兵舞著称，但这场游行更像雄壮的军乐队游行。年轻的学生们身着戎装，在军乐声中昂首阔步，挺拔硬朗，英姿飒爽，进退有序。特鲁希略曾是秘鲁共和国最早的首都，嘹亮的军号和豪迈的游行很契合这一身份。

特鲁希略兵器广场上的游行队伍 ▶

西班牙人在这里建立定居点后，以秘鲁征服者皮萨罗的故乡特鲁希略来命名。达·芬奇不会想到，他为佛罗伦萨所做的设计会被特鲁希略直接拿来修建城墙，大约也没有拿到版权费。可惜城墙已被尽数拆除。

而在西北五公里处，一系列远早于特鲁希略，由奇穆（Chimu）王国修建的都城昌昌依然耸立。

莫切文化余韵尚存，莫切河冲积扇又哺育了新的文化。奇穆文化大约于公元1150年兴起，最终在1470年为印加帝国所征服，此时距离西班牙人入侵只有62年时间。而在东方，公元1127年，金人攻占北宋都城东京开封府；1417年，明成祖朱棣开始大规模营造紫禁城，四年后，迁都北京。

奇穆王国在莫切河谷修建了世界上最大的土砖结构城市，也是其首都——昌昌，这里居住着大约4万人，是奇穆境内人口最密集的地区。

我国古代也颇多土城，至今还有残存，如三星堆遗址的城墙、新疆交河故城和高昌故城、甘肃玉门关与附近的河仓城。不过国内土城多夯土版筑，昌昌则沿用莫切金字塔的建筑方法，采用土砖建造。

远隔大洋，遥遥相对，大明王朝和奇穆王国都修建了瑰丽雄奇的皇宫。紫禁城占地面积72万平方米，昌昌的十座王宫则布局分散，总面积与故宫不相伯仲，可见昌昌古城规模之宏大。

奇穆文化巅峰时期，十座王宫星罗棋布，高墙邃宇，体积庞大，墙体被涂以不同色彩，各种浮雕布满墙面，黄金白银装饰门庭，奇珍异宝充塞宫中，蔚为大观。可惜昌昌古城屡遭风雨侵袭和人为掠取，早已沦为荒丘，惟余残垣断壁，徒作今人凭吊之资。

一个晴朗的午后，我和西尔维娅乘小巴前往昌昌古城。西尔维娅是我刚结识的旅伴，来自法国，她在南美洲已游荡数月，令我艳羡不已。进入昌昌古城时，尚阳光明媚，但在游览途中，突然阴云密布。

✤ 农民也可以成为征服者

历史学家按照口述历史，结合考古发现，重新构建了奇穆王国从建立到毁灭的历程。奇穆是所有前印加文化中，我们唯一能够说出统治者名字的。奇穆的面容似乎略略丰润起来，我对这些统治者也不免有了一点亲切感。

12世纪初，外来贵族塔卡伊纳莫带领随从，带着新的宗教和知识体系，乘木船来到莫切河谷，建立了奇穆王国。其子瓜里苏阿继承领主之位。

奇穆文化初期，人们的活动只限于莫切河谷，尚以农业为本，修建了复杂的运河和灌溉系统，发展农业。奇穆文化是"新世界第一个真正的工程社会"，芝加哥大学人类学院的水利工程师查尔斯·奥尔特洛夫如是说。秘鲁寒流带来丰富的渔业资源，渔获为人们提供了必需的蛋白质，也成为干旱时期的食物。奇穆人男耕女织，自给自足，与世无争，过着悠然恬静的田园生活。

但奇穆人的运气着实差了一些，灾难接踵而至。

第一重灾难来自海洋，厄尔尼诺现象光临，暴雨成灾，洪水泛滥，奇穆人辛苦经营的灌溉系统被狂暴的大自然摧毁。

遭受饥馑的奇穆人走上了掠夺之路。大约12世纪下半叶，奇穆王国的领主南辛品科率领奇穆人南征北战，首先征服了谷地上端，继而向南扩张到桑塔河谷，向北占领扎尼亚河谷，征服兰巴耶克文化，吸收了其文化传统和艺术风格。坚韧不拔的奇穆人仍不忘本业，试图修复运河，从新占领的河谷引水灌溉。又重建农业体系，向新征服的地区征收贡赋，奇穆重现繁荣景象。

第二重灾难却匪夷所思，带来的毁灭更加彻底。由于地质结构发生变化，奇穆所在的地区大幅度隆起，农田远高于河道，刚刚修建的人工水渠几乎成为废渠，灌溉变成了不可能的事。可以想见，彼时的奇穆人多么沮丧。面对第一次灾难，如游牧民族目睹牛羊冻毙于暴雪，尚可自救；而遭逢第二次灾难，则如草原变为荒漠，完全不可逆转。如同衣食无着的游牧民族开始四处出击，奇穆也从发展农业彻底转向境外掠夺，大约在公元1300年走上扩张道路，成为征服性国家，其间可能经历了六位统治者，其名字已失传。一路行来，异常艰辛。

最后一代奇穆领主闵阐卡曼于1462—1470年在位，带领奇穆王国到达巅峰。王国囊括广阔的疆土，沿秘鲁北部海岸延伸1,300公里，北到今秘鲁与厄瓜多尔交界的通贝斯，向南扩展到苏佩河谷，即前文所述卡拉尔金字塔所在的河谷。

奇穆在扩张早期就已确立等级制度，并在征服中快速建立行政机构，被占领地区的统治者作为较低阶层整合进奇穆的官僚机构，一系列地方行政中心发展起来，它们负责管理土地，分配水资源，通过"米塔"征募制调配劳动力，并将贡赋源源不断地输送至昌昌。昌昌保持政治、宗教和经济中心的地位。其社会发展之迅速，比起早期经营农业之艰辛，堪称一日千里，奔逸绝尘。

昌昌古城木制男性雕塑，脸上饰彩绘，身上镶嵌贝壳

奇穆王复原图 ▶

　　但奇穆王国难逃盛极而衰的宿命。印加帝国横空出世，尽管奇穆王国处于巅峰状态，顽强作战，但仍不足以抵御印加人犁庭扫穴之势。末代领主闵阐卡曼不得已投降，被印加帝国的王位继承人图帕克·尤潘基掳走，黯然告别昌昌的宫墙，一步步远去，做了帕查库特克的女婿，在监视下居住于库斯科；随他而去的还有奇穆的神灵偶像，名为供奉，实为"人质"；金银被掠夺，去装饰印加人的太阳神庙；大批匠人被迁至库斯科，为印加王服务；原奇穆王国的臣民不被允许携带武器，不被征召入印加军队；印加帝国将地方行政管理中心从昌昌搬迁到卡哈马卡，昌昌城从显赫的中心滑向被忽视的边缘，或许并没有遭受严重破坏，但渐趋荒废。

在印加帝国麾下，奇穆王的子孙们仍管理着奇穆地区，直到陷身于西班牙人之手。

昌昌古城占地面积大约 20 平方公里，有超过万座建筑，核心区域 6 平方公里，非常富有。彼时，这座拉丁美洲最大的城市并没有形成统一规划，但凛然不可侵犯的王宫建筑和纪念性建筑把统治阶层与普通民众区分开来，王宫、贵族宅邸和平民房屋差异巨大，展现了清晰的社会分层及严明的政治和社会政策。

10 座曾经宏伟壮观而极尽奢华的历代奇穆王宫是昌昌的核心，由土砖修建，体量巨大；其周围分布的贵族宅邸，也是土砖建造，恰如小型王宫；大量手工匠人（金匠、木匠、陶工和织工）居住在城市边缘，房屋以黏土建造，狭小且不规则，颇为简陋；再外围则是农民的住所；四个大型瓦卡（土丘形神庙或丧葬平台）分布周边，如顶部平台用于宗教仪式的龙神庙和塔卡伊纳莫瓦卡。

从废墟中辨认旧时的奇穆王宫

王宫代表奇穆的权力巅峰，是等级制度和礼制在建筑方面的反映。每座王宫面积在 67300 平方米至 212000 平方米之间，呈长方形，内有王室居住区、王国行政中心、仓库、神庙和王陵等。其内部布局严谨，金银装饰门厅，浮雕精美，色彩华丽，工艺品琳琅满目。

一如印加帝国王室的继承传统，奇穆王国后期，统治者实行分割继承制。奇穆领主驾崩后，新任领主将修建新王宫，其余家庭成员继承前领主的王宫，同时继承一部分政治和经济权力。

王宫主人多不可考，遂以考古学家来命名，于是，曾对秘鲁考古做出卓越贡献的学者们纷纷"拥有"了自己的专属王宫。恰瓦克（Chayhuac）、乌勒（Uhle）和迷宫（Laberinto）、特略（Tello）建成于奇穆早期，斯夸尔（Squier）和大奇穆（Gran Chimu）建成于奇穆中期，其余四座王宫修建于晚期，分别是贝拉尔德（Velarde）、班德利尔（Bandelier）、楚迪（Tschudi）和里韦罗（Rivero）。里韦罗王宫属于末代领主闵阐卡曼，是其中规模最小者，最大的王宫大奇穆有其两倍规模，可能在南辛品科时所建。据考古学家估算，仅修建大奇穆，就需要 500 个劳力花费 600 万工时，持续数年才能完成，可见王室对王国的控制达到了很高的程度。

参观奇穆王宫时，头脑中不免浮现出故宫的情形。尽管中国明朝和奇穆文化的发展程度并不相同，但作为同时期的王宫，它们都代表最高等级的"礼容"。故宫屡经战乱，幸而得以保全，依然显露出雍容华贵的皇家气度。而参观凋敝破败的昌昌古城遗址，却需要丰富的想象力，需要想象黄土墙体上有鲜亮的色彩和丰富的浮雕，想象门厅和廊道上闪烁着黄金、白银的光芒，想象壁龛中精美艺术品的魅力。尽管如此，昌昌古城仍有许多值得观瞻之处。将两处王宫略作比较，还是饶有趣味的，二者布局有相通之处，也有巨大差异。

楚迪王宫是目前唯一可供参观的王宫，以瑞士学者约翰·雅各布·冯·楚迪命名，又名"中央房间"（Nik An）。学者们采用奇穆古方，用蒸馏水和仙人掌汁液作为黏合剂，将这座王宫部分修复，使我们的想象力有了驰骋的基础。

楚迪王宫被巨大而厚实的土砖墙壁包围，墙体高 9 米，局部高 12 米，下宽上窄，从下部 5 米往上逐渐收缩至 1 米。所用土砖并非类似熟砖的长方形砖块，而是酷似大面包的大块土砖，或许这样能缩短建筑工期。高大的外墙庄严肃穆，凸显王家气派，令人肃然起敬。厚重坚固的墙体可以抵御频发的地震，也可以防御来犯之敌，在冷兵器时代，面对如许城墙，即使久经沙场的将军也会束手无策。

我享受漫步于历史中的感觉。在我看来，建筑富有情感，宏伟的建筑令人豪气勃发，残垣断壁更能激发探微寻幽的欲望，在沉静不语中，更能让人产生遐想。昌昌古城集宏伟与残破于一体，令我的心情起起伏伏，在叹服和惋惜之间来回转换，而又使我产生透过残缺的表面去寻找谜底的渴望。我走进楚迪王宫，穿行每一条小巷，巡查每一间房屋，用目光摩挲每一块古老的浮雕。

王宫唯一出入口位于北墙。不同于故宫以高大的午门作为入口，气势恢宏，楚迪王宫入口至为朴实，宽约 2 米，比较狭窄，与高大坚厚的城墙形成鲜明对比。但在奇穆时期，这座王宫大门以金银包裹，熠熠闪光。

楚迪王宫坐南朝北，以接受来自北方的日照，因其临近大海，雾气重重，故西南方墙体最为高大，以阻挡来自海岸的湿冷空气。而故宫建筑群坐北朝南，既有中国传统文化上以南为尊的寓意，也可以更好采光，并避开来自西北的寒风。昌昌北向，故宫南向，两者分处南北半球，看似相反，实则同理。

楚迪王宫整体布局严谨，房屋均呈北南走向，大致分为北、中、南三区，北区是官员们的办公场所，中区则是王室住所，南区为仆役劳作区域，每个区域的墙壁颜色都不相同。为确保各区域间的界限，

▼ 蓝天、白云、青山、黄沙和金字塔，构成无比壮阔的画面

王宫内有窄而长的走廊通向不同分区，道路复杂，如同迷宫。

穿过大门，正对面是另一堵高大厚实的墙壁，左右两侧有狭长的通道。处身于逼仄的空间，顿有压抑之感，想来初入王宫者，如果无人引领，定会不知所措。左侧通道向东延伸百余米，尽头右转，又是数百米甬道，直接通向南区，而不能进入北区和中区。

沿通道向右步行十余米，左侧有狭窄小门，即是北区入口。穿门而入，豁然开朗，立即置身于一座广场内，其长75米，宽65米，中央有七八米见方的平台，高约50厘米。正南方有一道斜坡，通向高约1.5米的平台，平台上有大门通向行政办公区。环绕中央仪式广场的墙体厚4米，墙体底部有连续的海洋动物浮雕，形同海狮或水獭，或它们杂交而生的后代——我们姑且称之为海狮吧。海狮浮雕之上的主墙面布满不间断的水平线条，代表海洋。数百年前，墙壁上曾涂抹着鲜亮的色彩。广场东北角，有一道小门，门后有可以穿行而过的小厅，大约是驻守卫兵之所，其后连接狭长的甬道，向东再折而向南，可以通向中区，而无须经过北区。

中央仪式广场四周的墙体 ▶

广场规格很高，用于举行盛大仪式，恰如穿过太和门，进入太和殿前广场的布局。遥想奇穆时期，身着盛装的领主和高级祭司们站立在南侧平台上，贵族、行政官员和乐师们从王宫大门鱼贯而入，整个广场人头攒动。祭祀仪式当是在中央平台进行，或杀牲，或献奇恰酒，或焚烧古柯叶，各色服饰争奇斗艳，乐声大作，整个广场一片欢腾，热闹非凡。

一只国宝级印加无毛犬懒洋洋地徜徉在广场一角，吸引了我的注意力。它的祖先一定出席过奇穆王们组织的盛大典礼，不知道可曾给它遗传一点古老的记忆？

而今风云散尽，历史大戏的主角们已经身影杳然，喧嚣声也归于沉静，只余下空荡荡的庭院，萧条寂寥，默默地倾听着后来者的足音。

南边大门两侧浮雕，各装饰着三只海狮和六只鸬鹚，如对联一般。穿过大门，经过一段被称为"鱼鸟走廊"的墙体。墙面最底部有连续的鸬鹚图案，鸬鹚原本着黑黄两色。墙面大背景是满墙的水平线条，中部有连续的宗教符号安第斯十字"查卡纳"（Chakana），它代表三界，鱼在十字内首尾衔接，似在波浪中游动。

楚迪王宫内充斥着大量海洋环境的浮雕，鸬鹚、海狮、鱼类和渔网。在乌勒王宫，有一幅浮雕描绘了潜水画面，一人在芦苇船上划桨，船下有拴在绳子上的潜水者，还有一些螺旋形的物体代表贝类。这一切都表明，水，特别是大海在奇穆文化中的重要性。浮雕有时写实，有时却很抽象。

一个下沉庭院构成觐见大厅区域的前庭，经主广场和鱼鸟走廊进入办公区域的人员在此分流，庭院墙面装饰着连续的菱形浮雕，代表渔网，原为白色。

办公区墙体原高三米，但破损严重，大部分只余半截墙壁，残存大量浮雕。办公区基本由12个觐见厅和附属仓库组成，觐见厅呈U形，但面积很小，每个觐见厅周边都配备几十个小型仓库。奇穆王国的国家级行政机关即坐落于此，官员们在此忙忙碌碌，其工作内容应是管

1. 鱼鸟走廊
2. 王宫内充斥着大量
   与海洋有关的浮雕，
   如鹈鹕和渔网
3. 办公区残存的墙体

理贡赋、调配劳动力和财物再分配。

学者们曾考证过不同时期王宫的仓库面积。在开国领主塔卡伊纳莫时期，王宫及其内仓库总面积还比较小，但单体库房较大，经过领主南辛品科的扩张，王宫和仓库面积已是早期王宫的数倍，大奇穆王宫的仓库为最大者，后期王宫和仓库面积再度缩小。学者们猜测，随着奇穆王国走上扩张之路，贡赋增多，对仓库的需求大大提高，王宫作为财富分配中心，规模越来越大，但随着行政管理水平提高，贡赋进入王宫前就已完成二次分配，只有高价值的贡赋才会进入王宫仓库，反而不再需要更多仓储空间了。

整个北区功能大抵相当于故宫的外朝部分——太和殿、中和殿、保和殿、朝廷六部及附属仓库。

北区有门可以进入中区，也需经过长长的甬道，令人联想到故宫后宫宫墙间狭长的通道，私密性很强，颇有异曲同工之妙。中区坐落着王室成员住所、5处觐见厅及附属仓库、步入式水井和领主陵墓。

中区觐见厅应相当于故宫内廷的乾清宫——皇帝处理日常事务的常朝。而楚迪王宫中区的仓库，可能储藏着价值最高的贡赋，或许相当于故宫内务府的库房。领主逐渐被神化，越来越脱离行政事务，到昌昌古城最后一座王宫——里韦罗王宫时期，中区已不再设觐见厅和仓库，两者全部移到了北区，此时的领主闵阐卡曼大约像神一样被顶礼膜拜了。难不成，那时的昌昌领主已经像万历皇帝一样，身居内宫，终生不踏出宫门半步了吗？

故宫主体建筑在纵贯南北的中轴线上，分为前后两部分——外朝与内廷，系援引《周礼》前朝后寝制度而设计。奇穆王宫不约而同地采取了这种布局。

越进入王室居住区，装饰越趋于简洁。王宫建筑群中的对外部分装饰精美，意图令来访者感受其奢华而心生敬畏，而访客通常不会进入内廷，也就不需要复杂的装饰了。奇穆统治者们热衷于从被征服地区收集艺术品，陈列在王宫的壁龛里。统治者逝世后，陪葬品相当丰厚。

步入式水井是王宫成员的饮用水源，也是举行水崇拜和丰产崇拜仪式的场所，如今遍生水草，鱼儿自由游动。奇穆人在水池南侧修建了巨大的平台，以举行仪式。由于昌昌古城地势抬高，水井需要深挖至 15 米才可见水。

中区的丧葬平台是整个王宫最神圣的部分。班德利尔王宫之后的每个王宫，都拥有巨大的 T 形墓葬平台。领主木乃伊被安置于此，其墓穴呈 T 形；周边还有 44 个墓穴。领主逝世后，王后和嫔妃会被毒死，王后的心脏将被取出作为祭品，王后、嫔妃和一些官员及大量金银器物、精美织物和木雕等作为陪葬，陪伴他走向来生。在瓦卡阿维斯帕斯（Huaca Avispas）丧葬平台，曾发现有 93 位女性的遗骸，其中 2/3 死亡年龄在 17—24 岁。1532 年西班牙人入侵后，甚或在印加人攻占时，昌昌古城大部分丧葬平台就遭到了破坏。女性陪葬令人唏嘘，令我联想到大明王朝，明朝从太祖朱元璋始，即有嫔妃和宫女们陪葬，直到英宗去世时，这种戕害女性的残酷制度才被取缔。而在印度，印度人将在丈夫葬礼上投入火中殉夫的女性神圣化，称之为萨蒂（Sati）——湿婆大神之妻雪山神女的前世萨蒂为爱而自焚。萨蒂制荼毒妇女数千年，直到 20 世纪才被废除。我们不必对古人求全责备，毕竟，或缓慢

昌昌古城的每个王宫都拥有巨大的 T 形墓葬平台，奇穆王的木乃伊被安置于此 ▶

或迅疾，社会观念总是在不断进步。

南区有一片规模不大、规格较低的居住区，供宫廷服务人员居住。北区西侧还有侧翼，是工匠们的住所和操作间。

故宫整体呈中轴线对称，结构方正，气势雄浑，表现出中国文化特有的严肃和井井有条。奇穆王宫规划布局虽完全不同，但内廷外朝，分区严格，各区域间通过特有的通道相连接，布局严谨，色彩靓丽，装饰精美，门庭为金银所包裹，达成规划、建筑和装饰艺术上的和谐，堪称前哥伦布时期王宫建筑的典范。

而今，昔日屋宇已尽化为断碣残碑，付与苍烟落照。历史即是如此，城墙会破败，辉煌会被沙尘掩盖。我们所见，皆是时间的痕迹。

对昌昌古城的解读有助于我们了解奇穆的政治、经济和社会结构。王宫的巨大规模显示出精英阶层对劳动力的控制，空间布局则表明等级差异，巨大的存储空间体现出很高的财富集中程度。

让我们的视线离开高高在上的奇穆领主，去巡视一下王宫外的世界。奇穆贵族和行政官员宅邸同样用土砖建造，但规格较小，如同小型王宫，有一些不规则的觐见厅、储藏室和步入式水井，但没有丧葬平台。随着奇穆王国的扩张，贵族宅邸中的储藏室面积也大幅增加。

平民则居住在小而不规则的房屋中，房屋用泥土黏合建造，既没有会见厅，也没有储藏室。大约25000间独立房屋内居住着城市中大部分人口。

城墙高高耸立，将王室贵族与布衣黔首截然分开，那是一道不可逾越的界限。可以想见，在昌昌古城极盛时期，穿行于王宫和贵族宅邸之间令人眼花缭乱的巷道，手工艺人和农民会感到自己多么的卑微和低下。而关于他们，即使通过考古挖掘，我们所能掌握的信息也是微乎其微。

历史即存在于这荒芜的宫殿，存在于这沉寂的遗迹，我们穿梭其间，像是在与过去进行永无止境的交谈，我们透过时间的尘埃，去寻找历史的真相。

❖ 奇穆宗教和人祭

　　我被大型瓦卡所吸引，遂来到彩虹神庙。神庙原有靓丽的色彩，但经雨水侵刷，只残余斑斑黄色痕迹。神庙外围有 2 米厚的围墙，墙体上有大量精美而怪异的浮雕，其主题画面是四道彩虹，又像一只双头"龙"，身体呈半圆形，向外散发着光芒，故得名。安第斯文明中没有"龙"的形象，这个彩虹图案与殷商甲骨文中的"虹"字却有几分相似之处。彩虹通常代表雨水，雨水带来生命，这座彩虹神庙应是用于祈求降雨和丰收。神庙高 7.5 米，双层，顶部平台可用于宗教仪式，也出土了人的骸骨。

　　就在这遍地黄土中，我鬼使神差地摔了个跟头，直接跌落于尘埃。

彩虹神庙围墙上有大量以彩虹为主题的浮雕 ▶

在众多游客关切的目光中，我很尴尬地爬了起来，自嘲说是给诸神的跪拜，引来一阵大笑。

不同于莫切或印加，奇穆人认为月亮比太阳更加强大，将月亮崇拜置于崇高的地位。对处于沙漠地带的奇穆人来说，太阳带来炎热，具有极强的破坏性，而月亮出现于夜间，凉爽随之而来；月亮与潮水关系密切，它控制着天气变化，护佑妇女生育和农作物生长。印加人来自凉爽的安第斯高原，迫切需要太阳的庇护，以太阳神为至高无上神也是顺理成章的。

昌昌在奇穆语中意为"太阳、太阳"，其含义可能是伟大的太阳，也有学者认为其意为"月亮的房间"，表明月亮在奇穆王国是最重要的神祇。既然月亮是奇穆的最高神祇，那么将都城命名为月亮神的圣所应该更有说服力。

奇穆人向月亮神奉献动物，甚至在孩子满五岁时，将孩子放在染色的棉花上，与水果和奇恰酒一起向月亮神献祭，他们相信，经过祭祀仪式，孩子会得到月亮神的保佑。

除了月亮神，奇穆人还崇拜火星神诺尔（Nor）、大地神吉萨（Ghisa）、太阳神希昂（Jiang）和海神尼（Ni）。人们向海神奉献赭色玉米粉以避攘旱灾，并祈求渔业丰收。奇穆人认为猎户星座是月亮的使者，昴宿星团可用来计算年份并管理农作物生长。

在安第斯文化中，形状独特、色泽鲜艳的海菊蛤始终占有一席之地，有着独特的政治、宗教和经济价值，通常被视作精英阶层地位的象征和神权的象征。这种珍贵的贝类来自厄瓜多尔温暖的海域，由经验丰富的潜水者潜入50米深的海底，从岩石上采集。其用法多种多样，可以完整使用，也可以做成碎片甚至碾磨成粉使用。在重要仪式上，名为芳加希格德（Fonga Sigde）的官员在奇穆王即将经过的地面洒上海菊蛤粉，如同红地毯，以示奇穆王的权威和财富。奇穆人使用海菊蛤制作工艺品，雕刻复杂的装饰品，作为贵族们的饰品或建筑装饰。它们也经常作为陪葬品，置于贵族墓中。海菊蛤代表着神权和超自然世界，其血红的颜色象征着死亡、献祭和放血，其独特的形状象征着女性的生殖器官，因此被称为"海洋的女儿"，并由此衍生出富饶和多产的寓意，被作为祭品用于与水和土地肥力有关的祭祀仪式，以促进土地高产；在干旱时期，海菊蛤也被放置于水井或泉水中以祈求天降甘霖。海菊蛤因其毒性，常被用作致幻剂，被认为是沟通现实世界和超自然世界的桥梁。

奇穆人将莫切的人祭传统进一步发扬。1997年，考古学家在蓬塔德洛沃斯（Punta de Lobos）海滩发现200具骸骨，他们被蒙住双眼，双手反剪，双脚捆绑，喉咙被割断。这些蒙难者是这个地区的渔民，大约1350年，奇穆人征服这一富饶的海岸后，将这些渔民作为人牲奉献给海神。2018年4月，特鲁希略万查科村出土了140具6—15岁儿童的遗骸，他们与200多头美洲驼一起被作为祭品。他们头部点着朱砂，胸骨都有伤口，肋骨断裂，可能被取出了心脏。同年6月，附近的帕姆帕拉科鲁兹（Pampa la Cruz）又发掘出56具骸骨。2019年8月，又有227具儿童骸骨被发现，年龄4—14岁。人类学家哈根·克劳斯推断，1400—1450年，秘鲁沿海经历了厄尔尼诺现象带来的暴雨和洪水，奇穆人以纯洁的儿童献祭，试图抚平神灵的愤怒。据《国家地理》杂志分析，这是全球"截至目前发现的历史上最大规模的人祭"。

如果站在古人角度，分析他们的思维和行为模式，虽不能以平常心视之，但也可以理解人祭存在的逻辑，理解其中蕴涵的历史合理性，我们也能够体会到奇穆社会中蔓延的绝望和恐惧。尽管如此，我也不忍去想象那残酷的场景。

起始于卡拉尔－苏佩的人祭，似乎总是在每一个休止符后，很快进入下一个小节。

甚至到了1932年，昌昌古城还在经历可怕的喋血事件，在残酷的政治斗争中，秘鲁政府在此屠杀了5000名阿普拉党人。纷乱的脚步踩踏着荒凉的废墟，尖利的枪声刺破了亘古的宁静，不绝的鲜血和着黄土成为一片片泥污，又板结硬化，卑微的尸体杂乱横陈。这何尝不是一次惨绝人寰的"人祭"？

奇穆人的日常生活

通过考古发掘，奇穆文化的更多社会生活信息呈现在我们面前，古文化在我们面前不再是纯粹的政治和宗教，古人也不再那么冰冷，逐渐变得有血有肉，变得鲜活起来，变得烟火味儿十足，似乎触手可及。

奇穆王国通过大规模的河道系统灌溉沙漠中的农田，他们种植玉米、南瓜、辣椒、豆类、木瓜、番荔枝、路枯马桃榄等。沿海居住区则依赖海洋资源，渔民用木材建造大船，用芦苇编织小船，出海捕鱼，采集虾蟹、贝类和海藻。随着农业发展，居住区向内陆扩展，美洲驼则成为重要的肉食。

奇穆人与安第斯山区居民交换土豆、羊毛、兽皮、肉类和其他物品，与热带丛林居民交换古柯叶、木材和热带鸟类的羽毛，与厄瓜多尔海岸的居民交换海菊蛤。在昌昌古城中有两处商队运输站，数百人在城市和运输站之间用美洲驼运送货品。

奇穆人将被征服地区的匠人们召集到昌昌，根据专长将他们组织起来，禁止他们改变职业。晚期昌昌居住着约12000名手工匠人。奇穆王国时期的工艺品数量巨大，被藏于世界各地的博物馆。

奇穆陶器通常是纯净闪亮的黑色，极有特点。奇穆早期陶器与莫切文化非常接近，充满现实主义风格。他们使用模具制作陶器，雕塑通常比较小，但图案细节丰富，常塑造动物和水果等图案，也不乏人物形象。其陶器或是日常家用，或作为葬礼上的祭品，祭品的品质和美观度远远高于家用器皿。

奇穆晚期，金属工艺发展迅速，颇为精美，工匠们加工金、银、铜、青铜和铜金合金，细节繁复。工匠们也制作木雕，编织芦苇席，用宝石和贝类制作工艺品，也擅长用彩色羽毛装饰织物。女人们则用美洲驼、羊驼和骆马的毛及棉花纺织。考古学家们在昌昌古城遗址发现了20个木雕和一些工艺品，如金耳塞、饰有羽毛的短袍、嵌有贝壳的吊坠、木制或黄金制作的葬礼场景模型以及精细的棉织品。

1470 年，印加人征服奇穆王国后，昌昌很快衰落。1532 年，弗朗西斯科·皮萨罗来到昌昌，此时整个城市基本处于废弃状态，墙体上还遗弃有贵重金属。受此诱惑，西班牙人在昌昌古城拆房毁屋，钻孔挖洞，搜寻有价值的财物，使整个古城损毁严重，最终只残余黏土建筑，造成的破坏难以估量。参照当时从昌昌古城掠夺的物品清单，西班牙人掠夺了总价值大约 80000 金比索的金银，其中就有一座覆盖银板的门厅。承载着历史记忆的艺术品更不能用金钱来衡量，那是无价之宝。

　　西班牙编年史家 根据人们口述，记录了奇穆王国的历史。经过数世纪的遗弃和掠夺，昌昌古城终于迎来了考古发掘。曾经的辉煌难以恢复，但经考古学家们三十年的修复，一座王宫终于有了大致模样，可以迎接游客了。

　　1986 年，昌昌古城被列为世界文化遗产，同时被列入濒危红色名单。日益频繁的厄尔尼诺现象带来的雨水不断冲刷着古城。破坏和修复在进行一场没有终点的竞赛。

奇克拉约巫术市场
——值得思考的传承

我从特鲁希略乘坐双层巴士前往奇克拉约，坐在上层第一排，沿途沙漠景观一览无余。

秘鲁治安并不甚好，泛美公路两侧的店铺都安装着金属栅栏，只为熟悉的人打开，很多交易都隔着栅栏进行。

邻座女士安娜来自瑞士，她将前往伊基托斯附近的村庄，开始为期两年的支教。安娜计划从奇克拉约陆路前往马拉尼翁河，再搭乘货船漂流而下，前往伊基托斯。她的计划瞬间吸引了我，使我有了同行的冲动，这是一段我向往已久却没有勇气实现的旅程。但我已经购买了前往智利的机票，遂打消了一闪而逝的念头。

对世界杯稍有兴趣的人们，都听说过章鱼保罗的故事，但大家也都清晰地知晓，那只是世界杯的噱头，只是茶余饭后的笑谈，不会有人真正相信章鱼的吸盘有什么神秘力量，不会相信它的触觉可以预判比赛结果。

但在1997年，世界杯南美洲赛区预选赛中却有一个真实而神秘的小插曲。秘鲁和智利即将进行关键的预选赛，以争夺进入世界杯的名额。比赛前夜，在秘鲁，来自安第斯山区的七名巫师使用鹿腿和秃鹫喙作法，以使他们的足球运动员拥有小鹿一样轻灵的脚法，拥有秃鹫一样强大的攻击力。大概秘鲁的国脚们没有感受到巫师们"厌胜之术"的法力，未能战败对手。这个故事让我铭记多年，以致在我终于有机会踏足南美大陆时，仍念念不忘前往寻找蜚声海内外的巫术市场。

在秘鲁，几乎每个城市的市场中都有摊位销售巫术产品，但奇克拉约巫术市场则是其中规模最大，门类最齐全、最能满足人们的好奇心和奇思妙想者。对巫术市场，安娜也是慕名已久。

❖ 巫术世界，匪夷所思

奇克拉约跳蚤市场位于市中心，距离兵器广场不远，规模甚大，老式家具、大小家电、传统服饰和各色箱包，一应俱全。有人在与老板讨价还价，有人肩扛手提着细心淘来的物件欢天喜地地走过，人群络绎不绝，人声鼎沸。这里是人们挑选生活必需品的场所。

奇克拉约巫术市场坐落在大市场一角 ▶

巫术市场坐落在大市场一角，可见巫术用品如同锅碗瓢盆、吃穿用度一样必不可少。

开始接近巫术用品的领域，即闻到空气中弥漫着混合香料的味道，像是走进一座印度教神庙，但香味又不那么浓郁，甚至还带着陈旧腐朽的气息。我鼻子发痒，打了个喷嚏。

巫术市场占据了整整几排，有数十个摊位，到处摆放着各种巫术用品、草药和动物的肢骸，形形色色，琳琅满目，既有反复易手的老物件，也有独家秘方配制的药物，五花八门。

有的摊位陈列着几十个大小不一的瓶瓶罐罐，里面装满五颜六色的药水，瓶子上挂着奇奇怪怪的标签，蔚为壮观。我们的英语和西班牙语水平都不足以道出这些药水是用何种草药制成的，大概在西班牙语中也没有对应的词汇，只知道从其功能来看，可以强身健体，增强器官功能，或治疗疟疾、腹泻、哮喘、癫痫、关节炎、失眠等疾病。这些药水或许真有些门道也未可知，毕竟民间传统医术世代积累，其中也会有一些有效成分。

一个小手指指节大小的药瓶吸引了我的目光，药瓶上爱神丘比特的图案甚是可爱。询问摊主得知，此乃爱情药水，无色无味，偷偷给所爱慕的人喝下，对方就会钟情于你。哪个男子不善钟情，哪个少女不善怀春？少年维特的烦恼在这里可以得到完美的解决方案。

市场里不仅充斥着瓶瓶罐罐，还到处悬挂着各种奇奇怪怪的植物、动物肢骸、矿石、道具和护身符等。仙人掌、花粉、长豆角以及各种种子；鲨鱼的全套牙齿、鹿腿、完整的森蚺皮、鳄鱼的爪、巨嘴鸟的嘴、鲸鱼的骨、美洲驼的干胎、猴子的头盖骨；很多手工制品，或木雕，或陶塑，或布玩偶，有的身上还插满了针，像是西方万圣节的恶鬼，又令我联想到中国古代宫廷内斗时扎小人的伎俩。

摊主们极为热情，不厌其烦地向我们介绍这些物件的功效。腿脚不便者，可用鹿腿作法治疗腿疾；修建房屋时将美洲驼骨埋在地基下，可以驱邪；蛇代表地下世界；蜥蜴可以断肢再生，代表着顽强的生命力，

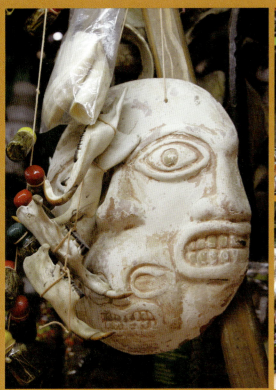

▼ 巫术市场的各色商品

可以治愈外伤。

最夸张的是，有摊主声称他有药水可以杀死癌细胞、医治艾滋病等，对这样的宣传我只有一笑置之。

即使J.K.罗琳也没有这么丰富的想象力，《哈利·波特》电影中的巫术商店也没有这里的货色齐全。

莎士比亚剧作《麦克白》中，女巫乙欲施展巫术，"沼地蟒蛇取其肉，脔以为片煮至熟；蝾螈之目青蛙趾，蝙蝠之毛犬之齿，蝮舌如叉蚯蚓刺，蜥蜴之足枭之翅"。如今，莎翁剧作场景再现于现实生活中。

市场上，人群熙熙攘攘，人声鼎沸，日中光线强烈，但身边情形如此怪异。然而这只是当地人们日常生活的部分而已。

自然崇拜，巫术渊薮

秘鲁巫术有深刻的文化渊源。如一位摊主所说："在秘鲁，巫术是合法的，也很普遍，甚至存在很多巫术世家。我来自安第斯山和热带雨林交接处的查查波亚斯，我们家族几代人都在销售医术用品，我们相信来自地球母亲的物品可以保佑我们，帮助我们，治疗我们的疾病。"

秘鲁基本是天主教社会，但在西班牙征服之前，秘鲁本土的自然崇拜已经扎根于土壤。古代秘鲁人崇拜大自然的一切，山、水、动植物、洞穴，甚至基因突变产生的六腿羊驼都会被视为灵异。至今，无论是沙漠地区、安第斯山区抑或是亚马孙丛林的原住民，他们仍沉迷于传统的精神世界，依然崇拜大地母亲，他们相信大地母亲怀抱中的事物可以产生神奇的功效。

在信者看来，世界由超自然力驱动并控制，所有疾病都源自超自然因素，或来自恶灵的行为，或由于人类疏于祭祀而被神灵降下灾难。医师除掌握丰富的药用动植物信息，也需要掌握超自然疗法以对抗恶灵，对抗敌方的巫术。他们使用药物，令遭受恶灵侵扰的病人昏昏欲睡，他们声称可以打开病人的身体，驱走邪恶，消除植入人体的魔咒。

尽管知道其荒诞不经，但仍可以从中领会到一种朴素的宗教哲学，也能够理解为什么在这块土壤上，巫术可以经久不衰。存在并不都是合理的，但巫医似乎可以从传统的自然神崇拜中找到根源。

英国社会人类学家马林诺夫斯基一语中的："我们高高在上，站在文明进步的象牙之塔，无忧无虑，自然容易看清巫术是多么粗浅而无关紧要。但倘若没有巫术，原始人便不会战胜实际困难，也更不会进步到高级的文化。"

印加帝国时期，一些职业祭司掌握着超自然力量的秘密法术，他们可以将对手的头发、指甲或牙齿投入魔水或魔像中来杀死对方。萨帕印加（印加王）、贵族和老百姓都深深惧怕这些掌控超自然力的法术，因此人们都小心地保存好自己的指甲和头发，以避免被懂法术者获取而成为加害自己的工具。萨帕印加也会采用巫术强化权力。他们让祭司焚烧蛇、蟾蜍和美洲虎，以削弱敌对神祇的法力，然后再观察美洲驼的心脏，以判断仪式是否达到目的。

诺贝尔文学奖获得者马里奥·巴尔加斯·略萨在自传体作品《胡利娅姨妈与作家》中，述及他在年轻时，曾在夜间参加过巫师举行的仪式，迄今已有五十年之久。在作家看来，那是一场无趣的招魂术，经此一场法术，"阴间对我来说已经失去诗意和神秘色彩，在阴间，所有的死人都要变成蠢货，在来世，一种无尽无休的呆痴病加上枯燥无聊的生活在等待着我们"。直到20世纪八九十年代，在马里奥·巴尔加斯·略萨竞选总统期间，曾有一位女巫提议，让他和夫人一起搞一个星星浴，以帮助他赢得总统选举。略萨拒绝了女巫的一片好意，我们也就无从知道这星星浴究竟会是如何进行的，但他的竞选确实铩羽而归。

巫师们通常在夜间举行法事，他们认为灵媒和药物的力量在夜晚会更加强大。二十多年前，在世界杯预选赛前的那一夜，在幽暗的广场上，七个巫师身着传统服饰，手舞足蹈，念念有词，身边放着刀具、动物头骨和十字架。他们分别给双方队员施展法术，以期本国队员都为正能量环绕，让坏运伴随着对方队员。他们给秘鲁队员的照片洒上酒精，挥舞着鹿腿和秃鹫喙，保佑队员们像鹿一样敏捷、一样善于奔跑，像秃鹫一样拥有强大的进攻力量，而对手，"让他们的腿都抽筋吧，让他们不管白天不管黑夜，让他们的眼睛什么都看不到，都失去光明"。如遇机缘巧合，游客也有机会参与到类似的法事中去。

告别一位摊主之际，她非常慷慨地送给我一串用安第斯山区的种子串起的手链，说可以保佑我旅途平安。我投桃报李，送给她一个小小的红色中国结，告诉她能够带来好运。彼此之间，依托于传统文化的小小祝福，是温馨的，与巫术无关。

晚餐时分，巫术自然成为我和安娜讨论的话题。在如何看待巫术上，我们的观点是完全一致的：没有科学依据的巫医巫术，至今仍以传统文化作为载体，"固执"地大行其道，反理性的神秘迷狂仍没有发展到清醒的理性主义，仍值得这块土地上的人们去思考。

20世纪末，法国有近50000名纳税人宣称自己依靠占星、巫医、巫师或类似职业来获取收入，在欧洲心脏的发达国家尚且如此，那我们尽可对安第斯山区的巫术文化释然了。我们不能以后退五十步之存在，来证明后退百步即是合理，但不妨以宽容的目光来透视这一现象。文化，是祖先对我们的远年设计，我们很难完全摆脱，但也有可能做出改变，时间可以改变一切。

我曾在伊基托斯的市场上看到一些巫术用品，在热带雨林中，巫师们作法的手段和方法会有别于海滨和安第斯山区。作为支教老师，安娜将会在雨林中停留两年时间，与村民们朝夕相处，相信她会有更多机会参与到法事中去。但正如她所说，她更希望有效地传递新知识，普及科学常识，令她的学生们离开巫术世界。观念改变绝非一蹴而就，但安娜是可敬的。

通贝斯到皮乌拉

——殖民者入侵之路

我们二人从瓜亚基尔南下，从陆路前往通贝斯。那是 2017 年。

我们乘坐大巴到达边境小镇阿加斯维尔德斯，拖着行李穿过熙熙攘攘的人群，在赤道附近的烈日下挥汗如雨，颇有一些狼狈，但无奈地发现边检站竟然还在数公里之外。三个年轻人前来询问我们要不要合乘出租车前往边检站，于是，我们五个人连带无数件行李如同馅饼一样挤在一辆小车里浩浩荡荡地出发了。

那三个年轻人都只有 20 多岁，但看上去颇为疲惫，神情萧索。攀谈得知，他们来自委内瑞拉内陆小城梅里达，分别是教师、设计师和厨师。委内瑞拉经济崩溃，通货膨胀严重，三人遂决定前往智利工作。为节省费用，他们需要花费一周时间，乘坐巴士穿行数千公里，穿过哥伦比亚、厄瓜多尔和秘鲁，再进入智利。令他们不安的是，有传闻说，由于前往智利的委内瑞拉人数量过于庞大，智利关口已开始拒绝委内瑞拉人入境了。尽管拥有丰富的石油资源，拥有世界第二大炼油厂帕拉瓜纳炼油中心，但委内瑞拉仍民不聊生，国民离散，令人唏嘘。中国人也曾经历过这样的苦难，契约华工的历史并不遥远。

1532 年，秘鲁的征服者弗朗西斯科·皮萨罗从普纳岛乘船出发，在通贝斯登陆，开始印加帝国征服之旅。普纳岛位于瓜亚斯河口，属厄瓜多尔的瓜亚基尔。第十一代萨帕印加瓦伊纳·卡帕克征服基多（厄瓜多尔古称基多），现今的厄瓜多尔被纳入印加帝国版图。

　　弗朗西斯科在普纳岛停留时间很长，这位文盲统帅没有留下一字一句以说明他为何停留许久。后世猜测，他是在等待印加王室内讧造成两败俱伤，以便渔翁得利。时机成熟后，他背信弃义地大肆屠戮普纳岛居民，随即在通贝斯的印第安部落带领下前往秘鲁。

　　弗朗西斯科·皮萨罗带给秘鲁的影响是复杂而彻底的。通贝斯是皮萨罗征服印加帝国的桥头堡。

通贝斯大教堂

弗朗西斯科·皮萨罗的登陆港
——通贝斯

到达通贝斯，我们预订的酒店在兵器广场附近，到得早了一些，房间还没有准备好。我们将行李寄存后，在酒店餐厅用过午餐，即在烈日下前往兵器广场。

市政厅位于兵器广场东侧，蓝色的立面，绿色的立柱，强烈的色差在热带炽热的阳光照射下很是夺目。广场东北侧，矗立着黄色的教堂，三个委内瑞拉年轻人百无聊赖地坐在廊下，神情抑郁。他们很忐忑地询问，是否可以在我们房间洗个澡，他们离开梅里达后就再没洗过澡了。我很抱歉地告诉他们，我们还没能进入房间。

广场正北有一座雕塑喷泉，圆柱基座上描绘着渔船在蔚蓝的海面上航行，海鸟在空中飞翔，骆马仰脖站立在基座上，代表太阳的圆环向四周发散火焰，一只秃鹰站立在圆环之上，展翅欲飞。秘鲁的图腾随处可见。

秘鲁作家里卡多·帕尔马（Ricardo Palma）曾谈到一个预言，"长着巨大翅膀的秃鹰被阴险地射伤，已经没有力气在蓝天上盘旋，落在安第斯山最高的山峰上，用身上的血染红了峰上的白雪。大祭司见它奄奄一息，说曼科·卡帕克创造的帝国即将毁灭，外邦人将乘载远洋船只来到这里，把他们的宗教和法律强加给它"。

色彩绚烂的大型马赛克浮雕占据广场南侧的中心位置，勾勒出西班牙人入侵秘鲁的历史画面。浮雕上部是浓重的猩红色天空，或许代表愤怒，或许代表血腥，衬托着正中央一张古铜色的印第安面孔，他发如钢丝，昂扬飘散，肌肉突起，血脉偾张，眉毛高耸，双眼圆睁，目眦欲裂，嘴巴张开，似在呐喊。茂密的热带雨林分布在浮雕下部，蜂鸟、猴子、巨嘴鸟和凯门鳄象征着秘鲁丰饶的自然资源；浮雕中部，蔚蓝的海面上，三艘西班牙帆船缓缓驶来，如同巨大的房子在海面升起。那是神话中的维拉科查吗？那预言中将会终结印加帝国国运的神

▼ 广场正北的雕塑喷泉

祇？不！他们只是凡人，只是亡命之徒，他们是贪婪的西班牙入侵者，他们为秘鲁的黄金和白银而来，为秘鲁的土地而来，为秘鲁丰富的自然资源而来，他们带来的不是和平，而是杀戮，不是友谊，而是敌对，不是善念，而是罪恶。浮雕的焦点是一场战斗的场面，西班牙士兵骑着高头大马，头戴钢盔，身着铠甲，马嘶叫着，喷着响鼻，士兵扬起长剑，砍斫手持棍棒的印第安武士，尽管武士的手臂和棍棒还在空中挥舞，但头颅已经落地，西班牙士兵的手臂上沾满了美洲原住民的鲜血。这是一场不对称的战斗。

如同曼科·卡帕克将金楔子插入库斯科的土地，弗朗西斯科·皮

广场南侧的马赛克浮雕

萨罗也将十字架插在通贝斯的沙滩上，宣布通贝斯成为西班牙的领土。

实际上，皮萨罗登陆时并没有遭遇抵抗，正是通贝斯的印第安部落带领西班牙人从普纳岛来到通贝斯。皮萨罗早期的两名翻译，费利皮罗（Felipillo）和马蒂尼罗（Martinillo）就来自通贝斯的印第安部落。印加人征服的很多印第安部落并没有表现出忠诚，在有第三方支援时，就迅速表现出叛离倾向。

西班牙士兵回忆说，在通贝斯，"我们获知，呈现在我们眼前的，是一片辉煌的土地，我们也了解了阿塔瓦尔帕的君权和力量"。

下午晚些时分，天气不再炎热，年轻人玩着轮滑，跳着街舞，看得出来颇具功底。热情本就是秘鲁人的天性，加之有外国人的注视，他们夸张的表演中更多了一些卖弄的成分。

身后的浮雕承载着历史，人们不会忘却历史，但谁又会背负历史包袱前行呢？

实际上，每个人都在经历历史。当别人主宰我们的命运，我们就只能是自己的看客，目睹世界向着我们最不希望的方向滑去，徒然睁大双眼，伸开双臂，而完全无力阻拦，且噤若寒蝉，无力呐喊，最终只能逃离。三个委内瑞拉年轻人坐在我们身后的台阶上，远离家园，前途未卜，他们并没有心情欣赏轮滑青年的表演，只是在无聊地打发时间——前往利马的巴士还有几个小时才发车。

夕阳西下，浑黄的通贝斯河，反射着红色的阳光，向北流去注入太平洋。逝者如斯夫，不舍昼夜。

▼ 兵器广场上，孩子们在玩轮滑

西班牙人在秘鲁修建的第一座城市
——皮乌拉

翠日，我们从通贝斯前往皮乌拉，这也是西班牙人的行进方向。泛美公路沿东太平洋弯弯曲曲前行，随后进入沙漠地带，仙人掌等耐旱植物稀稀落落地点缀在黄色的地平线上。沙丘反射着耀眼的光芒，与湛蓝的海水和白色的浪花形成一幅绝美的画卷。

相当巧合，那天是 3 月 1 日，太阳直射点恰好在皮乌拉附近，炽热的阳光炙烤着皮肤，气温已经超过体温，每一次呼吸都是对身体的考验。有那么一刻，我都担心会患上热射病。

皮萨罗不足 200 人的队伍，于 7 月到达此处，温度略低一点，但他们一定被复杂的心理左右：对财富的渴望，对前景的不确定，对遭遇不测的恐惧，遭遇危险时的兴奋……他们始终处于紧张状态，时刻保持警惕，沙漠和半沙漠气候的炎热干旱对他们来说倒在其次了。

皮乌拉是西班牙人在秘鲁修建的第一座城市——1532 年，它被命名为圣米格尔皮乌拉。据说西班牙人与普纳岛人战斗，在危急时刻，天使长米格尔显圣，帮助西班牙人取得了胜利，于是皮萨罗将西班牙人在秘鲁修建的第一座城市献给了天使长。

皮乌拉有两座广场，最中心也最重要的广场必然是兵器广场，另一座广场则以皮萨罗命名。皮萨罗广场为长条形，南北长近 200 米，东西宽 30 米，四周街道泥泞不堪，停靠着各色汽车、三轮车和摩托车，一些古老的大树遮阴蔽日，西班牙风格的喷泉带来一些凉意，人们三三两两坐在长椅上，休闲惬意。

广场正中央是一尊弗朗西斯科·皮萨罗的雕塑。这是我第三次目睹他的雕塑，另两处是在利马——他亲手规划修建的城市，和西班牙的特鲁希略——他的故乡，它们是由同一位雕塑家完成的相同的骑马雕塑。皮乌拉的皮萨罗雕塑呈站姿，面向西方，昂首挺胸，右臂近乎平伸，略略下沉，千钧拳空握，食指遥指西北，左臂弯曲，手握权杖，身着西班牙的传统服饰，腰佩长剑，脚蹬马靴，脚下基座镌刻着西班牙王室的纹章，纹章之下，几行大字："皮萨罗，西班牙殖民者"。

皮乌拉与皮萨罗的故乡
——西班牙的特鲁希略结为友好城市

1588年修建的主教座堂至今巍然耸立在兵器广场，是皮乌拉现存最古老的建筑，建成于皮萨罗遇刺身亡40多年之后，见证了整个城市的变迁。

皮乌拉河边，有几处书摊，巴尔加斯·略萨的小说几乎是每个摊位的必备，长篇小说《绿房子》摆放在最显眼的位置。不知道有多少皮乌拉人读过这本小说，但来到皮乌拉的游客多少都会有冲动去寻找郊区那处绿房子。此处的绿色，在汉语中对应的其实是"黄色"，指代淫秽，绿房子则是皮乌拉第一家妓院。在巴尔加斯·略萨笔下，皮乌拉曾是一片世外桃源，而在妓院开张后，整个城市堕落了，女主人公遭遇人生剧变，沦为妓女，而皮乌拉也沦落为"一个空前未有的庞大的监狱社会"。略萨看似在描写皮乌拉，实际在描写那时的秘鲁内地，充满落后与野蛮。巴尔加斯·略萨出生在阿雷基帕，心却属于皮乌拉，在他从少年向青年成长的阶段，皮乌拉有着重要的意义。

弗朗西斯科·皮萨罗带领他的冒险家们建立了圣米格尔皮乌拉，在此休整，等待印加王室内斗造就有利于他的局面。随后他离开皮乌拉，向安第斯山区进发，主导了秘鲁历史上最具决定意义的战役之一——卡哈马卡战役。

外侮常缘于内部虚弱，家必自毁，而后人毁之。印加帝国之毁灭是历史必然，在丛林法则主宰世界的年代，安第斯文明虚弱不堪，王室内讧更造成力量空虚，印加帝国在欧洲冒险家的铁蹄之下，瞬间土崩瓦解。在近代，因为清政府颟顸无能、盲目自大、闭关锁国和

皮乌拉的弗朗西斯科·皮萨罗雕塑 ▶

皮乌拉大教堂 ▶

干旱的西部沿海热带荒漠

拒绝变革，中华民族也曾饱受蹂躏，以同理心看待安第斯文明，感同身受。

在边检站偶遇的三个委内瑞拉年轻人也令我感慨颇多。我在撰写本章时，看到新闻报道，委内瑞拉已经有超过 1/6 的人口——500 多万人逃往他国。委内瑞拉资源丰富却陷于动荡，民不聊生以至于人民背井离乡，令人唏嘘不已。而委内瑞拉正在经历的，却是拉丁美洲历史上循环往复的无数次动乱中的一个片段而已。即使富有远见如玻利瓦尔，又怎可预料，在他诞生的国家，在他亲手缔造的国度，政治混乱、剧烈动荡可以延续至今？在这块土地上，历史绝不是押着同样的韵脚，而是不断地简单重复和轮回。

利马

——从诸王之城到共和国首都

利马坐落于热带沙漠地区，濒临东太平洋的凉爽海水，气候宜人。早晨雾气笼罩，下午云高气爽。夏天的落日颇为迷人，彩霞满天，光色流荡，满是瑰丽的橙色和粉色，"巫师的天空"名实相符；冬天的早晨是灰暗的，海风吹拂，气温较低，湿度略大，但雨水却几乎不会光顾这座城市。

晴朗的日子里，蓝宝石一般的海水颇为诱人，我喜欢安静地坐在岸边，望潮起潮落，云卷云舒。孩子们在冲浪板上随波浪起起伏伏，他们爽朗无忌的嬉笑声和涛声混合在一起，回荡在满是鹅卵石的海滩上，靓丽的滑翔伞在悬崖上空翻腾，像一道道飞扬的彩虹，那是一种朝气蓬勃的景象。阴沉的日子里，古老的建筑会变得黯淡，但也不大能影响人们的心情。

我似乎谈不上有多喜欢利马，但如同所有大城市，利马可以提供我所需要的一切。每次来到秘鲁，我都会在利马盘桓数日，就像寻找矿脉的探矿人，在巨大的矿山中东挖挖西刨刨，屡有惊喜，于是，整座城市都留下了我的足迹。我几乎走遍了历史中心城区的每一个角落——我沿阿雷基帕大街一路步行到圣伊西德罗区，在里卡尔多·帕尔马大街的机票代理处购买利马往返智利的机票；我步行穿过防护栏包围的富裕街区前往拉尔科博物馆（Museo Larco），寻找那些古老文明的遗存；我在米拉弗洛雷斯区的海边餐厅用餐，去音像市场搜罗光碟，去图书市场购买关于秘鲁的书籍，去酒吧享用一杯皮斯科酸酒，去唐人街吃一顿还算地道的中餐，或是在街角不经意地邂逅一幅富有魔幻色彩的涂鸦。

但若说我对利马没有特殊的感情，我又怎会流连忘返于利马的大街小巷？利马是一座古代与现代、混乱与整齐、享乐与危险、富有与贫穷并存的城市。

秘鲁的历史是曲折的，坎坷的，备受摧残的，而历史塑造了不同的城市。如果被问及哪座城市最能代表秘鲁，秘鲁人可能会斟酌再三，难以作答。在他们心目中，库斯科代表传统，是印加和西班牙两种文化融合的代表和杰出范例，利马则代表现代，体现从传统到现代的传承。

征服印加帝国后，殖民者在库斯科初步站稳脚跟，弗朗西斯科·皮萨罗即来到太平洋海滨，筹建一座沿海城市。一方面，这里远离印加曾经的都城库斯科，可以避免陷身于印加传统势力的包围；更重要的是，西班牙人笃信"谁控制了海洋，谁就控制了世界"，将大海作为公路，将政治经济中心设在海滨，方便与本土联系，将殖民地的货物运送回国，或从本土获得补给。而从更深刻的历史趋势来看，文明的每一次死亡、中断与再生，总是伴随着选址的更迭，秘鲁也未能摆脱历史的逻辑。

1535年1月18日，弗朗西斯科·皮萨罗在利马克河谷建立"诸王之城"，后逐渐更名为利马，成为西班牙秘鲁总督辖区首府。长达三个世纪的时间里，利马是秘鲁总督辖区与美洲其他地区、欧洲和远东的贸易中心。值得一提的是，波托西银矿的大量白银从利马出发，经墨西哥，通过马尼拉大帆船贸易流入明清之际的中国，满足了中国对白银的大规模需求。虽屡遭海盗和私掠船只威胁，利马仍持续繁荣。

独立战争后，利马成为秘鲁共和国首都。

利马整体即是一件艺术品，其建筑是一种混合体，凝聚着500年的历史。早期殖民地建筑，如主教座堂、圣弗朗西斯科教堂、圣多明各教堂和一些贵族府邸，它们受到西班牙巴洛克风格的影响，而共和国时期的建筑，如总统府、立法宫和玻利瓦尔大酒店等，则转向新古典主义和布杂艺术。

1988 年，利马历史中心被联合国教科文组织评定为世界文化遗产。

❖ 利马历史中心
——步履所涉之地，皆是历史

先从西班牙殖民地城市的布局说起吧。利马规整的城市规划，不免令人联想到墨西哥普埃布拉、多米尼加共和国首都圣多明各和其他拉丁美洲城市。

西班牙人在普埃布拉建立了西班牙殖民地中第一座矩形方格布局的城市，成为美洲城市的模板。这些城市以大型正方形开放式广场为中心，广场上坐落着教堂、总督府或市政厅等政治、文化机构，整个城市如棋盘格一样向四周扩展，形成文艺复兴风格的几何图形布局。西班牙政府发布《西印度法》（*Laws of the Indies*），将这种布局以法律形式确定下来。弗朗西斯科·皮萨罗创建利马即遵从这一法律。

马约尔广场（兵器广场）是利马城市的诞生地，围绕马约尔广场—国会广场—圣马丁广场的区域构成利马核心的历史城区。跟随我的脚步，围绕三座广场，开始利马历史建筑游览吧。

徜徉在利马老城，不同时期的建筑交错而立，风格各异，极富跳跃感，就像在不同历史阶段往复穿越。古罗马政治家西塞罗有言，"步履所涉之地，皆是历史"，只不过，古罗马城的历史是欧洲史，是地中海史，而利马历史则是秘鲁史，有时会扩展到南美洲史。

品味利马，如同饮用一杯地道纯正的皮斯科酸酒。稍稍品酌，皮斯科白兰地的基底清冽却醇厚，那是典型的欧洲舶来之物，无论如何调配，都不会改变欧洲风情的韵味，再细细品尝，可分辨出糖浆、蛋清、青柠汁和阿玛尔戈（Amargo Chuncho）牌苦精的口味，不同配料为欧洲基底带来回味无穷的变化。

马约尔广场颇为开阔，被总统府、主教座堂、利马总主教宫、市政厅和协和俱乐部包围。遗憾的是，皮萨罗建城之初的建筑都已荡然无存。

有一个小插曲，可以帮助我们了解利马刚建成时的模样。马约尔广场曾用于集市、斗牛和执行绞刑，广场中央竖立着绞刑架和三根巨大的耻辱柱，上有铁笼。弗朗西斯科·皮萨罗之弟贡萨洛·皮萨罗反叛，被斩首后，其头颅与另外两人的头颅被置于铁笼里示众，长达十余年。直到其中一人的遗孀欲殓葬亡夫，募人将头颅盗走。夜间，广场漆黑，盗者看不清身份，遂将三人头颅全部取下，葬于圣弗朗西斯科教堂，才结束了皮萨罗家族耻辱示众的历史。三个被砍下的头颅置于马约尔广场十年之久，而夜晚黑黢黢的如同鬼域，那是何等情形？直到1651年，绞刑架才被喷泉替代，野蛮不情愿地退居幕后，人性和艺术扭扭捏捏地走上前台。

岁月荏苒，西班牙在南美洲的统治即将走到尽头。1821年7月28日，圣马丁将军在马约尔广场宣告秘鲁独立，并签署独立宣言。

总统府坐落于广场北侧，1937年修建于弗朗西斯科·皮萨罗总督府原址，这里也曾是印加帝国治理这一地区的酋长的府邸。从酋长到总督到总统，这里经历了种种兴衰与沉浮，经历了无数的权力争夺、欺诈与暴力。弗朗西斯科·皮萨罗即被谋杀于总督府，而走马灯一般的总统、代理总统和临时总统或军政府主席们满怀对权力的渴望，步履匆匆，进进出出，不能善终者不在少数。总统府被高大的栅栏包围，立面是受到西班牙影响的巴洛克风格，侧面则是新古典主义风格。

广场周边总是有游行的人群，他们像老练的演员，在我的镜头面前没有表现出丝毫局促，表情恬然自若，陶醉于细碎的舞步和摇曳的裙摆，服饰令他们自豪。有一次我试图跟随游行队伍混进总统府庭院，立即被门卫礼貌地挡在了门外。

参加游行的民众聚集在总统府庭院 ▼

利马兵器广场上
参加游行的民众

广场东侧的主教座堂历史颇为悠久，利马建城之日，皮萨罗亲自背负修建教堂的第一根木材，他可能已经预想到，他正在为自己修建墓室。这座教堂多灾多难，屡遭地震破坏，屡次修整或重建，现存建筑是哥特式、巴洛克式和新古典主义风格的综合体。

我信步走进教堂，去寻找皮萨罗的踪迹——大门右侧第一间礼拜堂收纳着他的骸骨。礼拜堂整体装饰着 1928 年的彩色马赛克，利马市徽占据正面墙壁中央。1537 年 12 月 7 日，西班牙国王卡洛斯一世将市徽授予利马，几经演变，成为马赛克中的模样。头戴皇冠的金色双头鹰代表神圣罗马帝国皇帝、西班牙国王卡洛斯一世，双头鹰从"赫拉克勒斯之柱"间昂然穿过，柱体上有"Plus Ultra"的文字（意为向着更远方），盾牌上蓝底部分，三个金色王冠代表"三博士朝圣"，利马名称"诸王之城"即来自于此。市徽下陈放着弗朗西斯科·皮萨罗的遗骸，以对这位城市创建者表达最高评价和认同。

左侧墙壁的马赛克画面描绘了西班牙与印加帝国的初次接触。画面中两根壁柱构成画框，秘鲁国徽高悬于画面上部。西班牙人初到通贝斯，帆船停靠在远处水面，夕阳将船帆染成金黄，小船载着身穿盔甲、手持利刃和长矛的西班牙人摆渡上岸，裸体的原住民男子好奇地爬上小船。这是两种文明的初次相遇，而反差如此巨大，真实地反映了 20 世纪初秘鲁执政者对西班牙殖民历史的态度：殖民者给野蛮大陆带来了"文明之光"。画面下则是皮萨罗家族的纹章。我曾前往皮萨罗的故乡——西班牙的特鲁希略，皮萨罗家族的宫殿已经破败不堪，墙角处的家族纹章也显得颇为落寞。或许只有在利马，我们才有机会感受到皮萨罗家族逝去的荣光。

皮萨罗被反叛的西班牙士兵包围，临死前用自己的鲜血在身旁画了个十字架，亲吻十字架的当口，头就被砍得血肉模糊，当晚被埋葬在主教座堂。宿命论者必定会认为，冥冥之中自有安排。近百年时间，人们错误地将他人木乃伊当作皮萨罗遗骸陈列在玻璃棺内，供人祭奠。直到 1977 年，工人们在教堂地下室发现一具棺木，内有小金属匣，其上镌刻："此乃侯爵总督堂弗朗西斯科·皮萨罗之头颅，他发现并赢得秘鲁，将之置于卡斯蒂利亚王冠之下。"经人类学家和历史学家确认，这具最新发现的遗骸才是真正的皮萨罗，头颅上的大量剑伤足以表明其身份。于是，真正的皮萨罗骸骨被置于礼拜堂的玻璃棺内，其下碑文对他表示了崇高的敬意："侯爵总督堂弗朗西斯科·皮萨罗，秘鲁征服者，利马建立者安眠于此。他于1478年诞生于西班牙埃斯特雷马杜拉之特鲁希略，1541年6月26日在利马逝世。其遗骸由市议会于1985年1月18日，利马建城450周年之际转送至此。愿他安息。阿门。"

主教座堂北侧，坐落着1922年建成的总主教宫，两个巨大的雪松雕刻的新巴洛克风格阳台是其标志。其立面是西班牙殖民复兴风格，有着典型的巴洛克元素，主门则是新银匠风格。凝视着它们，浓浓的安达卢西亚风情扑面而来。

穿过棕榈叶摇曳的兵器广场，来到广场西侧。市政厅坐落于此已有数百年，历经多次地震、多次修缮。古老的建筑毁于1923年的大火，修缮工程基本保留了原主体结构，立面则呈现完美的新古典主义风格，通体黄色，古典优雅。一楼有十三个拱券构成的柱廊，柱体简洁，甚少装饰，二楼中央则是白色阳台，六根科林斯柱支撑五个拱券，白色栏杆颇为优雅。阳台两侧各有一座深色木制阳台，突出墙体，线条平直。这些建筑元素都承继自殖民地时期。市政厅南侧是修建于1942年的协和俱乐部大厦，有完全相同的亮黄色，建筑风格与市政厅保持高度一致。

总统府（原总督府）西侧，坐落着阿利亚加祖屋，它是城市中最古老的住宅，由皮萨罗的掌旗官和财政官赫罗尼莫·德·阿利亚加修建于1535年，与城市同一天奠基。阿利亚加家族至今仍居住于附属建筑内，整座府邸保存完好，其巴洛克式门廊开阔奢华，以名贵木料精雕细琢而成，古老的油画装饰四壁，家具华贵雅致，内部庭院不逊色于秘鲁任何一处府邸，摩尔式阳台异常精美。殖民地时期的法官府邸位于总统府东侧，马约尔广场东北街角，也是利马最古老的贵族官邸之一，在其二楼，有利马最长的阳台，面向两条大街。

　　向西走过一个街区，可见圣多明尼各修道院，早在470多年前，拉丁美洲最古老的大学圣马科斯大学就在这里开设了第一堂课。它高耸的塔楼是典型的洛可可风格。18世纪，波旁王朝入主西班牙，洛可可风格开始影响西班牙及其美洲殖民地。

　　17世纪建成的圣弗朗西斯科教堂位于马约尔广场东北方向，与之相隔一个街区，主体建筑包括教堂、修道院和两座附属礼拜堂——隐居礼拜堂和奇迹礼拜堂。教堂和附属礼拜堂立面都没有直接面向大街，而是呈直角，形成一座小型广场，广场用深灰色花岗岩石块铺设地面。

　　教堂立面由建筑师曼努埃尔·德·埃斯科瓦尔设计修建。两座高大的黄色塔楼由石块砌就，起伏大，砌缝宽，可见文艺复兴风格的痕迹，无数鸽子在砌缝中休息。双壁柱突出墙面，两个带有深色木栏杆的白色挑檐将塔楼分为三层，另有三条浅檐饰。塔楼上端是黄色，其下则过渡

圣弗朗西斯科教堂 ▸

为棕褐色，最下面大约 20 厘米高的石块与广场地面颜色完全一致，都是深灰色，从视觉上将教堂与广场巧妙地融合在一起，广场成为教堂的延伸，教堂则从广场冉冉升起。顶层钟塔是典型的巴洛克八角形穹顶。

　　中央大门高度与塔楼中下部相当，整体分为三层，用深灰色花岗岩建造，雕刻精美，与两侧黄色塔楼的朴素线条形成鲜明对比。大门两侧各有两根科林斯石柱，柱基高约 1.5 米，石柱下部三分之一为螺旋纹，上部则为竖纹，雕刻人像，其后另有四根纤细的石柱，错落有致，门廊的圆柱与塔楼的方形壁柱相映成趣。大门之上，半圆形山花上端断折，壁龛和两侧石柱从山花内升起，壁龛内有圣母雕塑，石柱两侧各有壁龛，圣彼得与圣保罗雕像分列其内，其上复杂的檐饰与塔楼的浅檐饰相统一，将之与三层分割开来。第三层主体是椭圆形凹窗，四周环绕着各种起伏弯曲、难以名状的怪诞图案，最上端弧形顶部的深色木栏杆与塔楼栏杆连接起来。门廊整体充斥着大量雕饰和复杂图形，极尽华丽之风。它是西班牙巴洛克风格的杰作，这种风格影响了利马后续修建的教堂，如拉默塞德教堂。

走进大教堂，中厅及侧廊顶部是典型的穆德哈尔风格。精美的回廊庭院装饰着塞维利亚风格的瓷片和穆德哈尔风格的雕花木天花板。修道院图书馆颇令人震撼，数万册藏书堪称人类宝藏。地下墓穴逼仄幽暗，道路曲折，层层叠叠陈放着数万具森森白骨，很多骸骨以整齐的几何图形摆放。

继续向东前往国会广场，途经西班牙巴洛克风格的托雷·塔格尔（Torre Tagle）宫。这座壮观的府邸修建于1735年，晚于马约尔广场上的阿利亚加祖屋和法官府邸，由托雷·塔格尔家族第一位侯爵，时任皇家西班牙珍宝船队的财务主管堂何塞·贝尔纳多·德·塔格莱主持修建。1918年，它被秘鲁政府收购，成为外交部办公大楼。豪华的巴洛克风格门廊，雕饰精美的柱子，两座精美的深色木制阳台，融合了安达卢西亚和穆德哈尔的特点，是利马的珍宝。

利马被称为"阳台之城"。利马修建阳台之风始于殖民地时期，延续至共和国时期，现存的阳台大多修建于17—18世纪，"阳台数量如此之多，看起来就像是空中的街道"。阳台风格多彩纷呈，巴洛克式、文艺复兴式和新古典主义风格并行不悖，并受摩尔和安达卢西亚风情的影响。

谈起木制阳台，还得从摩尔人统治伊比利亚半岛说起。摩尔建筑中的阳台，被西班牙人继承，又跟随殖民者的脚步流传至秘鲁总督辖区，一度成为利马风尚，成为富人们财富和身份的象征。阳台既是总督们发表演讲的舞台，也是女士们藏身于内，窥视城市的场所。

历次地震中，大量阳台遭到损坏，利马政府曾发起"领养一座阳台"计划，号召人们保护珍贵的文化遗产。我多么希望，在街头漫步之际，一抬头就能够看到《阳台上的疯子》正在某座阳台上演，阿尔多·布鲁内利正向我招手——马里奥·巴尔加斯·略萨将利马人对阳台的热

利马被称为"阳台之城"，各种风格的阳台随处可见

爱和保护放入剧作，其主人公阿尔多就试图保护阳台免遭破坏。

　　行走在老城，散布各处的阳台始终在提醒我：这里是利马。不然，我大概会彻底迷失，会以为自己身处马德里或其他欧洲城市。

　　近旁的秘鲁中央储备银行，修建于1929年，颇为宏伟壮观，现已改造为考古、钱币和绘画博物馆。大量西班牙征服前的陶器令人印象深刻，我几乎用相机拍摄了所有展品和文字介绍，这一举动引起了工作人员注意，但我没有违反博物馆规定，善良的工作人员只好花时间远远监视我，又不加以干涉，我心里默默对他说了句抱歉。如果对前殖民地文化兴趣浓厚，除了鼎鼎大名的拉尔科博物馆和国家历史考古博物馆外，中央储备银行博物馆也不容错过。

　　国会广场规模不大，中间矗立着玻利瓦尔雕像，宗教裁判所位于南侧，宏伟的立法宫坐落于东侧。

　　1570年，西班牙在利马设立宗教裁判所，直到1820年独立前夕方

才废止。宗教裁判所新古典主义风格的门廊颇为壮观，大厅的雕花木屋顶也是整个利马最为精美者。利马的宗教裁判所曾把44人烧死在火刑柱上，颇为讽刺的是，死者都是来自葡萄牙的犹太商人"假信者"，原住民之所以能够逃过此劫，是因为他们被认为是"未成年人"，孩童应被规劝皈依而不是被烧死。殖民地时期，西班牙人对宗教改革的反对对秘鲁的影响甚为深远。

秘鲁立法宫建成于1936年，是布杂建筑风格在秘鲁的代表作，整个建筑气势宏伟，严格对称，石艺质朴。一楼整体抬高，两条束带层横贯整个建筑。中央拱门高耸，造型颇像古罗马凯旋门，砌石起伏大，砌缝宽。拱门上的圆形山花内雕刻着发髻华丽的荷莱三女神，表达了强烈的人文主义理想，和平女神厄瑞涅高举火炬，正襟端坐；正义女神狄刻严肃可畏；秩序女神欧诺弥亚手持法典，古希腊政治家梭伦用她来指代理想的政制。雕塑主题与建筑统一，强调了建筑的身份。山花上方有花彩和卷轴形装饰，两侧饰以椭圆形卷轴。简洁的双多立克石柱、栏杆和拱券窗向两侧延伸。秘鲁国旗飘扬在平坦的屋顶，山墙装饰着栏杆和浮雕。跟随解说员走进立法宫，如同穿过秘鲁共和国的政治史，那是一段充满坎坷而令人心酸的历史，荷莱三女神也会为之垂泪。

从马约尔广场向南，穿过吉隆德拉协和步行街前往圣马丁广场。步行街人潮汹涌，热闹非凡，各种街头杂耍、魔术或表演式推销不时阻挡我的脚步。店铺鳞次栉比，老建筑略有破败，显露出岁月的沧桑，新建筑则气象一新，富有现代的气息。18世纪的拉默塞德教堂与现代化商场对面而居，它是典型的西班牙巴洛克风格，内外装饰精美，立面雕饰图案复杂、奇形怪状且夸张怪诞，布满葡萄图案的所罗门柱配以科林斯柱头，方壁柱变形起伏，爬满植物叶片，各种植物、人像和涡卷充斥墙面，三圆心弧形栏杆包围圣母像，穆德哈尔艺术家们将"空白恐惧"表现得淋漓尽致，堪称秘鲁总督辖区西班牙巴洛克风格的典范。

到达圣马丁广场。广场中央矗立着秘鲁解放者何塞·德·圣马丁骑马雕塑，广场本身、中央纪念碑和周边建筑都陆续修建于20世纪初，呈现出一致的西班牙殖民复兴风格，巴洛克特征显著，穹顶柱廊，颇为协调。

这些建筑如同散落在城市中的音符，谱写成一首华丽的乐章，无声却绚烂，固定却灵动，永恒地演绎着昔日的时光。一百年前，利马设计师们在竭力复制欧洲古典风情，宏伟的外观、装饰和气派尤为重要，他们沉迷于古希腊或罗马柱式、宏大的门厅和巴洛克风格的雕饰，这也是整个社会尊崇欧洲文化的直接表现。如果说殖民地时期的欧式建筑风格是被动移植而来的，那共和国时期的建筑则是秘鲁的主动选择。环视四周，无论被动与主动，都是欧洲文化的投影。

为缅怀那一段逝去的时光，我特意住宿在玻利瓦尔大酒店。它是利马第一家大酒店，修建于 1924 年——阿亚库乔战役 100 周年之际。大厅呈罗马风格，塔司干立柱宏伟挺拔，穹顶高大明亮。走进走廊，总感觉脚步应该再轻柔一些，以免打扰那些曾下榻于此的名人们：政治家如戴高乐和尼克松，作家海明威、福克纳和聂鲁达，演艺界巨星艾娃·加德纳、克拉克·盖博、胡里奥·伊格莱西亚斯、滚石乐队以及迪斯尼创始人华特·迪斯尼。

尊崇属于过去，而今整个广场充斥着市民的生活气息，与周遭古典建筑悲情而任性的贵族气质相去甚远。玻利瓦尔大酒店从巅峰时期的王者地位滑落了，广场北侧的贝伦酒店基本沦为背包族客栈，残破的大厅里，百无聊赖却很热情的店员迎候着来客。柱廊下永远汇集着人群，我总是不忘在早晨的流动摊位上买一杯藜麦粥，那香甜顺滑的感觉让我时刻回味。圣马丁广场是利马群众集会的传统舞台，马里奥·巴尔加斯·略萨在试图从文学家向政治家转型时，于此处发表了人生的第一场政治演讲，他称之为"争自由大会"。广场上几乎每天都有政治聚会和游行，我钻进人群，演讲者将目光转向我，开玩笑地说"欢迎藤森的支持者加入我们"，招来一片哄然大笑，我也无意分辨我的中国身份，但在潜意识里，我更愿意被视作藤森的竞选对手——倡导自由与民主的文学大师巴尔加斯·略萨的拥趸。

从殖民地时代到共和国时代，利马老城杂糅了各种建筑风格，虽千变万化，但都脱不开欧洲文化的影响，大体上，与欧洲大都市并无二致了。"我们塑造建筑，随后，建筑塑造我们"，人与建筑的互相影响可谓潜移默化。

利马城区已大幅向外延伸，米拉弗罗瑞斯（Miraflores）区最为时尚和现代化，距离历史城区已有十公里之遥。但利马的根仍在历史城区，从马约尔广场到圣马丁广场，经圣伊西德罗区到米拉弗罗瑞斯区，这是利马走过的漫长发展之路，沉淀着数百年的怀旧之情。

米拉弗罗瑞斯区现代化的氛围不同于历史城区，我也会选择在这里住宿，在海滨餐厅用餐，在酒吧小酌。秘鲁的美食总是令人如此满足。柠檬汁腌生鱼（Ceviche）据称来自日本传统，我在中央电视台四套《城市1对1》栏目做节目时，秘鲁驻华使馆曾专门提供地道的柠檬汁腌生鱼供现场观众品尝；秘鲁是土豆的故乡，土豆泥派必然正宗；而烤牛心串，我猜测可能传承自华人。

❖ 从皮萨罗到圣马丁

每座城市都有重要的历史人物，他们曾留下浓墨重彩的一笔。他们代表一个时代，但影响却跨越时空。后人对他们做出历史评价，为他们塑像立碑，尤其是在国都，其塑像或碑铭更被赋予政治寓意。这些雕塑往往是大师之作，其雕塑产生的时代背景和后续演变也颇值得玩味。

利马有三尊骑马雕塑蜚声海内外——弗朗西斯科·皮萨罗、西蒙·玻利瓦尔和何塞·圣马丁，从他们纵横驰骋、叱咤风云的年代，到他们的雕塑被竖立于利马，到雕塑数易其地，最终尘埃落定，跨度近500年，其间风云变幻，堪称波澜壮阔，时移世易，民众思想变迁，更需洞幽烛微。

圣弗朗西斯科教堂北侧，利马克河南岸，老城之外，坐落着城墙遗址公园。1536年8月，皮萨罗曾在利马城墙的保护下，击溃了曼科·印加麾下将军的最后一轮进攻，保住了西班牙人的"胜利果实"。如今，老城墙已损毁殆尽，只余一段残墙供今人凭吊。皮萨罗青铜雕像被置于此处，茕茕孑立。雕像是一个典型的西班牙征服者的形象，他骑着被原住民视为"巨兽"的骏马，驻马勒缰，佩戴头盔，身着重甲，留着胡须，手持原住民闻所未闻的锋利钢剑。

　　1935年1月18日，利马建城400周年纪念日，皮萨罗雕像揭幕，利马市长称之为"英雄和文明传播者的杰出雕像"。雕像被置于利马

利马城墙遗址公园内的弗朗西斯科·皮萨罗青铜塑像

最突出也最具有象征意义的位置——马约尔广场东侧主教座堂外的台阶上，居高临下地俯视着广场，雕像身后即是皮萨罗石棺所在地——主教座堂内特意为他装饰的礼拜堂。

雕像原型是一位不知名的西班牙士兵，最初被雕塑家送给墨西哥以代表征服者埃尔南·科尔特斯，但被墨西哥拒绝，后辗转送抵利马。雕塑家铸造了三尊相同的雕像，分别竖立于西班牙特鲁希略——皮萨罗出生的城市，利马——他所建立并殒命于斯的城市和纽约布法罗。

彼时，利马已拥有南美解放者西蒙·玻利瓦尔和何塞·圣马丁的雕像，利马政府为何还要再迎来弗朗西斯科·皮萨罗的雕像呢？

独立战争只是一次统治精英阶层权力的更替和轮换，克里奥尔人继承了位于金字塔顶端的半岛人的权力，白皮肤是通向权力的基本条件。即使西蒙·玻利瓦尔和何塞·圣马丁将南美洲从西班牙的统治下解放出来，他们仍是克里奥尔人，欧洲文化已植入其骨髓。独立战争时期，倡导君主立宪制的圣马丁，也只是希望从欧洲邀请一位君主，印加帝国的后裔从未进入他的候选名单。欧洲文化传统也延续至共和国时期，体现在建筑艺术中，利马试图以巴黎为范本，缔造一座现代首都，新古典主义风格的大型国家建筑风行一时。

西班牙裔有意保护殖民者的文化遗产。精英阶层将西班牙征服秘鲁与古罗马征服西班牙相提并论，认为秘鲁本质上即是西班牙，尊重皮萨罗即代表对欧洲传统的身份认同。他们在利马主教座堂为皮萨罗设立小礼拜堂，制作具有纪念意义的大幅马赛克描绘皮萨罗进入原始而颓废的世界，彰显其将文明传播到南美洲大陆的巨大成就。而在马约尔广场竖立皮萨罗雕像，高度颂扬城市的建立者，庆祝现代秘鲁的殖民地之根，不过是欧洲传统主导下的应有之举。

皮萨罗雕像被移动过两次，且地位每况愈下。1952年的第一次迁移来自利马大主教的压力，他强烈反对将马尾对着主教座堂。雕像被迫迁到马约尔广场西北角外的小广场——皮萨罗广场，仍毗邻总统府和市政厅。但安第斯原住民的民族主义情绪已被点燃，反对皮萨罗的声音愈加高涨，尤其20世纪末期，政治气氛发生了很大变化。原住民将这尊雕像视作殖民主义和压迫的象征，他们认为皮萨罗不应被尊为向新世界"传播西方文明的人"，他是侵略者，是残忍地灭绝种族的殖民者，是原住民的压迫者和谋杀者，是印加文化的破坏者，是窃贼。

但皮萨罗也不乏支持者，其中包括著名作家、诺贝尔文学奖获得者马里奥·巴尔加斯·略萨，尽管他也宣称"殖民征服在秘鲁社会建立起一套等级制度，上层是一小撮西方化的精英，下层是印第安人血统的广大穷苦民众，前者对后者的歧视和无情剥削贯穿整个殖民时期并延续到共和国时代"，但仍毫不掩饰地将激进主义者称为"意识形态的民族主义的宗派主义者，如同很多德国人宣称德国应是纯粹雅利安人的国家，他们同样粗鄙而狂热"。毕竟，文明，如同个人，身体发肤，智力水平，无不源自父母双方。

为平息纷争，利马市长将皮萨罗雕像撤下来放进仓库，将皮萨罗广场更名为秘鲁广场。过了一年，这尊塑像才最终被安放在城墙遗址公园，皮萨罗被驱逐到他亲手修建的城墙之外。

皮萨罗被任命为总督并封为侯爵，达到其征服事业的巅峰，利马是他"最光辉的杰作，是太平洋岸的一颗明珠"。经过多次地震和重修，皮萨罗时期的建筑消失殆尽，但漫步在老城，仍能感受到皮萨罗的存在。宽阔的街道保持着皮萨罗时期的规划，城墙的残垣断壁见证了他与印加人的战争，而他也最终埋骨于亲手缔造的城市。

谈到世界征服者，每个人都可以罗列出自己的名单。在黄金帝国的诱惑下，皮萨罗带领探险队来到秘鲁，充分体现了征服者的勇敢、坚忍不拔、机敏狡诈、凶狠残虐以及背信弃义，仅依靠168人和37匹马，直面萨帕印加数万军队，征服了数百万人口的帝国，改变了一个国家乃至一个大洲的历史——相信他绝不逊色于任何征服者。

他为西班牙赢得宝贵的殖民地；他攫取大量珍贵金银艺术品，却把它们熔为金块银锭；他破坏了印加帝国都城，却精心建造了一座新都城；他几乎灭绝了印加古老而独特的文化，却带来先进的西方文明。

皮萨罗在这块土地上留下了不可磨灭的西班牙烙印,这里的语言、宗教、文化乃至族群都发生了不可逆转的变化。

他征服秘鲁展示出来的勇气令人折服,对印加文化的破坏令人扼腕痛惜,而审视欧洲文化与安第斯文化的融合,却不能忽略他的巨大影响。秘鲁历史学家何塞·安东尼奥·德布斯托的总结至为中肯:"帕查库特克是安第斯文化的推广者,弗朗西斯科·皮萨罗是欧洲文化的推广者。这两位,虽然自己都是文盲,却堪称秘鲁近现代文化之父。"在《影响人类历史进程的100名人排行榜》中,麦克·哈特将他排在第62位。

皮萨罗是西班牙杀鸡取卵式统治的肇始者。埃德蒙·柏克的描述切中肯綮:"西班牙对其殖民地大肆压榨变现,直接掠夺矿产资源,而不是通过建设基础设施以及发展与当地人民的良序关系来建立可持续的殖民地。殖民领袖们通过种种自肥手段大肆滥用权力,结果攫取巨额的短期财富,所伴随的则是怨恨、失败与衰落。总之,这种殖民政策彻头彻尾地失败了,在统治上,暴政;在宗教上,偏执;在贸易上,垄断。"

但历史不可逆转。诚如秘鲁思想家何塞·卡洛斯·马里亚特吉所说:"民族传统已经延伸,重新将印加历史观念并入在内。但是这不应该转向另一个极端,否定其他因素和价值观对塑造我们的民族和民族性格的确定无疑的作用。西班牙语和西班牙人的宗教随着征服永久地进入了秘鲁历史,把秘鲁和西方文明联系起来,成为西方文明的一部分。并且,秘鲁共和国的概念也随着独立战争永远进入了我们的传统。"

相较于弗朗西斯科·皮萨罗雕像一波三折而落寞的命运,南美解放者玻利瓦尔的骑马雕像则位于国会之前,地位殊异。

玻利瓦尔被南美洲大部分地区视为国家偶像,被视为19世纪早期拉丁美洲独立运动的伟大英雄。一位来自普诺地区的库拉卡(地方长官)赞美玻利瓦尔:"当上帝想要建设一个野蛮人的帝国时,他创造了曼科·卡帕克。当曼科·卡帕克的种族跌入罪恶时,上帝派来了皮萨罗。经过3个世纪的赎罪,上帝怜悯美洲,就把您送到了我们身边,而您体现了神的旨意。迄今为止您的丰功伟绩无人能及,除非有另一个需要得到解放的世界，否则无人能追寻您的足迹。您创立了五个注定会获得巨大发展的共和国，没有其他人的名字能像您的英名那样在这些共和国传颂。随着时间的流逝，您的荣光将如同太阳落山时的影子那般增长。"在《影响人类历史进程的 100 名人排行榜》中，玻利瓦尔排第 48 位。但何塞·马蒂对他却有更深一步的评价，入木三分："玻利瓦尔并没有像捍卫美洲获取自由的权力那样捍卫人民自我管理的权力。"他追求的是南美洲的独立，而不是普罗大众的自由和民主。

玻利瓦尔致力于美洲的统一，但在临终前，他已经预见到政治争执、相互倾轧乃至军事冲突将会席卷他所解放的这块土地。这位"迷宫中的将军"在逝世前已是形销骨立，据民间传说，他失望地叹道，这世界上三个最大的蠢人是耶稣基督、堂吉诃德和他自己，他认为他的一

▼ 玻利瓦尔雕像矗立在国会广场，宗教裁判所位于南侧

生徒劳无功，是在流沙上建塔，在海水中耕耘，在大海中捞针。但他关于美洲联盟之设想影响深远，从何塞·马蒂到巴斯孔塞洛斯再到切·格瓦拉，无不传承其衣钵。

玻利瓦尔雕像的大理石基座是罗马艺术家菲利普·瓜卡里尼的作品。左侧浮雕描绘了胡宁战役，是役，玻利瓦尔击败了西班牙骑兵；右侧浮雕则是另外一场决定性的战役——阿亚库乔战役，玻利瓦尔麾下的苏克雷将军大胜西班牙军队，奠定了南美洲的独立局面，经此一役，愤怒的斗牛变成了沉默的羔羊；基座背面则是秘鲁国徽。玻利瓦尔在秘鲁的成就堪称不可思议，短短一年时间，在秘鲁政治局面尚不稳定，军事力量处于劣势的情况下，如疾风扫落叶，解除了西班牙保王军对秘鲁共和国乃至南美洲独立运动的威胁，"以如此暴力的权威来成就他的英雄梦想"，很符合托马斯·卡莱尔所定义的英雄。

雕像则由慕尼黑铸造厂负责人、德国雕塑家穆勒完成铸造，1859年竖立于此。25年后，采用同一模具铸造的另一尊雕像被送往玻利瓦尔的祖国委内瑞拉，竖立在加拉加斯的玻利瓦尔广场。

站在这尊高4米、重23吨，气势非凡的雕像前，不免为之震撼。骏马遒劲有力，后腿站立，前蹄奋然扬起，马身拔地而起，马头猛烈地偏向左侧，似乎可以听到马匹发出的响鼻声。玻利瓦尔身着军装，佩戴肩章，披风猎猎飘动，脚穿高筒皮靴，左侧佩剑，右手握着帽子，似乎刚刚经过急行军后向迎接他的军队致意。英姿飒爽，力拔山兮气盖世，这是一个胜利者英勇大无畏的形象。

雕像由意大利的阿达莫·塔多利尼设计并制作石膏模型，其灵感来自名画《拿破仑越过圣贝尔纳山》。雕塑家让蓬松的马尾落地，与后腿一起构成整个雕塑的支撑，构思巧妙。站在雕塑之下，我暗暗琢磨：尽管拉丁美洲独立的先驱们对拿破仑并无好感，但拉丁美洲的独立确实得益于拿破仑削弱了西班牙在殖民地的权威，雕塑家在纪念玻利瓦尔穿越安第斯山脉攻打波哥大的壮举时，是否也在借机向拿破仑致敬？如果以跨越安第斯山的形象来塑造南美解放者，主人公同样属于圣马丁将军。

另一位南美解放者何塞·圣马丁，在秘鲁也获得了极大的尊重，丝毫不亚于玻利瓦尔。为庆祝秘鲁共和国独立100周年，秘鲁政府特地拆除了火车站和两座小广场，修建了圣马丁广场，塑造了圣马丁骑马雕像，并为之举行了隆重的揭幕典礼。

巨大的白色基座上，圣马丁跃马疾驰，那是他率众从阿根廷穿越安第斯山脉前往智利的情景。整尊雕像由西班牙雕刻家马里亚诺·本利乌尔（Mariano Benlliure）完成。基座上雕刻有秘鲁之母的象征——大地母亲。有趣的是，大地母亲的王冠并非真正的王冠，而是一只美洲驼。设计者原打算为大地母亲装饰火焰（llama）状的头饰，但被雕塑家误会为美洲驼。当然，为秘鲁的大地母亲佩戴美洲驼头饰似乎也很契合，秘鲁人也就无奈地苦笑着接受了。目睹这顶美洲驼王冠，我也不禁哑然失笑。

毫无疑问，何塞·圣马丁在秘鲁建立共和政府的过程中发挥了至为重要的作用，他率领主要由智利人和阿根廷人组成的军队，解放了还没做好准备甚至尚不大情愿独立的利马。圣马丁有高尚的情怀，也是一位伟大的谋略家。在阿根廷尚在为独立而战、革命者们还在为选择何种国体不惜同室操戈时，圣马丁就已经敏锐地观察到，秘鲁是西班牙在南美洲殖民地的大本营，只有拔除秘鲁的西班牙军队，南美解放运动才可能获得成功。而要攻克秘鲁，唯有从阿根廷穿越安第斯山脉，首先解放智利，再从海上进军秘鲁。他的战略思想和无私远超同时代的政治家们，而他也能够克服一切困难取得各方支持，并最终实现其战略目标。正是他在马约尔广场庄严地宣布秘鲁独立，并就任"护国公"。

圣马丁是独立的奠基者，他"完成了使徒般倡导者的革命，他播下种子，精心耕作，把它培育到了开花结果的阶段"。玻利瓦尔做的是收获果实。两位南美解放者之地位不相伯仲，秘鲁独立百年之际，圣马丁雕像的竖立显示秘鲁人民对护国公的尊崇无以复加，虽然尊此并非抑彼，但也招致委内瑞拉的不满。为平息这一纷争，秘鲁特意将

圣马丁广场中央矗立着高大的圣马丁将军塑像

修建于圣马丁广场的新酒店命名为玻利瓦尔大酒店，其间的微妙平衡自不待言。

在弗朗西斯科·皮萨罗将秘鲁置于西班牙帝国旗帜下 300 年后，圣马丁将军又将她从西班牙统治下解放出来。

从马约尔广场出发，通过吉隆德拉协和步行街，到达圣马丁广场，只是数百米之遥，仿佛穿越数百年历史，从皮萨罗走向圣马丁，从殖民地走向共和国，从"诸王之城"走向共和国首都。

历史城区可以令我们追思过往，但利马并没有停留在过去，城市向外延伸，日趋现代化，高等级的酒店、餐厅、酒吧、商店和工业园区不断涌现。

利马来自过去，也正在走向未来。

帕拉卡斯鸟岛
——万鸟翩跹话鸟粪

鸟岛距离帕拉卡斯只有半个小时船程。

从北到南，从通贝斯到塔克纳，算起来，我几乎用车轮丈量过秘鲁2000多公里的海岸线，但乘船出海，却唯有这一遭。

码头位于酒店内，远远望去，一些快艇停靠在木栈道尽头。游泳池与海水之间相隔一段沙堤，几只海鸥站在游泳池边，正在节奏不一地啜饮着淡水。亮蓝色的池水清澈见底，水不扬波，沙堤外，海水深蓝，微微荡漾，在清晨的阳光下，变幻着光影和色彩。水面上一层极淡的雾气，似有若无，正在慢慢消散。天空中没有一丝云彩，远方海天一色，渐渐融合在一起。

是适合出海的好天气。

亿万斯年，不解之谜

皮斯科湾海水清冷，微风拂面，快艇两侧浪花四溅。转过帕拉卡斯半岛的岬角，快艇上爆发出一阵欢呼。半岛北侧的山坡上，土层泛着暖暖的红色，一支巨大的烛台占据了整个山坡。如果没有三叉上形

同花瓣的点缀，我宁愿称之为波塞冬的三叉戟，中间那根刺似乎要穿透山坡顶端，直指苍穹。

"大烛台高度超过 180 米，深入土层 60 厘米，面向北方，在十几公里外的海面上仍清晰可见。"快艇慢了下来，尽职尽责的解说员开始解说，他的语气和表情都显示出对秘鲁传奇的骄傲，难以掩饰，"它的形象很像圣佩德罗仙人掌，这种仙人掌通常被巫师们用作迷幻剂。"

在秘鲁，最不缺的是谜，与之相对应，则有无数的解读。神话是最吸引人的阐释，古代欧洲人可能会相信那是海神波塞冬或尼普顿巨大的三叉戟，而古代秘鲁人则称之为创世神维拉科查手中的闪电。初来乍到信仰天主教的西班牙殖民者认为那是天堂的符号，代表着天主教教义中的"圣父、圣子、圣灵三位一体"，激励他们去殖民，去将原住民转化为天主教徒。人类学家们则更为务实，他们认为，如同欧洲的灯塔，这个巨型图案可以指引水手们进入海湾登陆。如果确实如此，较之于灯塔纯粹的实用功能，这个不会发光的"灯塔"多少有一丝浪漫的色彩。西班牙人曾对大烛台进行过一番调查，发现三支叉上都有巨大的绳索，相互拴在一起，但其用途却难以猜度。考古学家们在它周围发现了一些帕拉卡斯文化的陶器，根据放射性碳定年法判断，其年代为公元前200年左右，这个图案或许是帕拉卡斯文化的杰作，或许更早。不解之谜委实令人着迷，但注定无解的苦恼也会萦绕心头。

鸟类的天堂，海洋动物的家园

天空中传来尖利的鸟鸣，随后可见乌云一般的鸟群在盘旋，遮天蔽日，此起彼伏。我们的快艇加速前往鸟岛。马达的轰鸣、游客的欢笑、快门的"咔嚓"声、浪花的"哗啦啦"声交织在一起。两只海狮在水面沉浮，与快艇保持五六米的距离，若即若离。

鸟岛由三座超过500米长的小岛和周围的礁石组成。北方10公里处，坐落着钦察岛，包括钦察北岛、中岛和南岛。南方10公里处，还有大一些的岛屿桑伽岩（Sangayan）。它们都是鸟类的天堂，海洋动物的家园。

那是一幅奇异的画面。岩石岛并不高，但已明显分成色彩迥异的三段。最下面被海水侵袭，岩石上吸附着密密麻麻的贝类，呈黑色；中间部分是岩石本身的黄褐色；最上部已经为鸟粪覆盖，就像涂了一层厚厚的白色油漆，只是"油漆工"干活儿有点漫不经心，任油漆随意流淌，在黄褐色的岩石上留下条条缕缕、斑斑驳驳的白痕。

如果说每座小岛是一座大楼，动物住客们则分别占据了不同楼层。笨拙的企鹅和憨态可掬的海豹、海狮、海狗占据最下层浅滩，偶有海狮挪动肥胖的身躯，惊扰得企鹅纷纷闪避。帕拉卡斯自然保护区生活

万千鸟类集中在帕拉卡斯鸟岛 ▶

鸟粪将岩石染成了白色 ▶

 干旱的西部沿海热带荒漠

▼ 帕拉卡斯鸟岛也是海狮的天堂

着数千只海豹。浅滩上则是高飞高落的鸟儿们，印加燕鸥、秘鲁鹈鹕、蓝脚鲣鸟以及被称作"粪鸟之王"的秘鲁鸬鹚或瓜耐鸟，数千甚或上万只鸟栖息在小岛上部，密密麻麻。天空中还盘旋着成群结队的鸟儿，不断变换队形，令人目不暇接。

秘鲁以西的太平洋上，流动着一股强大的冷水洋流，盐分偏低，被称为秘鲁寒流或洪堡洋流，从智利南端向北流动，行数千公里，到达秘鲁北部，使附近海域的水温比别处低 10 摄氏度之多。温度低，海水蒸发缓慢，水汽不足，导致太平洋东岸极端干旱，但却利于浮游生物繁殖生长，浮游生物又为海洋鱼类提供了丰富的食物，全球捕鱼量的20% 即来自这股洋流。水面下鱼群涌动，鸟群闻讯而来，大快朵颐，在海岛上繁衍生息。仅帕拉卡斯自然保护区就生活着 215 种候鸟，高峰时期超过 5000 万只鸟在此繁衍生息。鸟类也在沿海岛屿产生了大量鸟粪。

前来秘鲁，一定不能错过洪堡企鹅。企鹅通常生长于寒冷的南极，但也有例外，如新西兰和澳大利亚的小蓝企鹅、南非的斑嘴环企鹅、智利的麦哲伦企鹅、厄瓜多尔的加拉帕戈斯企鹅，当然还有秘鲁的洪堡企鹅。

洪堡企鹅身高 60 厘米左右，头部呈黑色，一条白色宽带从眼后绕过黑色的耳羽和下颌，交汇于喉咙。洪堡企鹅得名于德国著名自然地理学家亚历山大·冯·洪堡。1802 年，他正进行环球旅行，秘鲁是他

鹈鹕和洪堡企鹅

南美洲之行的终点站。人们将此处这股奇特的冷水洋流命名为洪堡洋流以志纪念，而企鹅则以洋流命名。

或许，洪堡对秘鲁最大的贡献来自对鸟粪的研究。洪堡发现秘鲁鸟粪中含有丰富的氮元素，这是植物生长三要素之一，他将研究成果发表，使秘鲁鸟粪轰动欧洲，开启了秘鲁的鸟粪时代。

鸟粪时代

快艇缓慢地周游在小岛周边，我们欣赏着万鸟漫天翩跹，企鹅优雅对舞，海狮匍匐行进，但同时需要忍受强烈的鸟粪味。秘鲁鸬鹚是鸟粪的最大产出者，鹈鹕、蓝脚鲣鸟和企鹅也贡献良多。数百万只鸟生活在帕拉卡斯附近岛屿，经过数千年积累，岛上鸟粪最深处可累积30米。海风强烈时，即使远在皮斯科镇，人们也能闻到阵阵鸟粪腐烂的味道。

谁能想到，这些海鸟产生的鸟粪，曾成为秘鲁的支柱产业，整个国家的经济一度被称为"鸟粪时代"。

秘鲁鸟粪中含有丰富的氮磷钾，据说可以使土地产量提高数倍。秘鲁人很早就采集鸟粪作为肥料，莫切人可能开先河，经常采集鸟粪给土地施肥。印加帝国时期，萨帕印加制订了严厉的管理措施，将鸟粪分片区管理，严格禁止进入未分配的岛屿，惊扰鸟类者甚至会被判处死刑。

150年前，意大利出生、移民秘鲁的科学家安东尼奥·雷蒙迪曾直言不讳："秘鲁是一个坐在金板凳上的乞丐。"秘鲁丰富的自然资源未能得到有效开发，而鸟粪资源最易于开采，且市场巨大，鸟粪开采业迅速发展起来。

亚历山大·冯·洪堡使欧洲人认识到鸟粪的价值。1848—1875年间，累计有2000多万吨鸟粪从秘鲁出口到欧美各国，价值折合今2亿美元。

1872 年，鸟粪收入占秘鲁政府总收入的 50%，鸟粪经济一度扭转了秘鲁国运。

秘鲁政府通过鸟粪贸易赚得盆满钵满，财政收入激增。他们以未来的鸟粪收入作抵押大举借款，去养活庞大的官僚机构，修建没有完成的铁路，装备海军，向奴隶主支付赎金并最终废除了奴隶制，免除原住民赋税。经济繁荣也必然促进文化繁荣，政府提供奖学金鼓励前往欧洲留学，培养了大批文化精英，这批暴富的精英阶层也大量购买从欧洲进口的奢侈消费品。

徜徉在利马街头，你可曾想到，那些宏伟的建筑，那些精致的房屋，很多曾是鸟粪经济繁荣的产物？

"鸟粪虽非圣贤，却产生许多奇迹"，我不知道这则秘鲁民谚产生于何时，但它却是鸟粪时代的精辟注脚。在秘鲁国内局势动荡的年代，鸟粪开采带来了巨额资金，这一贱如泥土的东西，使秘鲁社会发生了翻天覆地的变化，这大概是那个年代秘鲁民众的自嘲：即使最高明的政治家，其对秘鲁社会起到的积极作用，也远不如这一堆鸟粪来得实在。如此说来，鸟粪，虽非圣贤，却胜似圣贤了。

但颇为讽刺的是，鸟粪繁荣时期的社会变革，包括废除奴隶制等，却是将契约华工置于比奴隶更加悲惨的境地来实现的，是用采粪工人（大部分为契约华工）的汗水、健康和生命换来的。

❖ 华工梦碎他乡

开采鸟粪并不需要多少技术含量，也不需要大量资金注入，只需要袋子、铲子和劳力即可。

太平洋东岸，大量契约工和苦力被送到鸟岛，他们整天接触充满无数细菌的积年鸟粪，刨开坚硬的鸟粪，用手推车将鸟粪送进货船底舱，呼吸着污浊而刺鼻的空气，将铺天盖地的鸟粪粉尘吸入肺腔，没日没夜地劳作，健康严重受损，等待他们的只有死亡，连菲薄的收入都无缘享受。

太平洋西岸，澳门水面上停泊着四五十艘小艇，被绑架或利诱而来的中国人在小艇上受尽折磨，被迫签署出洋合同，随即被送往离岸较远的"猪仔囤船"，又被送往利马卡亚俄港。

19世纪中期，大约10万名契约华工，在太平洋上漂泊4个月后到达秘鲁，死亡率高达10%—40%。其中近9万人被送往甘蔗种植园，约5000人去修建铁路，约5000人被送往鸟粪采集场，还有部分人从事其他劳役。据1873年秘鲁《民族报》文章，全世界都废除奴隶制后，"在秘鲁的中国人的处境比奴隶更为悲惨"。

鸟粪采集的"大部分劳动都是由中国人承担的"，契约华工支撑了秘鲁鸟粪贸易的繁荣，而殒命于此且尸骨无存的华工也数以千计，以至于后来前往秘鲁的华工在契约中都特别注明：不做鸟粪工。

时任美国驻秘鲁领事D.J.威廉森在致国务卿函中写道："很多苦力衰弱得几乎站不起来了，他们还要跪着被迫劳动。"秘鲁历史学家费尔南多·德特拉塞格涅斯·格兰达在纪实小说《沙国之梦：契约华工在秘鲁的命运》中，借华工阿宋之口描述了华工的遭遇，"由于粪沫飞扬，我们干活时，必须把鼻子和嘴都用破布条围住，不让氨臭怪味钻到脑子里。就是这样，我们感到肺里还是火烧火燎的，眼睛烧得生疼，什么都看不见，跟瞎子似的"，"死了的人随便埋在一个地方，海鸟在周围不断排泄粪便，几年之后，中国人的坟墓也变成了采挖粪场，常常一镐刨下去就刨到过去的死人"。

关于秘鲁契约华工的消息传回国内，舆论大哗。秘鲁派华全权公使奥雷利奥·加西亚·加西亚曾向秘鲁政府报告：这里（中国）的新闻媒体大肆转载了利马报纸最近报道的关于中国苦力移民的消息，称之为"彻头彻尾的奴隶制""贩卖人肉""人类最羞耻的颓废"。

而今，在鸟岛上，有一处采集鸟粪的脚手架孤零零地站立在那里，向人们诉说着华工的悲惨遭遇。看周遭万顷碧波，实在难以想象，这里曾是人间地狱。想到此节，头顶的光线变得格外刺眼，海水也变得格外清冷。

在智利入侵秘鲁的太平洋战争（1879—1883年）期间，倍受欺压的中国劳工纷纷加入智利军队，这更激起秘鲁人广泛的反华情绪和杀戮。

华人公墓中，历经重重磨难而得以幸存的"猪仔"们永远留在了异国他乡。那些名叫Jose或Pedro的"皇清故友沐恩王公"或陈时们，他们于"光绪××年"去世时，心里念念不忘的是再也回不去的故乡"番邑""潮州府惠来县""南海"或"福建"。而那些葬身海底尸骨无存的鸟粪工的亲人们只能徒然隔洋悲叹，鱼笺难寄了。

而后，欧洲农业肥料总需求开始减少，更加灾难性的是，大规模使用的化肥替代了秘鲁鸟粪，鸟粪价格暴跌。秘鲁鸟粪时代走到了尽头。马里亚特吉写道："秘鲁觉得自己很富有，政府在使用贷款时不是量入为出，而是在生活上挥霍无度，把秘鲁的前途整个抵押给英国的金融机构。"秘鲁的外债达到政府年收入的数十倍。1876年，秘鲁政府宣告破产。

时光流逝，契约华工的历史成为过往，华人已融入秘鲁社会。借用瓦特·斯图凡特在《秘鲁华工史（1849—1874）》中的最后一句话，"那些早期东方移民的后裔现在几乎和秘鲁国民整体——不管是白种人、黑人、红种人、黄种人或混血种人——不再有什么区别了"。如今，中餐馆"Chifa"不仅有数千家密布在利马街头，在其他城市也有相当数量的分布，成为秘鲁的一道风景、一种文化，秘鲁也成为中国人不需要携带方便面和老干妈出游的国家。

鸟粪过度开采一度使鸟类数量显著下降，但热热闹闹的鸟粪时代迅速结束了，契约华工的悲惨遭遇也画上了句号，鸟类数量也开始恢复。

对人类世界的生死悲欢和起伏兴衰毫不介怀，万千鸟类在鸟岛鸣唱啁啾，在蔚蓝的天空巡回翱翔，恣意地享受着自由的时光。

纳斯卡地画

——众说纷纭的旷古之谜

告别帕拉卡斯鸟岛，我们向南进发，目的地——纳斯卡地画。

干旱的灰黑色沙漠，连绵无尽，寸草不生，偶有几座低矮的山丘让荒凉的地表略有起伏，不再那么单调，远处是一片同样了无生机的山峰。

同行者都是行走世界的资深旅行者，但对纳斯卡地画还是充满期待，居然有一点兴奋，甚至对枯燥的沙漠行车也变得兴致盎然了。诚然，可能没有任何其他古代神秘现象能像纳斯卡地画一样吸引如此多的关注。

纳斯卡沙漠距离利马大约400公里，面积450平方公里，位于秘鲁南部纳斯卡和帕尔帕之间，那是地球上最干燥的地区之一，每年只有大约20分钟降雨，常年无风，天气状况非常稳定。十条河流从安第斯山脉流下，但一年中大部分时间处于干涸状态，河床裸露。环境恶劣而脆弱，充满挑战，但却滋养着古老的文明。

始于公元前100年，脱胎于帕拉卡斯文化的纳斯卡文化在此兴起，繁荣长达8个世纪。那时虽依然干旱，但气候条件略优于当前。纳斯卡人沿河定居，种植玉米、豆类、块茎作物、棉花和路枯马桃榄，从事宗教活动，留下众多织品、陶器、战利品首级以及旷世之谜——纳斯卡地画。

纳斯卡沙漠人迹罕至，纳斯卡地画在隐没千年后，终被拥有"上帝视角"的现代人发现。

❖ 神秘的地画

玛丽亚·赖歇机场。小飞机吱吱扭扭地滑向跑道，又伴随着巨大的噪音，腾空而起，冲上蓝天。

山丘之间，河床干涸，白色的细沙弯弯曲曲，像无数条细小的长蛇蜿蜒爬过，那是流水的印迹。泛美公路从沙漠中笔直穿过，火柴盒一般的大型集装箱货车点缀在油黑的公路上。

一些说不清道不明的线条出现在旷野中，有的笔直规整，有的凌乱交错，长短各异，粗细不一，有宽数米者，也有十数米者。一根粗大的线条沿缓坡爬上小山丘，在山丘顶部一分为三，如同鸡爪，穿过山丘后继续延伸，与另外一条宽数倍的线条交叉。但这并不能阻止它们行进，直到进入紊乱的砂砾河床，它们的前行才告停止。有学者猜测，这样的小山丘可能是纳斯卡人用于祭祀的平台。

杂乱的线条中，一条鲸鱼出现于我的视线，很不幸，它52米长的身体被粗大的直线笔直穿过。它头部硕大，嘴巴张开，眼睛用两圈连续不封闭的圆环表示，两只胸鳍位于身下，尾鳍高高挑起。

小飞机低空掠过干涸的河床，一位"宇航员"站立在正前方山丘的斜坡上，如同门口的哨兵或迎接游客的礼宾，右臂高高举起，冲我们招手。这是一幅高32米的人物形象"简笔画"，椭圆形脑袋，两只硕大的圆眼睛，活脱脱一副猫头鹰的模样。他两腿修长，双脚外撇，像极了卓别林招牌式的走路姿态。玛丽亚·赖歇在20世纪60年代发现了这位"宇航员"，也有学者称之为"猫头鹰人"，或许他与上千公里外莫切文化的猫头鹰神有一些关联？

耳机里传来飞行员兼讲解员的声音："猴子。"低头望去，机翼

地画中的鲸鱼

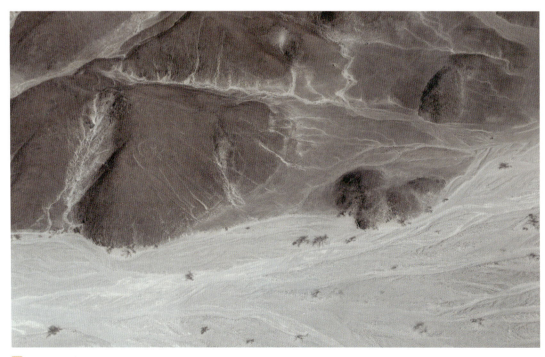

"宇航员"站立在前方斜坡上，如迎接游客的礼宾

下方即是纳斯卡地画中标志性画面之一的卷尾猴，长135米。它的尾巴最夸张，竟然卷了四五圈之多。一个圆圈表示头部，两只耳朵清晰可见，其他脸部器官似乎从没存在过。这只卷尾猴身体纤瘦，四肢很长。相当有趣的是，它左手五指，右手四指，双脚各有三趾，不知是出于疏忽，抑或是有其特殊的含义？

为使左右两侧游客都有机会欣赏同一幅地画，小飞机总是大角度倾斜飞行，随后盘旋回来再向另一侧倾斜，频繁转换高度和方向对晕机者是极大挑战。每次转换期间，我总能够看到更多线条，有一些可以分辨出形态，如梯形、螺旋形、四边形、三角形和Z形等，还有一些全然不可分辨。

伴随着耳机里飞行员毫无激情、懒洋洋的音调和有些刺耳的杂音，我们来到"蜂鸟"上空。飞行员已无数次飞过这片地画，大概闭着眼睛都可以自如飞行了，即使他可以理解游客的兴奋，也难以产生共鸣。

这一定是世界上体型最庞大的蜂鸟。自然界中的蜂鸟只有10厘米左右，袖珍可人，而纳斯卡地画中的蜂鸟却长93米，翼展66米，鸟喙长度超过身长，身体两侧各有三条长线代表翅膀。蜂鸟扇动翅膀的频率可达每秒60—90次，用三条长线来表示翅膀明显不足。两侧各三条短小的线条表示鸟足。五条中间最长，两侧长度递减的线代表尾羽，非常贴切。这只蜂鸟远谈不上栩栩如生，但振翅欲飞，辨识度很高。

纳斯卡地画的灰白色线条与周围的灰黑色地面形成鲜明对比，线条通常深10—15厘米，但宽度差异很大，有的只有10厘米，有的宽1.2米以上。这些线条的绘制极为简单，纳斯卡平原的地表覆盖着含氧化铁的深色石块，纳斯卡人将石块挖走，露出含有石灰石的泥土，就形成了线条。也有少数早期地画制作方法与此相反，他们直接将石块堆砌在一起，构成图画的线条。

这一带没有沙尘覆盖，平坦多石的地面减少了风力对地表的影响，也甚少雨水侵蚀，很适宜长期保存其上的地画。但大自然是无常的，间或有大风吹过，或雨水冲刷地面，甚至极为罕见的洪流和泥石流损

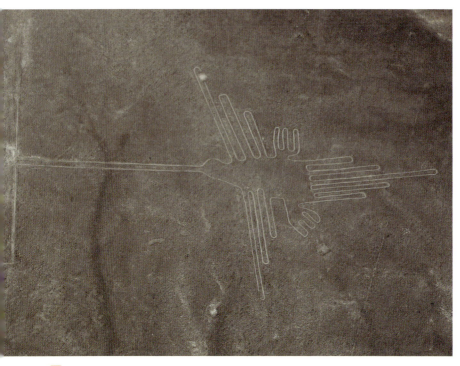
地画中的蜂鸟

地画中的细腰蛛

毁了几处图画。

　　人类活动对地画产生了很多影响。盗墓贼为搜寻前印加文化遗留的宝藏，在地画上留下很多坑洞和垃圾，周遭铜矿和金矿的开采也威胁着地画，遑论一条直接穿越地画区域的公路。

　　纤纤细腰，不盈一握，这只细腰蛛若进入盘丝洞，也必是一位大美女。俯视大地，图案的尺寸难以把握，实际上它是身长 46 米的庞然大物。四对步足，修长曲折，顶端弯曲成柔滑的圆形，生动优美，一对螯肢也清晰可见。腰部纤细，腹部滚圆。这是相当了不起的杰作。

　　颇令人惊讶的是一只硕大的秃鹰，其结构更为复杂，甚至照顾到一些细节。长长的鸟嘴，前端略窄，后端稍宽，圆圆的脑袋将秃鹰光秃秃的头部刻画得甚是传神；翼翅宽大，向两旁伸展开来，霸气十足；双足各有四趾，离趾足特征显著，跗跖与腿部之间的踝关节用圆形表示，

造型遒劲有力；尾翼呈扇形铺展。能够在体长 134 米的庞然大物上准确描绘如此多的细节，殊为难得。

纳斯卡地画动辄长数十米，最长达 370 米。没有高空视角或精密仪器协助，长距离作画极易导致视觉畸变，纳斯卡人如何克服畸变而制作这些巨幅地画呢？基于 2000 年前的技术水平，学者们猜测，纳斯卡人可能在两点之间牵引棉绳以保证线条笔直；用棉绳分割成网格，再制作大型图案，以提高准确度；或是像圆规那样，用棉绳围绕一根立柱勾画出平滑的圆周或弧线。经过乔·尼科尔仔细规划，无须空中视角帮助，利用古纳斯卡人可以接触到的工具，一个小团队数天内就完成了硕大的图形。在一些巨大的地画旁边存在着的几米长的小型"设计图"，或是在圆心位置发现了插棍子的洞，即是对这一猜测很好的佐证。

我们向东北方飞去，穿过泛美公路，掠过巨大的螺旋和蜥蜴，一只长达 285 米的大鸟映入眼帘，其形态为鹭或火烈鸟。不同于自然界中的鸟类，它长长的鸟喙弯出八道弯，或许制作者试图用超现实主义手法极言鸟嘴之"长"。

飞机转向，我惊喜地发现，一只"手"持战利品首级的逆戟鲸出现在左侧稍远处，我没来得及用相机捕捉这幅珍贵的图案。持战利品首级的逆戟鲸在纳斯卡文化中有着特殊含义，它不仅出现在地画中，也出现于陶器画面上，纳斯卡墓穴也出土了大量战利品首级。

飞机从 175 米长的鹦鹉头顶飞过，再次来到泛美公路上空。公路笔直穿过地画上一只蜥蜴的身体，令人痛心。道路西侧并排有两个图案，一棵 88 米高的"生命树"矗立在地表，枝繁叶茂，根系发达。大树近旁，一幅图案形似芬兰人创作的"愤怒的小鸟"，憨态可掬，似乎正在蹒跚学步，但这个图案却被称为"手"，比较奇特的是，一只手五指，另一只手只有四指，原创作者的初衷很难猜度。

整个纳斯卡地画有超过 2700 个图形，除我亲眼所见，还有大量动物，如狗、持黑曜石刀的逆戟鲸、鱼、金刚鹦鹉和鹈鹕等，有植物以及各

纳斯卡地画——手，一只手五指，另一只手只有四指

种几何图形或线条，繁简不一，抽象具象各异。

我的视线被大树顶部的一座观景塔所吸引，行经泛美公路的车辆可以停车驻足，登上观景台一睹地画之貌。如此巨大的图案，需要达到一定高度才可欣赏。从空中俯视，可得窥全豹，而在附近山头或观景台，也可领略大概。早在1553年，西班牙人侵入印加帝国后不久，佩德罗·西耶萨·德·莱昂（Pedro Cieza de León）就在出版物中提及纳斯卡地画，但囿于所处高度，他认为那是路标。直到20世纪20年代，当商业飞机飞过地画上空，这一"沉睡"在地表上1,000多年的"秘密"才得以"重见天日"。若天地如逆旅，万物皆行者，那大地母亲怀抱中的地画看起来就打算在这客舍里长久住下去了。

尽职的飞行员在讲解完地画后，适时地插入一句话："那座观景塔即是玛丽亚·赖歇所建。"

地画近旁是玛丽亚·赖歇建造的观景塔，巨大的地画映衬下，大型集装箱货车如同火柴盒

❖ 千古之谜谁能解？

中国人谈及敦煌，不会忘记常书鸿、段文杰和樊锦诗几位敦煌守护者，而在纳斯卡，也有这样一位地画守护者——玛丽亚·赖歇，她被誉为"地画女士"。

走进机场大厅，就能看到她的巨幅画像，脸庞棱角分明，皱纹如刀刻，头发花白有型，银眉扬起，眼神犀利，将其坚毅刻画得淋漓尽致。纳斯卡机场即以她的名字命名。

赖歇于1998年去世，享年95岁。她几乎付出了一生的时间来研究和保护纳斯卡地画，而在很长时间里，她的努力没有引起秘鲁政府的重视，也不被当地人所理解，他们背地里称她为"外国疯女人"，她用扫帚去清理线条，还被误解为女巫。1994年，纳斯卡地画被列入世界文化遗产，其中有她不懈的努力，在纳斯卡研究方面，正是她最早将地画与纳斯卡文化结合在一起。她去世后，被安葬在纳斯卡干燥的平原，安葬在纳斯卡博物馆的花园中，安葬在她热爱的地画旁。

自从纳斯卡地画进入现代人的视野，关于其来源和功能的理论层出不穷，各领域的学者们——天文学家、人类学家和考古学家——都在进行严肃思考和探索。一些远超科研范畴的奇思妙想令人忍俊不禁。既然人类可以幻想出加蓬的核反应堆、墨西哥的水晶头骨，那秘鲁的纳斯卡地画也足以令人产生丰富的联想。

搞笑诺贝尔奖文学奖获得者艾利希·冯·丹尼肯的外星人基地说可谓天马行空，他在1968年出版了《众神的战车》。在他看来，许多人类古文明来自外星，一座巨大的空中城市绕地球运行，各种类型的飞行器曾造访地球，纳斯卡附近丰富的自然资源也吸引了外星人。纳斯卡梯形图案即是飞行器降落所形成，强大的推进器吹动地面碎石，形成梯形最宽的部分，随后降落在最窄处。原住民目睹外星人四处走动、钻孔、采集岩石标本，最终，又在震耳欲聋的轰鸣声中，目送天堂战车凌空而去。外星人一去不复返，惊惧不已的地球人百思不得其解。上帝曾经降临！纳斯卡顿时成为朝拜圣地。原住民在土地上绘出巨大图案，以吸引天神再临，各部落甚至展开竞争，图案造型千奇百怪。实际上，纳斯卡沙漠并不结实的黏土和覆盖于表面的石块并不适宜任何飞行器起降。不过，他的书如此畅销，吸引了大量游客来到这里，以至于赖歇不得不花费大量精力来防止这些游客对地画造成破坏。

还有人将地画与人类共同记忆中的大洪水联系在一起，认为各种动植物和人物图案代表对洪水的记忆。各种匪夷所思的理论中，最令我着迷的是卡尔·蒙克编码——古代数字的希伯来字母代码。按照这一古代密码学理论，古代世界曾存在以吉萨金字塔为参照的全球坐标系统，古代世界文明遗址都经过精准定位，它们的坐标参数隐藏在这些遗址的建筑数据中，纳斯卡地画也被置于这一坐标体系中。这个充满神秘色彩的数据理论虽然荒诞，但却规模宏大，结构严谨，并经过复杂运算。

还有一些关于地画的诠释，虽然同样经不起推敲，但至少将地画置于地球文明的范畴内，而不是归于上苍或外星人。有人认为它是印加古道；有人认为是蒂亚瓦纳库（今玻利维亚境内，的的喀喀湖东南21公里处）文化的奴隶们创造了纳斯卡地画，他们在暴动中毁坏了一些图案，随后一路向北迁移，建立了查文文化和中美洲的奥尔梅克文化；有人持勘探理论，认为地画代表地下水流，梯形代表水流宽度，曲折的线条表示水流消失之地；吉姆·伍德曼认为古文化曾采用本地材料制作类似热气球的飞行器，可以在空中监看制作过程，他甚至用棉布制作热气球、用的的喀喀湖的芦苇制作吊篮以证明其观点。

但学者们更为务实，力求科学地解释地画，而不是耗费精力去驳斥这些奇思妙想。阐释古文明的神秘现象，描述那些宏大或不可思议的场景或事物时，比起天马行空的外星人理论，与古代宇宙观或宗教相关的解释更有说服力。

早在1926年，阿尔弗雷德·路易斯·克鲁伯就绘出了纳斯卡地画地图，他认为这些地画系用于宗教游行或游戏。1927年，秘鲁医生兼人类学家托里比奥·梅吉亚·谢斯皮对这些地画产生了浓厚的兴趣并着手研究。1941年，比较文明研究学者保罗·科索来到纳斯卡，留意到太阳在一条线的根部落下，从而断定地画是古代日历，那些线条代表着太阳在不同日期的位置或指向不同的星星或星座，他将地画称为"世界上最大的天文书籍"，开始将地画与安第斯古天文学和宇宙学联系在一起。

科索热衷于地画研究，甚至招募了更加狂热的研究者——玛丽亚·赖歇，一位德国数学老师。赖歇对纳斯卡和附近的帕尔帕地画做了正式调查，坚持并扩展了科索的理论。赖歇认为地画记录了纳斯卡人的天文历法，而这对于季节性很强的古代农业经济颇为重要，这份历法包括至点和昼夜平分点（尤其是安第斯文化中的冬至），重要天体的升起和运动轨迹。她认为一些图案代表星座，如卷尾猴代表大熊星座，细腰蛛代表猎户座。

但赖歇的天文历法理论也被一些天文学家所质疑。早在 1968 年，国际地理协会主导的研究就判定，纳斯卡地画并不指向1500年前的太阳、月亮或其他恒星。20 世纪 90 年代，考古天文学家杰拉德·霍金斯用计算机程序研究了 186 条线条，发现只有 20% 可以与天体关联起来。

安第斯文明面对最澄净的天空和明亮的星团，形成了内涵更加丰富多彩的星座体系，星座不仅基于光明（恒星），也来自黑暗（银河中的黑斑）。维拉科查为地上的生物都安排了对应的星星，来保护万物。众多星团，如昂宿星团，在原住民看来是没有生命的，而银河中暗黑色的空间则形成暗黑星座，原住民赋予它们生命，银河是一条真正流淌的河流，动物们前来饮水，骆马、美洲驼、狐狸、山鹑、蟾蜍和蛇都留下了身影。纳斯卡地画又如何对应 1000 多年前，那些曾光临银河的活生生的动物呢？恐怕不会有人有答案。

赖歇的天文理论备受争议，但她将地画与纳斯卡文化相结合的观点却被广泛认可。学者们开始系统性地跨学科研究纳斯卡文化的宗教和生活方式、纳斯卡人为何消失以及地画的含义等。

卡瓦奇（Cahuachi）是纳斯卡文化的主要仪式中心，俯视着一部分地画。它始建于 2000 年前，被使用了 500 年之久，随后被遗弃。卡瓦奇常住人口并不多，但作为重要的朝圣中心，在举行重大仪式时，会聚集大量来客。很有可能是卡瓦奇居民建造了纳斯卡地画，或许在一些宗教仪式上，地画占有重要地位。

科学家们对遗留在地画旁的木头进行放射性碳年代测定，结果显示，正是纳斯卡人遗留下这些木头，而地画旁的陶器碎片也是典型的纳斯卡风格。这表明陶器与地画或许同为纳斯卡人的遗物。但由于地画本身不能够测定年代，也存在一种可能：地画早于纳斯卡人而存在，纳斯卡人只是在地画旁遗留了木头或陶器碎片而已。或许纳斯卡人曾从高处看到过地画，而后按地画的图案制作了陶器。

在古埃及、马耳他、美国密西西比和加利福尼亚都发现了巨大的古代图形，即使在南美洲，纳斯卡地画也不是孤例，甚至不能称为先行者。

在世界上最干燥的沙漠——智利阿塔卡马沙漠中，在60座山头发现了5000多种符号和450幅人物、动物和其他形状的图案，最惊人的是一幅高120米的巨人画像，关于其产生年代，学者们并无定论。玻利维亚西部的萨哈马线条（Sajama Lines）有多达上千个图案，数量相当惊人。

纳斯卡地画则传承于帕拉卡斯文化。前往鸟岛的旅行者，不可能不注意到180米高的帕拉卡斯烛台，帕尔帕地画被认为是帕拉卡斯文化的杰作，早于纳斯卡地画千年之久。

一些线条与冬至的太阳升起和降落相吻合，这是否代表太阳神的死亡和再生？这些线条是否是祭祀活动中游行队伍的行走路线？是否代表不同部落在仪式中的位置？它们是否可以引导神祇降临？约翰·莱因哈德——"冰冻少女"的发现者——认为这些神圣的线条指向神祇被祭祀的地点，而这些动物图案则被用来唤醒神祇满足人们求水的愿望。众说纷纭，一切都是未知的。

在纳斯卡地画的诸多图案中，大概持战利品首级的逆戟鲸最能将地画与纳斯卡文化联系在一起。

❖ 持战利品首级的逆戟鲸

逆戟鲸和战利品首级是纳斯卡文化的符号。逆戟鲸图案颇为引人瞩目，作为纳斯卡文化最古老且最神秘的形象，大量呈现于陶器画面，也呈现于地画。战利品首级则使用于宗教仪式，在陶器和地画中频繁出现，甚至纳斯卡墓穴中也出土了大量的首级实物。

传统的安第斯宇宙观包含上中下三界，上界即天空；下界包括火山口、洞穴、湖泊、泉水、地下水和海洋；大山则是中界，它是河流的发源地，控制气象，如同横轴，将上界和下界联系起来。水在天空、高山和海洋之间循环流动，沟通三界。

纳斯卡宗教信仰充分反映了环境的影响。高原地区，人们信仰创世神维拉科查和太阳神，沿海地区的人们则崇拜帕查卡玛卡（Pachacamac）——地下世界和海洋之神。纳斯卡神话中，海洋和高原神祇有互助也有对立，甚至有海洋神携带高山神妻子私奔的神话故事。纳斯卡地画大量展现了来自天空、大地和海洋的动物，如空中的秃鹰、鹈鹕、金刚鹦鹉等鸟类，陆地上的美洲虎、蜥蜴，以及海里的逆戟鲸和鲨鱼。

灌溉农业是纳斯卡的主体经济。河流发源于安第斯山脉，滋养农田，滋养生命。纳斯卡人赋予水重要地位，在他们中产生了众多关于水信仰的神话。纳斯卡地区至今流传着关于河流的神话故事：干旱袭击大地，人们向维拉科查求救，哭声感天动地，维拉科查深为所动，眼泪夺眶而出，形成河流。

纳斯卡文化拟人化站姿逆戟鲸彩陶瓶，饰有战利品人头

120

逆戟鲸是鱼类之主，是水的主宰，是丰产的象征，在纳斯卡万神殿中占据很高地位。6世纪，安第斯山区中部遭遇持续旱灾，人们祈求神灵赐予水流和农获，逆戟鲸图案频繁出现于陶器中，其数量逐渐超过其他神祇。

考古学家最早于20世纪60年代，在伊卡（Ica）地区的山坡上发现了一幅逆戟鲸图案，长60米，宽25米，但由于记录不够完整，后来的学者们虽然花费很长时间确定了其位置，图案却已消失。

所有古代文明中，人祭从来都是最高规格的祭祀，纳斯卡文化也不例外。纳斯卡战利品首级有强大的宗教力量和神圣寓意，它们被作为祭品献给神灵，以祈求神灵保佑河水丰盈，农业丰收。获取战利品首级成为纳斯卡宗教生活的重要部分。

类似传统在前印加文化中并非罕见。在史前人类野蛮时期的信仰系统中，人头有神秘的或魔术性的力量。砍人头这一宗教传统被承继下来，作为宗教符号，也作为权力符号，频繁出现于各种艺术形态中。砍人头的雕刻出现于查文文化，也构成帕拉卡斯文化陶器和纺织品的图案，莫切艺术和普卡拉艺术将之作为重要元素，瓦里文化中也屡见不鲜。但任何时期的任何文化，都比不上纳斯卡文化对猎取人头的痴迷。

考古学家在纳斯卡遗址中发现很多"木乃伊"人头，它们都经过精心处理。并非所有纳斯卡人头都是用于祭祀的战利品首级。纳斯卡人以高度神圣的仪式感来处理战利品首级，或许他们确实是在特殊仪式中完成这一处理过程的。他们在人头眼眶里塞入棉布，用棉线和仙人掌刺做成的针将眼睑缝合，又在嘴中塞入棉布，使其牙齿相互咬合，将上下腭骨捆绑在一起，再将嘴唇缝合，以保持面部丰满，避免变形；随后在前额骨上凿出一个孔洞，取出脑组织；最后，将下端挽着绳结的棉绳从枕骨大孔向上穿入，从额骨的洞中穿出，做成提绳，方便携带。纳斯卡陶器上的画面真实反映了这一场景。

纳斯卡人头通常发现于纳斯卡墓穴中，考古学家曾在纳斯卡河附近的帕尔帕谷地进行抢救性发掘，一次性发现了48个首级。

这些人头是战利品？抑或是在宗教仪式上单纯为猎取人头而决斗的结果？或是自愿献身的部落精英？学者们各持己见。目前发现的战利品首级，大部分来自成年男性，也有少量来自女性和孩子。

纳斯卡文化中，战利品首级的社会属性经历了一系列转变。早期，战利品首级并不普遍，在陶器图案中，人头通常为超自然力形象所持有，如代表水的拟人化逆戟鲸，它用一只胸鳍持有人头，有时人头也单独出现于陶器上。纳斯卡文化后期，战利品首级出现的频率和数量明显提高，猎取人头的政治权力意味更加强烈。陶器图案生动地描绘了纳斯卡人互相进攻的场景，盛装的首领手持战利品首级，他们通过猎取人头提升并巩固其地位。

纳斯卡至今保留着逆戟鲸持有战利品首级的地画，这些地画与纳斯卡文化的陶器画面相互印证，纳斯卡墓穴中战利品首级实物的发现也证实了其相关性，证实了它们所代表的宗教含义。

纳斯卡地画使寸草不生的沙漠变得神秘而不凡，数量众多，图案丰富，尺寸巨大，历史悠久，而与纳斯卡文化的诸多契合之处，更让纳斯卡地画充满魅力。纳斯卡人给我们留下的巨大谜团也只有他们自己才能解答，但他们已经长久地沉默了。

纳斯卡人在这干旱荒凉的沙漠留下了长长的身影，我在小飞机上有幸目睹，虽只是一瞬，却已甚感欣慰。

下午晚些时分，我们离开沙漠，穿过一片辽阔的仙人掌田，进入马霍罗（Majoro）酒店。这处有着400年历史的老庄园，就像荒漠中的一片绿洲，几只羊驼在草地上悠闲地啃食青草，碧蓝色的泳池边放着两排躺椅，满树的凤凰木花朵火焰般盛开，池塘中落满黄色的花瓣，房屋布置则是典型的西班牙风情，木门上的图米刀把手很是古拙，走进装饰典雅的房间，像是穿越数百年。

泳池边的一杯皮斯科酸酒，足以洗去我一天的风尘。

连绵的
中部
安第斯山脉

安第斯山脉层峦叠嶂，或峭拔粗犷，或雄旷壮阔，平均海拔 4300 米，是不折不扣的南美洲脊梁。

海拔超过 5000 米的山峰多达 200 多座，"连峰去天不盈尺"，7 座海拔 6000 多米的山峰终年白雪皑皑，"猿猱欲度愁攀援"。险峻挺拔的雪山，山势峥嵘，连绵起伏，形成漫长的链条。高山、湖泊交相辉映，亚马孙河即发源于米斯蒂火山脚下的湖泊。

这里岭谷交错，高山连绵，峡谷纵横，湖泊众多，台地广布，火山爆发频仍，对生命并不友好，但恶劣的自然环境却滋生了璀璨的文明。

查文、蒂亚瓦纳库和瓦里文化均发轫于茫茫高原，印加帝国崛起于库斯科谷地，在历史上首次统一了秘鲁。

原住民更多生活在安第斯山区，保留了大量民俗文化。

查文德万塔尔
——可视性艺术的先行者

前往查文文化最重要的考古遗迹——查文德万塔尔（Chavín de Huántar）颇费周折。我从太平洋海滨的巴兰科乘坐大巴，在盘山公路颠簸五六个小时，到达海拔3000米的户外探险胜地瓦拉斯（Huaraz）。瓦拉斯是前往查文德万塔尔的必由之路，也是前往布兰卡山脉和瓦伊瓦什山脉户外探险的大本营。

我预订的客栈是户外爱好者基地。到达瓦拉斯汽车站后，客栈派一个叫作菲利普的小伙子前来迎接。菲利普有着典型的户外运动员身材，浑身充满活力。他很外向，有点自来熟的倾向，对我的一切都充满好奇，得知我不是天主教徒，也不是新教徒时，他甚为遗憾，立即摆出一副要向我传教的姿态。五个世纪以来，西班牙人带来的天主教文化已经在这片土地上牢牢扎根了。虽然是无神论者，但我也无意冒犯虔诚的基督徒，只是赶紧将话题转向户外。了解到我的目的地并非高山湖泊，而是查文遗址时，他又恨不得让我加入一支户外队伍，但最终仍热情地帮我安排了前往查文遗址的行程。

次日，我乘两个小时车前往查文德万塔尔。雨季的安第斯山脉气象瞬息万变。清晨离开瓦拉斯时，阳光明媚，蓝天如洗，途经雪山峡谷，草甸湖泊，上一瞬还波光潋滟，晓日烘山，下一刻已层波叠浪，山色空蒙，厚重的乌云开始弥漫天空，偶尔云缝间尚有一片蓝天。接近查文德万塔尔，但见彤云密布，淫雨霏霏。

查文文化于公元前 1300 年到前 500 年繁荣于秘鲁安第斯山区北部。将之置于中华文明的坐标上看，盘庚将商朝都城迁至殷时，查文文化的神庙刚刚开始建设；公元前 500 年，孔子任鲁国大司寇，摄相事，而查文文化基本沉寂了。

查文继承了卡拉尔 – 苏佩文化的元素，又深刻影响着安第斯山区和太平洋沿岸的后起文化。长期以来，秘鲁学者将查文文化称为安第斯文明的"母文化"，称之为秘鲁历史的早期地平线时期。

查文德万塔尔地处安第斯山脉，向东连接热带雨林，向西可以到达沿海地区，是几条主要贸易路线的结合点，既便于物品流通，也便于吸收不同地区的文化元素并向外传播。瓦切科萨（Wacheqsa）河从西侧山谷流出，汇入莫斯纳河，莫斯纳河黑青色的水流奔腾而去，偶尔泛起一片白色的浪花。查文德万塔尔遗址坐落于两河交汇之处，东西两侧山峰近在咫尺。

两河交汇象征着两种对立力量相遇而达到和谐，近旁的万特山脉和天然温泉也被赋予重要的宗教意义。查文文化并不尚武，而以宗教服人，历代查文精英工于经营，使查文德万塔尔成为泛安第斯的宗教中心和神示所，人们纷至沓来，拜谒神灵，征询预言，参加大型宗教仪式或集会。

查文德万塔尔建筑群颇具规模，占地 12000 平方米，包括六座金字塔神庙、大型广场和仪式平台等。

查文德万塔尔主神庙

在雾嶂烟遮的绵绵细雨中，瞻仰一座距今 2000 多年的文明遗迹可谓恰如其分。湿漉漉的天空、若隐若现的山峰、黑青色的河流与颓壁残垣融为一体。偶有一片惨淡的光无精打采地照射在残缺的遗迹之上，是落寞，是孤寂，是亘古的苍凉。

主广场（中央下沉广场）紧邻莫斯纳河，大致平坦，绿草茵茵，可容纳5000多人。正西是遗址中最重要的平顶金字塔形主神庙，两座损毁严重的金字塔形建筑分列广场南北，20世纪一场洪水几乎冲毁了南侧金字塔。三座建筑围绕中央下沉广场，呈U形布局。

2000多年前，这里当经常举行集会，来自高地、雨林与海滨的商人和朝圣者会集于此，他们手牵美洲驼，身背行囊，带来远方的特产。他们相互攀谈，交换旅途中的逸事，有窃窃私语，也有高谈阔论。烟雾袅袅升起，河水汩汩流淌。

仰望西侧主神庙，不免心存敬畏。主神庙通常被称作堡垒，却全无军事功能。它背靠大山，外墙用石块修砌，中上部分很多石块已然剥落，

依山而建的主神庙 ▶

杂土和碎石块填充物暴露于外，长满青草，顶部搭建遮雨棚，以保护考古现场。沧桑感扑面而来，斑驳的石块似乎在向我讲述遥远的故事，在诉说着岁月流转。

广场与神庙之间有两层平台，高差5—6米，黑白台阶贯通上下，通向黑白门，它们共同构成主神庙的中轴线。黑白台阶一半为黑色花岗岩，一半为黑色砂石。尽管黑白台阶遭到严重损害，但仍是查文工程的杰作，也是整个遗址的符号。黑白门的柱体上有复杂的人和动物形态结合的雕刻，南侧柱体雕刻着雌性猫科动物和鸟类结合在一体的形象，北侧石柱上则是雄性。门楣上则雕刻着一系列猛禽。

查文人修建了相当成功的地下水道系统——罗卡斯系统。中央广场是查文建筑群的最低水平面，排水设施从主神庙延伸到两层平台，通过四条排水渠交汇于下沉广场，再通向莫斯纳河，避免神庙在雨季时被洪水淹没。

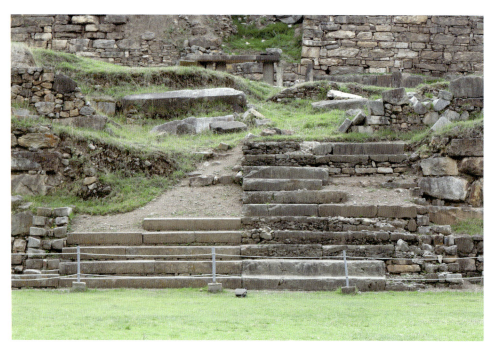

▼ 广场与神庙之间的黑白台阶。在古老的安第斯艺术中，二元形象比比皆是

▼ 黑白门的门柱

　　这些地下人工河道除排水外，似乎还有更巧妙的功能。查文人在河道上方留下一系列石块砌成的小通风口，再将河流引入地下河道，水流快速冲刷，挤压空气穿过通风口，爆发出类似美洲虎般的巨大叫声，如同神庙在咆哮，营造出神秘而摄人魂魄的氛围。查文人看起来掌握了一定声学原理。

　　一块重达 10 吨的石灰岩巨石放置在下层平台上，被称为卓克钦察伊（Choque Chinchay）祭台，祭台上凿有 7 个深 5 厘米、直径 10 厘米的半圆形小坑，夜晚，祭司会在小坑中注满水，以反射星光，观测天象，七个小坑的方位可能精确地对应着昴宿星团的七姊妹星。在古安第斯宇宙观中，昴宿星团至为重要，是所有星星之母，是星星们的家，被称为"动物库房"，天上的星星都对应着地面的动物，而"动物们"每晚都会回家。至今，人们还会通过观测七姊妹星的亮度来预测农作物丰歉。

祭台上留有一个榫眼，其大小恰好契合雷蒙石碑的榫头，雷蒙石碑似乎本应竖立于此。19世纪中期，一次意外的发现令雷蒙石碑重见天日。考古学家雷蒙前往当地农户家用餐，餐桌是巨大的抛光花岗岩单体石块，不经意间，他伸手摩挲到石桌背面的纹路，仔细观察，才发现竟是一块高1.96米、宽0.76米的石碑，农户慷慨地将石碑捐献了出来。

　　查文人没有金属工具，他们处理石材只能依靠敲打和磨蚀，石雕上所有线条和刻槽都很圆润，没有锐利的边缘，最深处不过3厘米，其刻画技术并无特殊之处。真正具有魔力的是石碑上的浅浮雕图案，高度对称，线条繁复，造型夸张。

　　查文文化于我而言是陌生的，解说员费尔南多颇尽职尽责，足以

查文德万塔尔雷蒙
石碑复制件

满足我了解遗址的渴望。他是一位须发皆白的老者，眼神里装满了睿智，精神矍铄，颇有学者气质，条理分明，他文件夹里装满了遗址布局图、大量石刻拓片和文字资料。有那么一刻，我几乎要把他当作钻研此地的学者了。

费尔南多拿出雷蒙石碑拓片。图案主体是"权杖之神"，一个样貌凶神恶煞的神祇，一个拟人化的动物形象，统合了人、猫科动物和爬行动物的特征。美洲虎和凯门鳄都位于食物链的顶端，查文人把它们的能量赋予了至上的全能神。

权杖之神大约占据画面下部40%的空间，蛇形羽状冠饰占去画面上部60%。他头部基本呈方形，眼睛向上斜视，注视着头顶巨大精巧的头饰；须眉用向外翻卷的蛇来表示，每侧有八条之多，蛇眼都清晰可见；他嘴巴微微张开，露出满嘴牙齿，两根尖利的獠牙向上挑起；双手各执一根权杖，权杖高出身体，形状如同当地的圣佩德罗仙人掌，手指如同美洲虎的利爪；腰带是一张脸的眼部，两侧分别有两条蛇，大约代表耳朵，或只是腰带的装饰；双腿短粗，两脚外斜，脚趾仍是猫科动物的利爪。头饰整体像是凯门鳄的身躯，层层叠叠的蛇和涡形图案向两侧斜上方发散。这是一幅充斥多种元素、极为繁复的图案，一种还不能以概念语言来表述的原始宗教观念。

费尔南多将图片颠倒过来，询问我有何不同。神祇头部瞬间转化为微笑的鳄鱼头，整个头饰成为层叠在一起的带有尖牙利齿的脑袋，每个权杖上都出现一个美洲虎头。

"在古老的安第斯艺术中，类似于此的二元形象比比皆是，比如这台阶，"费尔南多解释道，顺手指向一旁的黑白台阶和黑白门，继续说，"黑和白、男性和女性、太阳和月亮、天空和水等都是二元概念，反映了人们对自然、对生命的关切，大自然是慷慨的，但也会带来灾难，生与死都是生命的常态。"我头脑中浮现出拜火教创始人琐罗亚斯德，与查文文化大约同一时期，他正游走在遥远的中亚高原，游走在荒野和山谷之间，通过说唱来传播二元论哲学观。人类在面对大自然时，

▼ 雕刻成人头形状的石榫

产生了相近的思想。

　　主神庙残存的石墙平整光滑，一些石榫突出于墙体，形似天坛祈年殿基座的龙出水，只是不具备排水功能。每个石榫上都雕刻着一个人头，人头的脸部却似美洲虎的形象，尖牙利齿，憨态可掬，我戏称他们为"查文的微笑"，一抹永恒的微笑穿越时空，映照古今。人类学家分析，这些人头是正在主持宗教仪式的祭司，处于从人向美洲虎变形的过程。他们鼻梁宽大，由于服用了来自亚马孙雨林的死藤水或本地的圣佩德罗仙人掌汁等致幻剂，黏液从鼻孔中流出；眼球凸出，眼眶突起，眉毛形似鸟身，鸟颈沿头部向太阳穴延伸，再直角向上弯曲，最后是鸟的头部，鸟喙和眼睛清晰可辨；嘴巴巨大，每边有两颗粗大的獠牙，两侧嘴角向上弯曲，将脸颊挤出三条皱纹，形成凹槽状；右耳是巨大的S形，左耳是S的镜像；发型如蛇蜷曲。这一组石榫体现了祭司从人转变为美洲虎的过程：服用致幻剂后，祭司开始感到恶心，眼球凸出，表情扭曲，流出鼻涕，长出獠牙，最后完成变形，化为具有神力、可以驾驭一切的萨满。凝视他们，恰如与2000年前那些癫狂的祭司对视。这些石桦充满怪诞的色彩。那些祭司们委托工匠制作了这些人头，显然他们试图将整个仪式神秘化，将他们自身神秘化，他们完全不想拉近与民众的距离，反而刻意营造出远离人世的陌生感。在卡拉尔–苏佩文化中也有类似的桦头结构，但雕刻则始见于查文文化，成为查文文化的代表性元素之一。

主神庙在工程学上有了不起的成就，其内部构造极为复杂，有走廊、房间、台阶、通风系统和排水系统。走进神庙内的通道，黑暗、狭窄，有逼仄之感。数量众多的走廊回环曲折，装饰着各种雕塑。

主神庙所有房间都用于祭祀活动，没有个人物品遗留，也没有储藏物品的痕迹。祭司利用宗教控制社会，他们垄断与神祇沟通的途径，从而保证权力，树立威信。武备并不重要，所有建筑都不具备防御功能，艺术表现中没有武士形象，考古发掘也只发现了数量稀少的武器，如一件精美的石制狼牙棒头，它更像是用于宗教仪式而非实战。祭司集团处心积虑地加强其权威，他们修建了规模宏大的仪式中心，在细部设计上费尽心机，通过声音、光线和复杂的雕刻，给人强烈的视觉和听觉冲击，营造神秘感，摄人心神，令人产生敬畏心。

公元前500年，查文德万塔尔的宗教功能基本终止，成为普通居住地，主神庙石墙成为"石料场"。曾经喧嚣的神庙陷于岑寂，经过两千年，主神庙北面和西面墙体已被破坏，只留下5米厚的填充物在风吹日晒雨淋下损毁着，徒留一种跨越时空的空阔和苍凉。

❖ 老神庙

主神庙北侧是查文德万塔尔最古老的老神庙，老神庙东北方向坐落着建筑C。主神庙北墙、建筑C南墙和老神庙东墙共同包围着圆形下沉广场。

圆形下沉广场是祭司举行宗教仪式的露天场地，直径21米。东西向中心线铺设着黑色石灰石，切割整齐的花岗岩石墙环绕广场，西侧石墙上雕刻着一组乐师和舞者游行的画面，他们正在举行宗教仪式。

祭司们身着特殊服饰，如玛雅的国王们一样服食致幻剂，使自己处于超然境界，状若与宇宙诸神和祖先的灵魂进行沟通，上达民意，下传神旨。他们吹响海菊蛤喇叭以营造特殊的氛围，用陶器和来自厄瓜多尔的黑曜石作为祭品，围绕火堆进行卜筮、观测天体、计算历法或治疗，如火如荼，炽热虔信而谨严。在古老宗教的仪式中，在充满原始气息的神舞中，祭司们仿佛神游天外，而参与者也心旌动摇。就这样，一代又一代祭司，一批又一批与祭者，走了又来，来了又走，将他们的身影铭刻在石墙上。查文文化的祭祀仪式或游行可能并非原创，而是继承其他早期文化，如卡拉尔－苏佩文化。

秘鲁国家考古、人类学和历史博物馆收藏着一尊来自查文德万塔尔的花岗岩单体石碑——特略碑，考古学家们猜测它本坐落于圆形下沉广场的中心。特略碑高 2.52 米，长 32 厘米，宽 12 厘米，顶部收缩变细。它是整个美洲大陆同时期最为复杂的石刻，四面都雕有浅浮雕，没有任何留白。

碑石上的动物图案主体是凯门鳄形象，两只凯门鳄分别位于较宽的两面，头部硕大，眼睛几乎成矩形，嘴巴张开，四颗牙齿露在外面，躯干上的三角形图案代表鳄鱼皮，有趣的是，尾部像鱼尾一样成扇形，腿和爪延伸到较窄的一面。其中一只凯门鳄为雄性，生殖器从它身下探出，长着一个小小的脑袋，嘴部喷射出精液。我曾在亚马孙雨林观测过凯门鳄的生殖器官，不得不承认，查文人的图案相当生动。一雄一雌两只凯门鳄，关于生殖崇拜的意味也极为强烈。一只鹰从凯门鳄的鼻子部位飞起，凯门鳄身体周围散布着许多人、鸟、蛇、贝类、猫科动物和植物，这些植物看起来像是南瓜、辣椒和姜芋等。

它们并非僵死的雕刻，而是富有生命力的图画。凯门鳄连接土和水，鹰代表天空，贝类来自海洋，植物来自大地。它们都有着深层的寓意和神秘的象征，它们并不只是动物，更是神话和巫术世界的符号和象征。

在费尔南多的带领下，我们凭借微弱的灯光，进入神庙内黑漆漆的、迷宫般的廊道，仿佛化身为2000多年前的朝圣者，离开外部世界，从光明走向冥暗，从现实走进虚空。这是幽灵出没的空间，他们漂浮在黑暗中，从四面八方向我们挤压而来，偶尔，被惊动的蝙蝠骚动起来，更加强了这种神秘感。祭司们曾在廊道内的重要节点摆放无烟煤和镜子，靠着镜子幽暗的反光引导朝圣者。如果，此刻在幽闭黑暗的空间里，突然响起海菊蛤的呜咽声，那声音在狭窄的廊道里被放大，充斥整个空间，回响在每个角落，令人失去对声音来源的感知，失去距离感，再有神秘的身影倏然闪现在黯淡的角落里，那会是何等地令人惊惧。这是森然、威严、肃穆而凝重的神示所。我们最终来到兰松（Lanzón）廊道——一个2—3平方米大小的十字形内室，中央竖立着一尊高4.53米的花岗岩石柱——兰松石雕，Lanzón意为长矛，很形象地描述了石柱的形状。它正好位于神庙的中轴线，或许在这神秘气氛的始作俑者

刻着兽面人身图案的兰松石雕

看来，它联系着天、地和地下世界，我们很难用现代的理论与逻辑去理解古时人们的情感和观念。

面对"长矛"，我们不能不生出一点怨念。它被固定在狭小的空间里，只可远观，而更加令人沮丧的是，它只以后背示人。或许，这也是祭司们的初衷——凡夫俗子怎可一睹天颜？一旁的图板上展示了"长矛"的形象，面对这复杂的图案，这尖牙利齿的神秘动物，我们仍有些心旌动摇。

与古埃及的狮身人面像截然相反，同样是人与猫科动物合体的形象，"长矛"则是兽面人身。美洲虎头像略有些滑稽，扭曲的蛇身构成头发和眉毛，向两侧飘散，戴圆形耳环，大嘴巴两角上翘，两只弧形的獠牙外露，略略倾斜，像是在微笑，故被称为"微笑之神"。他左臂下垂，锋利的爪子握着海菊蛤，右臂上举，持凤凰螺，绕身的裙摆带有花边，双脚内翻，脚趾相抵。这位神祇的形象在查文德万塔尔多次出现，是查文文化中最重要的宗教形象，可能是至高无上的神祇，象征着贸易的繁荣和土地的肥力、人类与自然的交互关系。如同黑白门与黑白台阶，"长矛"也充分体现了二元性的理念。

凝视着它，我们就已经置身于历史中了，在内心深处，我们仿佛正在与过去对话。可以想象，两千多年前，当朝圣者穿过漆黑的迷宫，突然面对强大的神灵，目睹它怒张的大嘴，尖利的牙齿，上翻的眼睛，他们会感受到何等的精神压力和冲击，会是何等惊愕和颤栗。

考古学家最初计划将"长矛"搬运至博物馆，但根据当地古老的信仰，"如果搬走神石，灾难将会降临"，于是它就被留在了原地。

如果说卡拉尔的精神威慑力深沉而内敛，引而不发，将人置于体量巨大的仪式建筑前，令人深感庄严肃穆，深感己身之渺小，那么查文德万塔尔则张扬而外露，宏伟的建筑令人自惭，立体的声音系统令人心惊，逼仄的空间令人恐惧，幽暗的光影夺人魂魄。如果范缜来此，这里的景象定会激发他雄辩的神灭之论，定会丰富他关于神与形的思考。

公元前500年，查文出现剧变，曾经占据安第斯人们精神领空的查文文化迅速落幕了。或许，随着宗教的式微，旧有的习俗和习惯难以为继，整个社会结构也就随之土崩瓦解了。大型宗教场所，甚至一些在建工程也被遗弃，成为村庄，人们随意搬取神庙建筑的石块和石雕以修建住宅。

我们刚刚结束游览，回到车里，大雨即倾盆而下，古老的遗址再次接受考验。但它早已习以为常了吧，两千年时光，它经历过不啻数万次雨水的洗礼。有那么一刻，似乎排水通道中发出的呼啸声、幽咽的海菊蛤号角声，穿过历史的雨幕，破空而来。这呼啸，这号角声，回响了两千年。我们在雨中来，在雨中去，目睹大自然给查文德万塔尔留下不可磨灭的伤痕。无论是瓢泼大雨，还是太阳再次升起，彩虹横亘其上，查文德万塔尔都在不断讲述两千年前的故事。

❖ 查文文化遗产

查文人在低海拔地区种植玉米，在近旁高海拔谷地种植土豆，并修建灌溉系统以促进农作物生长。他们广泛使用美洲驼，将之作为运输工具，以其肉干作为主要的蛋白质来源，用驼毛编织，将其骨头制作成工具，将其粪便作为肥料，还经常以其献祭。美洲驼为长距离贸易和运输提供了便利，查文人与海岸沙漠、高原和热带雨林三个不同的生态区交换陶器、贝类、黑曜石、动物皮毛、纺织品、金属和鱼干等。

伴随着贸易繁荣，文化交流也日益频繁，查文建筑和艺术不可避免地融合了三个地区的元素。滨海地区卡拉尔－苏佩文化的传统建筑风格，如平台型金字塔、U形建筑布局和圆形下沉广场等在这里被继承，但建筑材料则使用安第斯高原独有的石材，装饰图案体现了雨林特有的动物形象。

卡拉尔－苏佩文化基本不存在可视性艺术，但查文已经发展出艺术和装饰的雏形，形成安第斯山区目前已知最早的艺术风格，以复杂的图像和神祇闻名，各种图像堪称史无前例的多元素组合，带有巫术和超自然的色彩，既有动物的写实形象，也开始向抽象转变，充斥着朦胧的宗教神秘感，并逐渐流传，影响深远。文字记载之外的历史是最捉摸不定的，但这些图案却是最生动的描摹，是最形象的写照。这些图案与安第斯山区现有的传统编织品的图案颇有几分神似，相近的审美趣味和艺术风格凝练于其中，它们之间会不会存在一种遥远的呼应关系？

在欧洲，图画被视为"穷人的圣经"，查文没有文字，图像是引导信众，操纵公共意志最直观的工具。英国历史学家彼得·伯克在其代表作《图像证史》中说道："在不同的历史时期，图像有各种用途，曾被当作膜拜的对象或宗教崇拜的手段，用来传递信息或赐予喜悦，从而使它们得以见证过去各种形式的宗教、知识、信仰、快乐，等等。尽管文本也可以提供有价值的线索，但图像本身却是认识过去文化中的宗教和政治生活视觉表象之力量的最佳向导。"

查文人尚处于最原始、最原汁原味的图腾文化阶段，他们的图形是自然主义的，没有政治内容。大量人和动物图案广泛存在于雕刻和陶器上，如美洲虎、秃鹰、蛇、凯门鳄、猴子和贝类，以及一些植物图案。很多情形下，人与动物交织在一起，难分彼此。这或许反映了查文人的世界观：如何看待人类，如何构建人与自然界的关系。祭司们也通过这些图案，向公众展示宗教的神秘色彩，以树立权威。"权杖之神"是不是查文人的最高神祇？是不是与凯门鳄、美洲虎、秃鹰等动物一起构成他们的万神殿？这些神祇或许有特定分工，但它们还没有转化为人的形象，没有被赋予人性，没有如古埃及和古希腊那样形成众神之间复杂的关系网络，没有演绎出足以传世的神话体系。

查文值得人们去研究，去思考，去寻找永远得不到证实的答案。站在这超越时光的废墟上，用眼睛摩挲着如此丰富的细节，我似乎能够挣脱时空的束缚，穿越到过去，化身为双眼迷离的祭司，沉浸于那一刻的神游天外。当我再次睁开眼睛，也能以现代人的目光去打量完整的古代世界。

彼时，欧亚大陆正在经历令人心驰神往的轴心时代，孔子带领三千弟子在泗水河畔谈经论道，孟子在稷下学宫口若悬河，诸子百家争奇斗艳，释迦牟尼出走迦毗罗卫，苏格拉底在监禁中饮下毒酒。如果说安第斯文明在卡拉尔时代与旧大陆文明发展进程已经存在若干差距，那么在查文时代就已经望尘莫及了。

令人欣喜的是，安第斯文明已经在这里抽枝萌芽，枝叶尚且娇嫩，蓓蕾依旧脆弱，但不日将成为奇葩。查文身后，拖曳着一道悠长的历史轨迹。查文一脉，似绝非绝，查文遗韵，泽被后世。

查文文化继承了卡拉尔－苏佩文化的元素，又将文明之火传递后世，瓜瓞延绵，生生不息。考古学家胡里奥·C.特略基于陶器和装饰品风格比较，认为查文文化衰落后，帕拉卡斯文化成为其直接继承者。查文文化的影响覆盖辽阔的地域空间，覆盖苍茫的亚马孙雨林，覆盖北起帕克帕姆帕（Pacopampa）、南到的的喀喀湖的安第斯山区，覆盖北起皮乌拉南至帕拉卡斯的沿海沙漠地带，也跨越了历史长河，以至今日。

傍晚时分，我返回瓦拉斯，正巧菲利普在值班，略事寒暄，我们就谈到查文德万塔尔古老的建筑和宗教。不过，这回菲利普没有再试图向我传教。他可能猜想得到，我依然沉浸在查文的精神世界里，萦绕我心头的仍是查文密密麻麻、神神秘秘的石刻。毕竟，他所信奉的宗教与2000年前兴盛于此的宗教并无多少相似之处了。但实际上，那些原始宗教的圣火从未被彻底扑灭，在拉丁美洲的基督教里——无论是天主教还是新教——仍掺杂着自然崇拜的内容，形式上仍混合着驱魔、祭祀和治疗等传统的痕迹，这其中又有几分藕断丝连，传承自遥远的查文文化呢？

库斯科

——印加帝国的辉煌

飞机从东南方向的缺口飞入，机翼掠过库斯科盆地的边缘，眼前豁然开朗，库斯科城尽收眼底，红色屋顶从谷底向四周山坡延伸，鳞次栉比。古老的印加帝国都城坐落于安第斯山脉深处，海拔 3400 米，周围群山环绕。

在我心目中，库斯科充满了浓郁的悲情色彩，它不仅外形发生了巨大变化，根植于体内的基因也经历过编辑。

正值雨季，飞机落地时，天空还是一片灰白，刚刚取完行李，大雨就倾盆而至，地面瞬间就有了深深的积水。我从一群招徕生意的出租车司机中，挑选了一位干净利索的小伙子，经过简单的讨价还价，商定了前往酒店的车资。途经第九代萨帕印加帕查库特克雕塑，透过雨帘，我侧头仰望这尊雕塑，心里念叨一下："我晚一些来看你。"司机大约猜到了我的心思，异常简短地蹦出了两个单词："伟大的帕查库特克。"

从帕查库特克开始，印加人疾风骤雨般建立起庞大的帝国——塔万廷苏尤，历史上第一次将现代秘鲁统一起来，如同秦始皇横扫八荒，一统六合。其势力范围北达厄瓜多尔、哥伦比亚南部，南控玻利维亚、阿根廷西北部和智利北部，面积 200 多万平方公里（相当于四个西班牙），统治着至少80个拥有自己的语言或方言的民族。1532年，西班牙入侵者弗朗西斯科·皮萨罗俘虏末代萨帕印加阿塔瓦尔帕，帝国土崩瓦解，国祚堪堪百年时间，历五世后戛然而止。

安第斯诸文化发展相当分散，印加帝国吸收浓缩了数千年的文化遗产，可谓安第斯文明的集大成者。前印加文化已培育了所有农作物，驯化了美洲驼、羊驼和豚鼠。印加人继承了发端于卡拉尔－苏佩文化的结绳记事；吸取了瓦里文化和蒂亚瓦纳库文化的知识体系和神话传说；借鉴了瓦里文化的行政管理手段和组织模式；将前印加文化的道路体系并入印加王室大道；接收了奇穆文化的能工巧匠；采用了蒂亚瓦纳库文化的石器加工技艺。

库斯科是印加帝国都城所在，印加帝国神力的汇聚点，世界的肚脐眼，大地的中心。肮脏邋遢、臭气熏天的西班牙殖民者描述道，"秘鲁王国内，没有哪个城市拥有库斯科那样的高贵气质"，它是"所有印第安人中最富有的城市"。

西班牙入侵彻底改变了库斯科的面貌。库斯科形成了独特的城市结构和建筑形式，它是印加都城和殖民地城市的结合体，是印加和西班牙两种文化融合的代表和杰出范例。经过数百年演变，印加时期的城市规划基本保留下来，美洲狮形状的布局大体还是印加时期的模样，众多古老建筑的遗迹，大量精雕细琢的花岗岩和安山岩石墙以及太阳神庙遗址星星点点分布于城市中。殖民地时期宏伟的教堂和大主教官邸总体为巴洛克风格，但融合了来自西班牙的银匠式风格和穆德哈尔风格，又掺入了印加元素，红瓦白墙、柱廊拱券与印加石墙结合在一起，散发着无穷的魅力。库斯科的建筑体现了不同阶段和不同文化的并存和融合，也体现了从印加帝国到殖民地时期的历史延续。

整个城市非同寻常的融合不仅体现在建筑上，也体现在生活的方方面面。在库斯科，几乎找不到纯粹的安第斯或西班牙风格，建筑、广场、服饰、舞蹈、乐器、游行和美食，无一不是数百年来斗争和融合的见证。过程是被动的，甚至是血腥的，有着无尽的故事，故事中

西班牙人绘制的历代萨帕印加画像，画家把西班牙人当作"秘鲁解放者"，排列在末代萨帕印加之后，以表示权力的交替和征服的正当性

有泪，也有血。如今，它们已经融合为一个整体，如同梅斯蒂索人，血管中流淌着安第斯人和西班牙人的血液，性情中混杂着安第斯山脉和地中海的土与水。

何塞·卡洛斯·马里亚特吉对待历史秉持公允的态度。在他心目中，安第斯文化与西班牙文化都是秘鲁文化的组成部分，"只要殖民心态一直主导着这个国家，我们就始终是一个把自己想象为诞生于西班牙征服的民族。克里奥尔民族意识懒惰地服从了这种认为我们是西班牙后裔的偏颇信念。在这种观点看来，秘鲁史始于利马的缔造者皮萨罗，印加帝国仅仅被认为是史前史，一切本土的东西都被认为是我们历史之外的，而且扩展一下，是我们传统之外的。这种传统主义使我们的民族内涵贫乏，把它缩小为梅斯蒂索和克里奥尔人"。

库斯科是秘鲁宪法确定的历史都城，整个城市在1983年被联合国教科文组织列入世界文化遗产名录。

美洲狮的城市

　　我住的酒店位于兵器广场附近，由 16 世纪西班牙风格的隐修院改建而成，回廊环绕，庭院当中喷泉流淌，当年修士们居住的房间被改造为客房，兼具古老的韵味与现代的服务。前台送我一张库斯科城市地图，我惊喜地发现，地图上用红线勾勒出了美洲狮的形状。

　　美洲狮是安第斯文明的图腾。帕查库特克花费 20 年时间，按照美洲狮的形状重新规划了库斯科的布局。实际上，都城早在帕查库特克之前就已开始修建，但人们仍将创建库斯科的荣耀归于这位开疆拓土的帝国缔造者。

　　这是一只前腿伸出，缓缓行进中的美洲狮，步履稳定而坚决。瓦卡伊帕塔广场（印加帝国时期的名称，今兵器广场）、历代萨帕印加的宫殿和圣女宫位于心脏部位，帝国最高宗教场所太阳神庙坐落于接近尾部的地方，图尤马约河（今图尤马约大街）是它光滑的背脊，西北郊萨克赛瓦曼堡垒及其所在山头构成头部，微微扬起，堡垒上呈 "Z" 形的三层巨石墙被形象地看作美洲狮的眼鼻牙齿部位。如果一定要给美洲狮加一条尾巴，那它恰好可以甩到帕查库特克雕像所在的广场。

　　我前往帕查库特克广场，去瞻仰印加帝国的缔造者。车水马龙的环岛中央，高五六米的圆形基座上，古铜色的帕查库特克雕像傲然矗立。他并不十分高大，但颇具威严，神态肃穆，英气逼人。他头戴科雷肯克羽毛，头部缠绕着发辫似的廖图，前额垂下一挂流苏，双耳佩戴巨大的圆盘耳饰，身着及膝长衫，圆形太阳神胸牌垂挂在胸前，身披斗篷，下摆飘扬，似有微风拂动。他左臂略略下沉前伸，手掌平直，五指微松，面向七月二十八日大街，右手紧握王权的象征——类似钺的礼器"昌皮"，一端斧头，一端尖锥。"让那些十恶不赦的不义之徒饱尝它的厉害吧！"这是历代王储被萨帕印加"授以斧钺"时的嘱托。

　　"帕查库特克"意为"改革者"。按照传说和口述历史，帕查库特克是第九代萨帕印加，印加历史上真正的强国之君，在秘鲁享有崇

印加帝国的缔造者，
萨帕印加帕查库特克
塑像

高地位。从 1438 年开始，他率领印加部落东伐西讨，南征北战，征服无数部落，将印加部落发展成为南北跨数千公里，覆盖干旱的太平洋沿岸沙漠、苍茫的安第斯山脉和浩瀚的亚马孙雨林的庞大帝国——塔万廷苏尤（印加帝国）。有历史学家甚至称他为"印加人的成吉思汗"。21 世纪初，秘鲁第一位原住民总统亚历杭德罗·托莱多在竞选时曾自称"秘鲁的新帕查库特克"，并最终赢得选举。实际上，将印加帝国肇始之功归于帕查库特克可能有失公允，先于他的几代萨帕印加早已开始征服之路，甚至兵锋已经远达的的喀喀湖周边和纳斯卡地区。

库斯科中心城区基本保留了印加帝国时期的都城布局。瓦卡伊帕塔广场一带是美洲狮的腹部，居于心脏部位，广场周边分布着高墙耸立的历代萨帕印加宫殿和圣女宫，与太阳神庙共同构成库斯科的核心区域，居住着萨帕印加和其家庭、历代萨帕印加的后代和祭司，大约20000 人；周边农田环抱着核心区域；农田之外，则是特殊规划的居住区，王室之外的贵族、官员以及他们的侍从仆役和工匠居住于此，大约50000 人，被农田与属于王室的中心区隔离开来。印加帝国的领土向四周发散，分为四个苏尤（省）：西北的钦查苏尤，东北的安蒂苏尤，西南的孔蒂苏尤和东南的科利亚苏尤。与之相对应，官员居住区也分为四个部分，分别居住着各苏尤的贵族和官员，所有地方首领都被要求在此修建房屋，每年定期前来库斯科参加政治和宗教活动；居住区之外是农业社区，有 5 万—10 万人。整个库斯科大致是王室中心区—农田—贵族居住区—农业社区的环状结构。

1533 年 11 月 15 日，皮萨罗来到库斯科，印加帝国的都城让西班牙人瞠目结舌：中心广场平坦开阔，街巷规划整齐，建筑气势恢宏，石艺巧夺天工。皮萨罗的秘书佩德罗·桑乔写道："整座城市布满了贵族宫殿，广场甚是平整，周边有四处宫殿，他们都是城市中显赫的贵族，石头上有绘画雕刻。城市中还有其他建筑，规模宏大。"诚然，比较同时期的欧洲城市，印加都城毫不逊色。

来到库斯科之后，西班牙人立即开始掠夺，侵占印加王室的宫殿和神庙，将之改建为教堂和修道院，分配给西班牙殖民者做宅邸，将印加建筑当作采石场，利用残存的石墙作基础来修建新的房屋。殖民者不仅毁坏建筑，更亵渎了印加的历史和文化。"他们为建起一些在国内到处都能见到的东西而破坏了一些再也无法找回的东西。"在得知科尔多瓦大清真寺被改建为大教堂后，西班牙国王卡洛斯一世（神圣罗马帝国皇帝查理五世）如此喟叹。但在他治下，印加建筑艺术却遭到更加彻底的损毁。这块土地上悠久的历史、独特的文化、瑰丽的艺术和辉煌的建筑，在西班牙人看来，都没有金锭银块来得实在。

兵器广场的前生今世

高原的雨，来得快，去得也快，刚刚还是乌云密布，雷霆万钧，大雨倾盆，须臾，阳光猛烈地照射在地面，湛蓝的天空与白色的低空云交相辉映，巨大的云朵忽如山峰般耸立，忽乱云飞渡，不断变幻形态，如千军万马蜂拥而来蜂拥而去。人们纷纷从避雨处回到兵器广场。

幸运的是，大雨肆虐，人群四散之际，我正在主教座堂对面的餐馆里颇为惬意地享受着秘鲁美食，外黄里嫩的豚鼠令我食指大动。

广场中央，秘鲁国旗和塔万廷苏尤的彩虹旗在风中飘扬。主教座堂和耶稣会教堂巍然耸立，广场四周环绕着西班牙风格的两层小楼，一层石柱拱廊，二层木制阳台，白色墙体，红色筒瓦覆顶。面向主教座堂，印加王室后裔图帕克·阿马鲁二世的雕像傲然伫立在一座喷泉的顶端。

印加帝国时期，瓦卡伊帕塔广场的面积是今兵器广场的两倍，淙淙流淌的圣河（今已不存，河道基本与太阳大街一致）将之与库斯帕塔广场（今欢庆广场是其一部分）分隔开来，两座广场之间的河道用木桥覆盖，合二为一，可能远到今弗朗西斯科教堂。两座广场覆盖着50厘米厚、来自太平洋海岸的沙子，代表诸神不断转运到高原的生命之水，

以向创世神维拉科查致敬。库斯帕塔广场每五天会有一次集市，进行小规模的易货交易。瓦卡伊帕塔广场也是帝国"王室大道"的"零公里"处，四条印加古道向四方延伸，长达数千公里，直抵帝国四个苏尤。

广场上曾有一处石砌仪式平台，其上有专为萨帕印加和科雅（王后）准备的包金巨石座位，面向太阳升起的方向。座位前有石制水池，举行仪式时倒入奇恰酒或美洲驼血液，液体会通过地下水道缓缓流向太阳神庙。萨帕印加在此平台主持大型仪式，向各地官员收取贡品并回赠礼品，判决罪犯，挑选人牲。秘鲁一些城市还保存有很多类似结构的平台，库斯科以西的比尔卡斯瓦曼（Vilcaswaman）现存平台高达8.5米，上有双人巨石宝座，据此可以推测，库斯科的仪式平台应该更加气派。

民众会聚集在广场参加宗教仪式或庆典活动，包括日常举行的小规模游行和月度大规模仪式。成千上万的民众在冬至和夏至，以及5

兵器广场的游行队伍

月的丰收节和 8 月的缝纫节期间赶来参加盛典。

至今，各种游行活动仍频繁在兵器广场举行，每年 6 月 24 日，政府会组织源自印加时期的冬至日庆典太阳节（Inti Raymi），专业演员身着华丽的节日装束，组成方阵，排箫、圆号等各种乐器纷纷出场，人们载歌载舞，兵器广场不胜欢腾。

印加王宫何处觅？

安第斯文明不可谓不悠久，但令人忧伤的是，它不仅没有留下浩如烟海的历史典籍，甚至没有片纸留存。15 世纪之前的印加帝国面貌始终存在于传说之中，支离破碎，模糊不清。虽然存在很多争议，但历史学家们仍按传说和口述历史，大致完成了印加帝国的帝王谱系。印加人的王国可能存在过 13 位萨帕印加，从 15 世纪第九代萨帕印加帕查库特克，到第十三代萨帕印加阿塔瓦尔帕亡国，这期间的历史轨迹相对清晰，比较连贯可信。

身处帝国的首都，自当细细搜寻历代萨帕印加的宫室——帝国的心脏。帝国的施政方针在这里决定，气吞山河的命令从这里发出，穿过王室大道，最终传递到四方，而与权力天然共生的阴谋诡计也在这里发酵，宫闱之争在悄无声息中进行，嗣位争夺也是你死我活，毫不容情。

历经 500 年的地震、战争、掠夺和重建，印加时期的建筑幸存寥寥，令人略感欣慰的是，一些宫殿群的外墙残存下来，使后人有机会领略印加人高超的石艺，借此想象印加帝国曾经的辉煌。但分辨历代印加的宫殿着实困难，甚至不太可能实现。走访欧亚大陆的古迹，早已习惯于见到各种碑刻铭文；而在秘鲁，我多么希望能看到古人留下的只言片语，能够将某一堵石墙与某一位帝王联系起来，但我知道，那只是隐藏于内心的奢望。

据传说，第一代萨帕印加曼科·卡帕克的宫殿坐落于萨克赛瓦曼的半山腰，在现今圣克里斯托弗教堂近旁，然而宫殿自然早已荡然无存。

一段神话故事叙述了库斯科和印加帝国的创建，将印加王室置于神授君权的地位。曼科·卡帕克和妻子玛玛·沃里奥是太阳神和月亮神的儿女，他们兄弟姐妹八人结为四对夫妻，带领部众，从帕卡瑞坦普出发，寻找富饶的土地。他们沿途征服拒绝归附的部落和村庄，披荆斩棘，克服挑战，经历兄弟间的诡计和背叛，最终只有曼科·卡帕克和玛玛·沃里奥到达库斯科。他们将金手杖插入土地后，金手杖消失了，这就是他们努力寻找的沃土。这不禁令我们联想到古罗马城的建立者罗慕路斯和雷摩斯，他们看到一群鹰飞翔，遂在这祥瑞之地建立了罗马城。曼科·卡帕克率领印加人征服了原有居民，创建了库斯科，创建了印加王国，开始教化民众。

萨帕印加以同胞或同父异母的姐妹为科雅（王后），只有与她们生的孩子才可以继承王位，以保持太阳血统的纯正，确保神授权力不被削弱。与姊妹通婚是萨帕印加的特权，老百姓被严格禁止族内婚。我们大可不必惊诧万分，古人并不掌握什么遗传学知识。这种婚姻制度与古埃及和古波斯有相通之处，而在秘鲁殖民时期，欧洲的哈布斯堡家族也长期在亲属间通婚，不同地区的统治者为维持其家族的绝对权威采取了相近的策略。

早期的印加并非国家，而是部落联盟。根据《印卡王室述评》，第六代萨帕印加印卡·罗卡征服了昌卡人，颇有建树。但昌卡人在第七代萨帕印加时叛乱，懦弱的萨帕印加弃库斯科而逃。危难之际，其子勇敢迎战，击败昌卡人，取其父而代之，是为第八代萨帕印加。他自称创世神维拉科查曾托梦于他，遂自名维拉科查。大约自征服昌卡人始，印加逐渐走上征服之路。不过，按照胡安·德·贝坦索斯记载，这场战役的胜利应归之于帕查库特克。

从兵器广场出发，我沿胜利大街向东北走去。走过一个街区，地

面一枚铜制路标吸引了我的目光。它被踩磨得金光闪闪，指向安蒂苏尤——印加帝国时期的四个省份之一。印卡·罗卡宫就在路标对面，殖民地时期被改建为大主教宫，现为宗教艺术博物馆。这座建筑至今保留着印加宫殿部分外墙。印加帝国时期的建筑都只有一层楼高，但茅草覆盖，屋顶高耸，显得比较高大。墙体由巨大的石块砌造，下宽上窄，每块巨石重数吨，且大小不一，形状各异，但彼此之间拼合紧密，插不进一片薄刃，其中一块十二边形的巨石最引人注目，像极了安第斯十字的形态，只是边角很不规则，而在另外一侧的墙体上，一组巨石构成了一只美洲狮的形象。印加人深受蒂亚瓦纳库文化的影响，能够在建筑中极其娴熟地处理硬度最高的石材。这堵墙是安第斯文明石质建筑的杰作，也是库斯科城市历史的象征。

大主教宫内部建筑则带有典型的西班牙风格，露天庭院帕提欧，回廊环绕，墙裙覆盖着马赛克，白色墙体上嵌着小拱券门窗，屋顶是红色筒瓦，屋内则是穆德哈尔艺术风格的雕饰木板方格天花板。整个大主教府的建筑装饰综合了印加和西班牙的元素，凝结了安第斯山和地中海艺术的精华。"秘鲁有一种特殊的风格，你在世界上其他任何地方都看不到：它有很多不同的印记，将印加极简主义与沉重华丽的

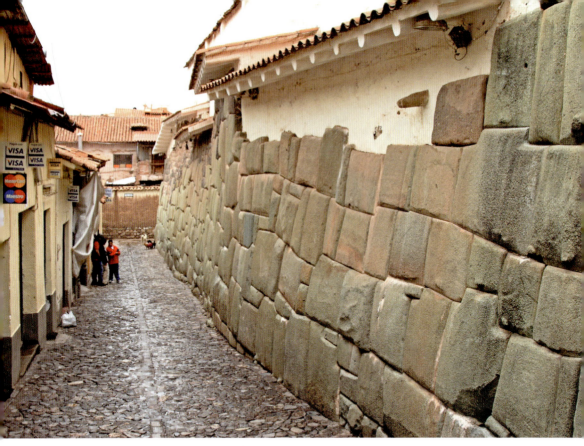

▼ 第六代萨帕印加印卡·罗卡的宫殿外墙

▼ 宫殿外墙上的十二边巨石块

西班牙巴洛克风格混合在一起，它非常有趣。"

宏伟的主教座堂坐落于第八代萨帕印加维拉科查宫殿原址，矗立在兵器广场东北角，宫殿内原供奉着创世神维拉科查。主教座堂东侧的附属礼拜堂——胜利教堂，其原址为附属于维拉科查宫殿的军械库圆屋（Suntur Wasi）。

历代萨帕印加驾崩时，不少宠妃和宠臣自愿从死，整个帝国有1000名五六岁的孩子被配对活埋殉葬，他们大多来自非印加地区的贵族家庭。萨帕印加的遗体被制成木乃伊，成为超自然力的象征，被供奉于原宫殿中，穿戴打扮，饮食起居，僮仆使役，一如生前。某种意义上说，萨帕印加的王宫，已经从生前居所转变为陵墓。按照帝国传统，新的萨帕印加继任后，都需要重新建造自己的王宫，而不继承包括宫殿和庄园在内的前萨帕印加的任何财产。前萨帕印加的王室成员将继续居住在旧宫殿内。

第九代萨帕印加帕查库特克，这位帝国的创建者，库斯科的缔造者，其宫殿当是位于广场西南角，可惜昔日的建筑已然不存，其所在被一家精致的餐馆和咖啡馆占据。餐厅的装饰颇具安第斯风情，CD 机正在播放激扬的歌曲，歌颂着"大地母亲"帕查玛玛。我在面向广场的木制阳台找了一处位置坐下，居高临下地俯视广场。悠扬的乐曲中，我啜饮着皮斯科酸酒，权当向这位伟大的君主致敬吧。

遥遥相对，胜利教堂东侧，是第十代萨帕印加图帕克·印卡·尤潘基宫原址。他承继乃父衣钵，文治武功同样超群，据传他曾率军远征加拉帕戈斯群岛。其宫殿也必定规模恢宏，印卡·罗卡宫与其对比自是不可同日而语，可惜宫殿早已不存，只残留一段外墙，成为一家餐馆炫耀的资本。望之不禁喟然兴叹。有一晚，巧遇几位来自国内的旅行者，我们相约在此聚餐，咀嚼着古柯叶，倾听着餐馆老板大谈特谈这处石墙的由来，我们怎么忍心打断他骄傲的兴致呢？

第十一代萨帕印加瓦伊纳·卡帕克宫在我所处位置的北侧。其统治时期，印加帝国达到巅峰，幅员辽阔。彼时，印加帝国已经确立了一整套政治、经济、军事和社会组织结构，确立了世袭统治者、祭司、贵族和一般大众的等级，但由于扩张过快，还没能巩固帝国的统治，没能建立起全方位控制帝国的政治和社会秩序，对边远地区控制仍十分薄弱。

瓦伊纳·卡帕克出生于厄瓜多尔的昆卡，征服基多王国后，娶了基多王国公主。他在生命的最后时期居住在基多，因感染天花在那里病逝。他代表着印加帝国的巅峰，此时帝国达到了军事力量投送的极限，也是帝国由盛而衰的分水岭，帝国随后的崩塌速度远在任何人预料之外。弥留之际，他遗命远在库斯科的王子瓦斯卡尔统治印加帝国，而出生于基多的王子阿塔瓦尔帕统治基多王国。几年后，内战开启，阿塔瓦尔帕最终获胜，并处死了瓦斯卡尔。但内战也给觊觎印加帝国的西班牙人以可乘之机，弗朗西斯科·皮萨罗俘房阿塔瓦尔帕，迅速颠覆了印加帝国。

瓦伊纳·卡帕克宫是历代萨帕印加王宫中规模最大、最精美者。西班牙人曾著文，称其极其奢华。面向中心广场，王宫有一个巨大的开放式前厅，据称可以容纳3000人，可以轻松容纳60名骑马的士兵用长矛比武。两个墙角有两座高大的圆形石墙塔楼，顶部覆盖以茅草，作为岗哨之用。整个宫殿群分为两部分。大门用白色大理石和红色岩石修建，工艺精湛，由2000名查查波亚斯战士和来自图米班巴（现厄瓜多尔昆卡一带）的卡纳里战士把守。入门后是宽敞的庭院。来自库斯科的士兵看守着通向内廷的大门，他们是萨帕印加的亲属，从孩童时就进入王宫服务，深得印加王信任。随后，100名久经战争考验的军官守卫着内廷二门。继续往里，则是巨大的庭院，房屋环绕，宫廷官员们在此工作。最后才是印加王的宫殿。整个建筑群富有艺术性，到处点缀着树木和花园，怡人心神。弗朗西斯科·皮萨罗到达库斯科后，将这处宫殿作为自己的宅邸。甚为可惜的是，整个王宫仅残存一段外墙，被餐馆占据。

洛雷托小巷从兵器广场通向太阳神庙，甚是狭窄，似乎总有一面

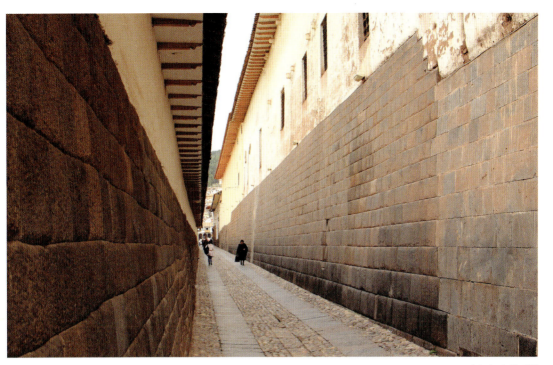

洛雷托小巷 ▶

墙隐匿于阴影之中，与沐浴在高原阳光中的兵器广场形成强烈反差。佩德罗·桑乔曾这样描述库斯科："街道都用石块铺好，唯一的缺点是过于狭窄，每条街道中央都有一条石头围起的水道，水道每边只能容纳一个骑马的士兵。"

耶稣会教堂位于小巷右侧，那里是第十二代萨帕印加瓦斯卡尔宫所在地。在瓦斯卡尔出生时，其父欣喜万分，令人打造了一条200米长手臂粗细的纯金缆绳，贵族们肩扛手抬，载歌载舞，为其庆生。这位可怜的帝王，武断任性，喜怒无常，残忍怯懦。他继承的庞大帝国已经存在很多问题，分隔继承制度带来的派系斗争令他不堪其扰。最终，他成了陷于蓝藻暴发的水塘中的大鱼，这条大鱼貌似主宰，尚能游动，却已游动不畅，在慢慢窒息，且不可逆转。最终，瓦斯卡尔在内战中战败被俘，死于后来被西班牙人俘虏的弟弟阿塔瓦尔帕之手。

始自曼科·卡帕克的早年岁月是印加的婴儿期；在第六代萨帕印

加时，印加进入青春期；雄才大略的帕查库特克则引领印加进入青壮年。印加帝国在其生命的全盛期，突遭西班牙人飓风般袭来，被瞬间击倒，毫无措置之力。

洛雷托小巷左侧则为圣女宫高墙所遮蔽。历史学家印卡·加西拉索·德拉维加记载，圣女宫唯一的大门面向中心广场，内部如太阳神庙一样奢侈。印加帝国时期，全国各地都建有圣女宫，都城圣女宫地位最为崇高。只有贵族家庭的女儿才有资格入选为圣女，被视为太阳神的妻子或侍妾，始终保持贞洁。她们可能会作为人牲被献给神祇，或成为萨帕印加的侍妾，或被萨帕印加赐给贵族或功勋卓越的将领为妻，其余圣女则幽闭于圣女宫内，终生不嫁，为萨帕印加和太阳神庙制作衣物服饰，酿制奇恰酒。西班牙入侵者占领库斯科后，将圣女宫分配给西班牙人作为住宅，并玷污了圣女，后将其一部分改建为圣卡特琳娜修道院。

修道院除一间博物馆外，并不对公众开放。在对圣女宫强烈的好奇心的驱使下，我走进博物馆，试图透过窗户窥视其内部。显然博物馆对我这样的游客早有提防，木板窗扇紧锁，连一条缝隙都不曾留下。

来到库斯科后几天，我已经很适应高海拔和多变的天气。我开始迷恋库斯科的广场、教堂、堡垒、拱廊、街巷、神庙、博物馆、商店、餐馆、市场以及这里的人们。

印加人的最高宗教场所
——太阳神庙

太阳神庙接近美洲狮尾部。我沿太阳大街走向太阳神庙，这是一段熙熙攘攘的步行街，游客川流不息，身着安第斯服装的当地人络绎不绝。

印加帝国时期，圣河从太阳大街的位置向东南方向流去，流经太

洛雷托小巷太阳神庙遗留的石墙包围着圣多明各大教堂 ▶

阳神庙，与图卢马约河交汇于美洲狮的尾部，而今两条河道都已不存。

太阳神庙是太阳神印缇的圣所，是印加帝国的最高宗教场所，本名太阳神庙（Intikancha），但由于装饰了大量黄金，渐被称作科里坎察（Qorikancha，黄金之地）。

库斯科的众多建筑由印加石墙和西班牙风格的房屋嵌合而成。印加帝国坚实、厚重、质朴的石墙与伊比利亚半岛的拱廊、庭院、喷泉、白墙、红瓦和木制阳台结合在一起。太阳神庙和圣多明各修道院同处一座院落，差异却如此巨大，如此突兀，大概是所有建筑中违和感最为强烈的。这种违和感不仅来自建筑风格的差异，更多因为它们是宗教建筑。它们代表两种截然不同且不可调和的神圣力量，在激烈的冲突中，一方杳然逝去，徒留一块无字墓碑，另一方则仍保有旺盛的生命力。

圣多明各修道院沐浴在高原清冷的光辉里，坐落于三道灰色的石墙之上，墙壁的白色和屋顶瓦片的红色构成其主色调。圣多明各大教堂位于左侧，拱券门，螺旋形的所罗门柱如蛇扭曲，窗户上是典型的西班牙木制阳台，这是大教堂祭坛一侧的外墙。太阳神庙遗留的石墙包围着教堂，最下层是粉色的安山岩方石砌体，没有砂浆勾缝，其上则是6米高的灰色安山岩抛物线形石墙，每块岩石都经打磨抛光，光滑细腻，不用砂浆而拼合紧凑。库斯科、马丘比丘和皮萨克的太阳神庙都有抛物线形的墙体，用规则而打磨光滑的石块修砌而成，极为精细，那是一种独特的美学格调。

多明尼各修会最早于1534—1610年在此修建了其在秘鲁的第一座教堂，但其在1650年的地震中遭到损坏，于1680年开始重建。整体建筑群，包括修道院、教堂、唱诗班和巴洛克风格的钟塔于18世纪完成，将整座太阳神庙严实地覆盖起来，这座印加人的圣殿就此消失在人们的视野。直到1950年，大地震摧毁了修道院三分之一的建筑，圣多明各修道院和教堂坍塌，掩藏于其下数百年的太阳神庙终于重见天日，秘鲁历史上两种最具代表性的文化因子就以意外的方式展示在我们面前。秘鲁人修复了附属教堂，但大体上保留了太阳神庙的本来面目。如今，这处圣地成为两种文化结合历程的见证和代表。

巴洛克式塔楼巍然耸立，在建筑群入口投下一片阴影。踏上门口的三角形台阶，进入建筑群内部，右侧即是大教堂，向左可以进入太阳神庙。

原太阳神庙的中心庭院，被彻底改造为西班牙风格。整个庭院极为宽敞，四周由文艺复兴风格的双层连拱回廊环绕，下层长、宽两边分别有10个和9个半圆形拱券，柱基四角覆盖叶片，柱头上，盛开式莲花嵌套着爱奥尼亚风格的涡卷，上层长、宽两边分别有20个和18个半圆形拱券却是塔司干柱式与爱奥尼亚柱式的结合。庭院中央，小巧的八角形石制喷泉是印加帝国时期的遗留。拱廊下，四周墙面悬挂着17世纪的油画，描绘着圣多明尼各的生平。

在印加帝国时期，这座中心庭院更加富丽堂皇。庭院中坐落着黄

太阳神庙与教堂融为一体，成为两种文化结合历程的见证和代表 ▶

中心庭院四周环绕着文艺复兴风格的双层连拱回廊 ▶

连绵的中部安第斯山脉

金包裹的巨石宝座、水池和黄金太阳神像。帕查库特克曾梦见太阳神以男孩的形象显灵，浑身金光，遂塑造男孩等身金像以代表太阳神。神像头戴萨帕印加王冠，身着无袖上衣，胃部是空着的。历代萨帕印加逝世后，内脏会被取出焚烧，灰烬被置于太阳神像胸部，意为将太阳神的子孙与太阳神合为一体。这尊太阳神像后被流亡的曼科·印加携带，由图帕克·阿马鲁继承，最后不知所终。祭祀仪式上，祭司焚烧玉米和美洲驼肉，将奇恰酒倾倒入水池中供太阳神享用。面向太阳神殿，有一片特殊的"玉米田"，"种植"着实物大小的玉米，白银作枝干，黄金作叶片、玉米棒和须子，庭院里"走动"着实物大小的黄金美洲驼，装饰着金银制作的柴堆和锄头。每年丰收节、缝纫节和印加王室男子成人礼上，萨帕印加会象征性地在田中耕作，这片"玉米田"作用应相当于先农坛的"一亩三分地"，只是颇为奢华。

　　欧式回廊后隐藏着幸存的印加神殿。西班牙人拆除了原神庙部分建筑，将修道院修建在其上，地震令神庙重见天日，最终形成了目前西班牙庭院 – 回廊 – 印加神殿的格局。

▼　欧式回廊后隐藏着幸存的印加神殿

原有印加神庙形似四合院。祭祀太阳神的主殿位于日出方向，现已不存，整个东墙用黄金板覆盖，主殿内曾有双层金箔制成的巨大圆盘，其光芒和火焰浑然一体，代表太阳神印缇，传说创世神维拉科查也奉祭于此；另有几座配殿，南方配殿最为重要，覆盖着白银板，神殿中所有物件都用白银制作，祭祀月亮神，印加神话将月亮神视作太阳的妻子和妹妹，也是王室的母亲；北方并排有三座配殿，一座祭祀金星和昴宿星团等其他星辰，它们是太阳与月亮的亲戚和仆从，一座祭祀雷神和电神；最后一座配殿供奉着印加王室的标志彩虹。

在印加人看来，金属有重要的象征意义，代表地位和政治权力。黄金是太阳的汗水，白银是月亮的眼泪，耀眼的光芒使它们成为宗教仪式器物，成为王室和贵族的专属装饰品。非贵族只可以佩戴黄铜和青铜器饰物。

科里坎察装饰着大约 700 块金板，每块重约 2 公斤，还有大量其他金银器物。卡哈马卡战役后，1533 年 5 月，三个西班牙人随同为印加王收集金银赎金的信使来到库斯科，他们毫不介意印加人的愤怒，

印加神庙 ▶

大摇大摆地进入只有高等祭司、王室成员、贵族和祭司才可以踏进的神庙，用撬棍取下所有黄金和白银。可以想象，当撬棍无情地砸向太阳神圆盘时，印加人的精神世界坍塌了。

印加神庙用长方形石块修建而成，从下往上，石墙往内倾斜，每一道门都呈下宽上窄的梯形。印加建筑没有额外的地基，都是在地表垒石块作基础，也没有大型穹顶，而是捆绑木檩、以茅草覆顶。太阳神庙的石墙是印加帝国所有石墙中，石料最为精细者。第六代萨帕印加宫石墙的石材呈随意的多边形，不使用灰泥勾缝，彼此拼合无缝，石块的展示面大致打磨平整，而太阳神庙石块高度一致，大小虽有差异，但表面打磨光滑。无须多言，采石、运输、抛光并将石块严丝合缝地拼合在一起，需要耗费大量的人工。

19世纪，德国著名自然地理学家亚历山大·冯·洪堡总结印加建筑的特点是"简洁，对称，稳固"。印加石墙有明显的稳定性特征，门窗和壁龛都呈梯形，从底部向顶部逐渐收窄，墙角圆润，外部用L形石块连接，向内倾斜。印加建筑风格一致，"就像同一个建筑师设计出来的"，这种高度标准化体现了印加王室对帝国的控制能力。

尽管印加人石块加工技术师于蒂亚瓦纳库文化，但蒂亚瓦纳库俯拾皆是的浮雕和雕像并没有引起他们足够的兴趣，印加人也从奇穆王国接收了大量工匠，却对奇穆的现实主义风格熟视无睹。虽然莫切和奇穆文化的陶器以及蒂亚瓦纳库文化的石雕也未能摆脱宗教题材或统治集团的限制，但它们个性鲜明，富有艺术气息。当我们审视印加艺术时，却不得不遗憾地说，尽管印加帝国确实集安第斯文明之大成，加强了中央控制，组织能力达到巅峰，但却制约了艺术创作。印加帝国约束了想象力的发散，扼杀了自由和个性，更强调几何和有序的设计，更加程式化，美和欢娱让位于秩序和实用性，其艺术风格整体庄重、威严、深沉，但刻板而冷酷，传递着压抑而冷漠的情绪，给人以保守和缺乏生命力的感觉。虽则如此，印加帝国的建筑遗留所体现的磅礴恢宏和气派雄沉却远非其他文化可以比拟，就此成为前哥伦布时期的绝唱。

库斯科被视为大地的中心，印加帝国神力的汇聚点。从太阳神庙出发，沿42条放射线，在帝国内分布着328处天然或人工神力点，包括宫殿、神庙、水源地、大山、隘口、古战场以及传说中前代萨帕印加显示神迹的地点。

宗教为统治者服务，君权神授基本是早期文明的共同点。太阳神印缇既是印加王室的祖先，也是不断扩张的印加帝国的象征。遍及全国的太阳神崇拜象征着印加帝国的统一，象征着王室权威，无远弗届，普天之下，莫非王土，率土之滨，莫非王臣。

印加帝国起源神话曾被加以一系列改造，反映了王室政治诉求的变化。早期版本中，印加王室将第一代萨帕印加夫妇阐述为创世神维拉科查的儿女。时过境迁，或许是为了将印加人从众多信仰维拉科查的部落中区分开来，他们又将曼科·卡帕克夫妇转变为太阳神的儿女，将太阳神崇拜由普通的自然崇拜提高到国教高度，并在全国各地广建太阳神庙。的的喀喀湖盆地的部落信仰太阳神由来已久，将太阳岛看作太阳出生之地。为征服的的喀喀湖周边部落，印加的起源神话被再次延伸，的的喀喀湖太阳岛成为曼科·卡帕克夫妇建立库斯科之旅的出发地，以表示印加人与的的喀喀湖部落有同宗之谊。显而易见，这一切都是出于政治目的的操弄。

游客们饶有兴致地审视着神庙中展出的一幅浅浮雕，其形状如同人字坡顶的房屋边墙。浮雕描绘了印加人的宇宙观，整体由天空和大地两部分组成。天空部分，一个纵向的椭圆位于正中央，代表创世神维拉科查；两侧分别有太阳和月亮图案；日月之下则有金星的启明星和长庚星形态；椭圆正上方有五颗星，连线形成基督教十字架的形状；椭圆正下方则是四颗星连线形成的安第斯十字，倾斜放置；启明星下有十四颗星星围成星团及横亘的双彩虹；几朵云位于长庚星下方，代表四季和大气运动。大地部分，双彩虹之下，有一个圆形，内有三座山，河流从山间流出，表示大地妈妈；安第斯十字右侧则是海洋；近旁有树木和四足动物；十字正下方，则是一男一女，他们是维拉科查创造

神庙中展出的浅浮雕

的第一对男女，令人联想到亚当与夏娃。与其说这幅浅浮雕代表了印加人的宇宙观，毋宁说是基督教视角的印加宇宙观。

这幅浅浮雕传递了这样的信息：古代安第斯人信奉最高神祇维拉科查，其他所有神祇都处于从属地位，包括印加人的太阳神，而维拉科查甚至不是一个偶像，只是一个椭圆形符号。但这看起来并不符合印加人心目中太阳神至上的宗教信仰。据称这幅浅浮雕祭坛画的原型悬挂于太阳神庙内墙，17世纪初的编年史作家胡安·桑塔·克鲁兹·帕查库特克据其绘制插画，收于作品中。但他并没有亲眼见到原件，只是根据他人口述再创作，甚或是完全根据自己的想象重新构造。或许，处于西班牙殖民统治下，作者试图把安第斯的古老宗教诠释为一神教，而不是多神教的"邪教"，力求挽救安第斯人的宗教信仰。

印加帝国的万神殿是自然崇拜和实用主义的渊薮，可谓群英荟萃，包括了众多人格化或趋于人格化的神祇，一些高等级的自然神也被奉祀在太阳神庙：创世神维拉科查、太阳神印缇、月亮神吉拉、雷电之神卡特基尔、黎明之神查斯卡、风雨之神康恩、大地之神帕查玛玛、山神阿普、海神库查玛玛、水神帕瑞亚喀喀、动物之神乌尔库赤拉伊、谷物之神玛玛莎拉、死神苏帕伊、灶神和财神伊克阔、古柯叶之神库卡玛玛，等等。印加祭司们还基于对太阳、月亮、其他恒星和行星的观测，制订了复杂而精确的祭祀仪式时间表。

安第斯文明的祖先崇拜历史悠久，但最引人注目的莫过于印加帝国时期对已故萨帕印加和科雅木乃伊的处置。太阳法力创造了萨帕印加，萨帕印加是太阳法力的载体，即使逝世，也不例外。

萨帕印加逝世后，内脏被送到太阳神庙，焚烧后的灰烬置于太阳神金像胸部保存，历代萨帕印加的内脏与父神合为一体，遗体则被制作成木乃伊，仍被视为神。继任萨帕印加者以外的家族成员将负责维护木乃伊，并以代言人的身份参与现实事务。通过代言人，历代萨帕印加与现任萨帕印加享有同等权力，定期训诫民众，充分表达家族意见和需求。萨帕印加在确定新继承人时，需要得到高级官员组成的议事会、大祭司传递的太阳神预言和历代萨帕印加代言人的认可。众多代言人在王位继承、王室婚姻和其他事务上喋喋不休，争吵不已，到帝国后期，他们的控制欲望愈加强烈，瓦斯卡尔甚至一度威胁要褫夺他们的权力。

通常，木乃伊会继续"生活"在他生前的宫殿，"饮食起居"一如生前，甚至会被拥至其在圣谷内的庄园"巡查"。特定时期，木乃伊也会被安放在太阳神庙，置于太阳神像两侧接受祭祀，它们坐在黄金板凳上，佩戴精美的面具、头饰、金牌、手镯和权杖，"享用"为它们提供的食物和饮品，圣女每天为它们拂去灰尘，赶走苍蝇，将它们搬到阳光下晒太阳。举行重大祭祀仪式时，木乃伊们将身着盛装，乘坐肩舆出席，而规格较低的仪式，则以雕塑代为出席。

殖民地初期，西班牙人尚未干涉印加人的宗教信仰和偶像崇拜，木乃伊被公开拜祭，西班牙人曾目睹其盛况。木乃伊们的最后一次公开亮相是在1533年，西班牙人在中心广场主持了曼科·印加的加冕礼。这是一出悲剧，也是一出闹剧。按照传统，先王木乃伊都会盛装出席，当然，不包括瓦斯卡尔和阿塔瓦尔帕。莎士比亚借理查二世之口慷慨陈词，"加冕礼赋予国王的馨香，是倾大海的狂涛也冲刷不去的"，而赋予这馨香的却是西班牙人。如果木乃伊们确实有知，不知道它们是该愤怒或是痛苦，抑或兼而有之。

在曼科·印加起义后，西班牙人开始限制偶像崇拜，祖先崇拜开始转入地下。在秘鲁总督辖区总督授意下，库斯科地方官员收缴了历代萨帕印加和几位科雅的木乃伊，他秘密埋葬了其中大部分，并将维拉科查、图帕克·印卡·尤潘基和瓦伊纳·卡帕克等五具木乃伊送到利马，公开展出，最后火化。历史学家印卡·加西拉索·德拉维加曾在利马看到过它们，遗骸保存完好无损，头发、眉毛和睫毛俱全，身上衣着一如生前，头戴廖图，坐姿，双手交叉在胸前，双目低垂。他触摸过瓦伊纳·卡帕克，如同木雕，非常坚硬。加西拉索猜测，在萨帕印加故去后，他们的尸骸会被背到安第斯山区的雪线以上，在那里风干制成木乃伊。而今，那些曾被万千人簇拥、顶礼膜拜的身躯早已零落成泥，滋润着某处的草木，化为安第斯山的精魂了。

大祭司是太阳神印缇的预言师，地位至高无上，有权任免所有祭司，每年组织各地区的祭司参加神谕大会，被西班牙人称为掌控印加帝国所有祭司的"教皇"。太阳神庙大祭司由萨帕印加任命，通常由其同母兄弟担任，可以终身担任，也可以被萨帕印加罢免，集宗教权力和世俗权力于一身的萨帕印加可以随时替代大祭司，亲自献祭，并宣布太阳神神谕。虽然罗马教皇的遴选与印加帝国大祭司的任命颇为不同，以中世纪欧洲的宗教权力和世俗权力的合作与斗争来理解萨帕印加与大祭司之间的关系可能会过于简单化了，但其本质——权力之争——

却是相同的。印加帝国也有王权与神权相争的故事，帕查库特克即用策略挫败了大祭司和贵族集团的阴谋，第十一代萨帕印加曾罢黜大祭司，自任太阳神主祭。

太阳神庙有 500 位圣女和 200 多位祭司。只有印加贵族和侍奉祭司能获准进入太阳神庙，在进入太阳神庙前，他们长达一年时间不得食用盐、辣椒、肉和奇恰酒，不得有性生活，进入神庙时必须赤脚，并背负一件物体，以示服从和尊敬。

宗教信仰是一柄双刃剑，有助于统一，也可能导致分离，善加利用则可成为利器。古安第斯文明如星辰般散落各地，各文化延承或改造，有相近或完全独立的自然崇拜。随着印加帝国的征服，很多地方性神祇被纳入印加帝国的信仰系统。

帕查库特克和他之后的萨帕印加，斧钺所至，无不望风披靡。古罗马帝国、古波斯帝国和奥斯曼土耳其帝国对所征服地区均采取宗教宽容政策，允许各地保留自己的宗教。印加帝国同样宽容，并没有因试图建立统一刻板的宗教体系，而拖累吞并的步伐。但印加帝国的征服者非常了解，统一的宗教意识形态有助于稳固帝国，而信仰地方神祇则会加强地区认同乃至分裂倾向。

萨帕印加们采取了实用策略，他们承认当地宗教，但在印加神与当地神祇之间搭建起了不平等的亲属关系，被征服地区的人民可以保持原有信仰，但必须承认太阳和月亮崇拜有更高的地位，从而将当地宗教嫁接和补充到印加帝国的宗教体系和宇宙观中，使当地宗教失去独立性，成为归化工具。更加有趣的是，印加人会将所征服地区的神祇迁移到库斯科供奉起来，与其说是对被征服地区臣民信仰的尊重，毋宁说是将其神祇作为"人质"，当叛乱发生时，他们的最高神祇在遥远的库斯科可能会被控制或受到羞辱。

每年，帝国所有重要宗教场所的祭司都被要求携带其神祇，前往库斯科参加神谕大会，提供预言，会议由帝国最高宗教领袖——太阳神庙大祭司主持。

印加帝国版图不断扩大，信奉多神教的印加人不断将被征服地区的神祇纳入其宗教体系。而入侵的西班牙人对待其本土宗教，却采取了截然不同的策略，他们致力于系统地消除每一丝异教痕迹。

殖民地时期，印加国家宗教的重要性急剧下降，太阳神崇拜和月亮神崇拜迅速退出历史舞台。或许，印加帝国的国家宗教本就是基于行政权力和军事力量而存在的，随着印加帝国的土崩瓦解，宗教体系也就随之解体了，皮之不存，毛将焉附？而地方性信仰却有着更加顽强的生命力，保留了更长时间。

在安第斯人民反抗殖民侵略的运动中，宗教曾作为文化和意识形态的符号出现。16世纪中期，面对西班牙殖民者的绝对优势，安第斯山区的祭司们发起了名为"塔基翁克伊"（Taqui Oncoy）的末日天启运动，此词在克丘亚语中意为"以跳舞治疗疾病"和"从疾病到恢复健康的过渡期"。西班牙人带来"疾病"，原住民要"治疗疾病"。祭司们宣扬，起初，基督教的上帝打败了安第斯众神，西班牙人赢得初步胜利，但现在，安第斯诸神已经恢复神力，将战胜基督教的神灵，最终毁灭西班牙人。祭司们号称神灵附体，在迷乱的状态下舞蹈，直到筋疲力尽。他们以塔基翁克伊号召原住民远离西班牙人的宗教，远离西班牙人的服饰、食物和文化。

西班牙人不遗余力地进行精神征服，取缔异教和偶像崇拜，他们将原住民的神像拆得七零八落，捣为齑粉，将遍及全国的太阳神庙夷为平地，将教堂修建在原神庙基础上，充分利用这些场所的神圣属性建立天主教与本土宗教的联系，以利天主教传播。作为印加帝国最高宗教场所的太阳神庙首当其冲，被教堂和修道院完全覆盖。古罗马人和阿拉伯人没有将古埃及的神庙统统摧毁，现代埃及人还可以带着满腹疑问来凭吊古迹，印加人则失去了任何一点可供追思的物质线索，直到一场大地震令人们欣喜地发现被掩盖的过往。

太阳节是印加帝国最重要的节日，萨帕印加、先王木乃伊和各地官员齐聚瓦卡伊帕塔广场，举行盛大的祭祀仪式，迎接冬至日冉冉升起的太阳，用凹面金镯点燃精心梳理的棉花，再将圣火送到太阳神庙保存。殖民地时期，这一代表民族文化的传统节日被粗暴取缔。

如今，秘鲁政府重拾传统，由研究印加文化的专家根据印加时期的仪轨编写脚本，由专业舞蹈演员参与演出，再现这一盛典。每年6月24日，盛大的游行从太阳神庙出发，经兵器广场，最终在萨克赛瓦曼堡垒前的广场达到高潮。现在的仪式远不同于数百年前的庄严与肃穆，更多是文化符号的再现，多了一些娱乐性，毕竟宗教内核已经彻底发生了变化。

❖ 美洲狮的头部
——萨克赛瓦曼神庙堡垒

清晨的阳光倾斜地洒在主教座堂左肩，留下一片金黄，兵器广场周边甚是静谧，身着传统服饰的人们静悄悄地走进主教座堂和耶稣会教堂，去参加早弥撒。

我沿兵器广场西北角的图库曼街缓缓爬坡，向萨克赛瓦曼走去。萨克赛瓦曼坐落于库斯科西北方向的同名山坡上，是美洲狮的头部。它是印加帝国规模最大的单体建筑，关于其用途，学者们众说纷纭。根据其形态、西班牙人的早期记录以及考古发掘判断，它可能既是礼制中心，又是坚固的堡垒和无所不包的仓库。

石阶漫漫，看不到头，高海拔让我气喘吁吁。终于接近山坡顶部，巨大的石板凌乱地铺在路面上。转过一道弯，左侧青草茵茵，明亮而浓郁的绿色令人目眩，黄花遍地，怡人心神；草地背后是萨克赛瓦曼巨大的灰色石壁，高大的白色耶稣像矗立在右面山包上。这是一幅可以入画的乡村美景。

这一带是自然景观与人文景观的完美结合。萨克赛瓦曼坐落在山坡边缘，向南俯视库斯科盆地，可谓虎踞龙盘；巨大的广场位于堡垒北侧，

　　印加帝国曾在此举行大型活动，每年太阳节游行在这里达到高潮；广场对面的小石山，被称为"印加王座"；小山背后原是名为"健康温泉"的圆形湖泊，或许历代萨帕印加们曾在此沐浴，而今是一片绿油油的农田。"印加王座"和"健康温泉"也是42条射线上的神力点。

　　萨克赛瓦曼意为"帝国猎鹰"，是秘鲁境内现存最宏伟的印加军事建筑。面向城市的一面非常陡峭，且有400米长的石墙作为防御工事，另三道围墙呈半月形，与面向城市的石墙合围，总长540米。围墙上下三层，最高一层高6米，由50多个连续的Z形结构构成，可以使守兵形成极佳的交叉"火力"，他们可以居高临下地向来犯之敌投掷标枪、石块，射出箭矢。

　　我走向广场，站立在高出我许多的巨石面前，深感自身之渺小，敬畏感油然而生。萨克赛瓦曼是印加巨石建筑的杰作，围墙由巨大的

萨克赛瓦曼的围墙 ▶

多边形石灰石建造，最大的石块高 8 米，长 4.2 米，宽 3.6 米，体积 121 立方米，重 300 多吨。整个石墙略向内倾斜，这种巧妙的结构使整个建筑在历次大地震中都没有毁坏。如同城市内的宫殿建筑，萨克赛瓦曼的巨石拼接也不规则，但严丝合缝，嵌合极为精确，即使纸片或大头针也难以插入，堪称奇迹。

　　所有来到萨克赛瓦曼的访客都会叹服：600 年前，在没有现代化机械，没有吊车、滑轮的情况下，完成这座巨石建筑需要经历多大艰辛？印加人只有堪可负重 20 多公斤的美洲驼，没有牛、马等役畜助力，一切运输完全依赖人力。他们还需要花费很大努力将巨石严丝合缝地拼接在一起。即使在堡垒遭受重大破坏后，我们仍然可以想象西班牙人面对这座庞然大物时的惊愕，更何况他们所见到的还是完整的、规模宏大的堡垒。弗朗西斯科·皮萨罗占领库斯科后，其兄长佩德罗·皮萨罗描述说，在近旁的山顶上，矗立着非常稳固的堡垒，巨石拱守，堡垒下端，石头巨大，俨然非人力可以堆砌。

▼ 萨克赛瓦曼的围墙由巨大的多边形石灰石建造

印加人并非堡垒的创建者。早于印加人几百年，大约在公元1100年前后，基尔克文化时期，库斯科就开始在西北部陡峭的山顶平台修建堡垒、神庙和引水渠。印加人成为库斯科谷地的新主人后，开始了萨克赛瓦曼漫长的扩建工程。

按照传统说法，西班牙征服之前，连续76年，始终有20000名劳力在此劳作，4000人采石，6000人借助绳索、木棍、撬棍和泥土坡道将巨石拖拽到建筑工地，10000人砍伐木材、在现场拼合巨石并将巨石打磨光滑，印加帝国强大的动员能力可见一斑。工作量如此巨大，以至于萨克赛瓦曼始终未能完工。假以时日，不知道印加人会呈现给我们怎样庞大的建筑。

出于防守考虑，堡垒每层都只有一道狭窄的梯形石门，两人并肩通过都略有难度，可谓一夫当关，万夫莫开。进入一层的入口大致位于Z形石墙的中部，任何试图从这里进入的敌人都会暴露在空旷的广场上，遭遇噩梦一般的打击。曼科围攻库斯科时，为摆脱被压制的困境，胡安·皮萨罗曾率队攻打萨克赛瓦曼，围绕这道石门发生了无数次战斗，最终战殁于此。

穿过拱门，进入堡垒，拾级而上。石墙之间有狭长的平台，到达堡垒最上层，甚是开阔，可见几处木棚，大约考古工作正在进行中。顶部原有一圆二方三座塔楼，呈三角形分布，目前只遗留巨大的呈辐射状的圆形塔基。据西班牙人记载，山顶房间众多，可容纳10000名士兵，房间内装满了长矛、箭支、飞镖、棍棒、大小盾牌和头盔等武器装备，以及各种形式的服装、珠宝、古柯叶、动物皮毛等，应有尽有。

站立在堡垒顶部，居高临下，南侧库斯科盆地尽收眼底，山坡陡峭，且有石墙壁立，其他三个方向，则有Z形的石墙守卫。作为一处堡垒，萨克赛瓦曼可谓规模宏大，构造完备，设计精巧，且军备充足，易守难攻。但在印加帝国时期，其军事用途可能更具象征意义，只是以备万一。而作为宗教建筑，其使用应更为频繁，堡垒前宽阔的广场，可以容纳数千民众，很适合举行大型仪式。传说第三代萨帕印加在征服北方凯旋后，曾在这座广场举行仪式性质的模拟战斗。

在印加帝国宣告终结之际，萨克赛瓦曼终于实现了其堡垒功能，一场惊心动魄的战役在此打响。西班牙征服者弗朗西斯科·皮萨罗不能预料，其弟弟胡安·皮萨罗会在攻打这座堡垒时阵亡。

17岁的曼科·印加被西班牙人加冕后，曾抱有幻想，希望在殖民者羽翼下与其和平共处，乃至重振印加帝国雄风。但专横跋扈的西班牙人只是利用他来稳定局面，从没打算与他成为盟友。在屡被欺凌，甚至遭受夺妻之辱后，曼科仇恨日深，放弃了不切实际的幻想，不愿再仰人鼻息，但隐忍不发，卧薪尝胆，虚与委蛇，最终设计从监禁中出逃。他退居圣谷，在奥扬泰坦博建立流亡政府，展开游击战，并组织起十数万人围攻库斯科。这是印加人对西班牙殖民者发起的第一次大规模反击，试图浴火重生，收拾旧山河。或许，晚间红彤彤的夕阳，都散发着回光返照般的璀璨和瑰丽。

佩德罗·皮萨罗写道："起义军队规模如此庞大，布满了整个大地。白天，就像是在库斯科的城外铺上了一块半里格宽的黑布（1里格意为一个人步行一小时的距离，不同国家、不同时期的定义长度不同，西班牙曾官方规定1里格为4180米），而到晚上，漫山遍野的营火如同繁星。"

我俯视库斯科，如大将临阵，脑海中浮现出1536年的情景：库斯科周边的山头上，十几万名印第安勇士身着各色服饰，歌唱着，吼叫着，有兴奋，也有疑惧。他们发射出的密集箭矢，落入城内的大街小巷；他们投掷出的烧红石块，点燃城内的茅草屋顶。库斯科已是一片残垣断壁，黑色的浓烟和红色的火焰四处弥漫。印加勇士们手持木棒，冲下山向城内的两百名西班牙人和包括查查波亚斯、卡纳里士兵在内的附庸，发起一波又一波攻击。他们推倒房屋，阻塞街道以拦截西班牙人的高头大马。到处在进行巷战，厮杀声响彻四方。

彼时，弗朗西斯科·皮萨罗正在太平洋岸边修建利马新城，他的兄弟们率领200名西班牙人驻守库斯科，被十几万印第安士兵包围，饱受困厄，几乎弹尽粮绝。胡安·皮萨罗遂率队突袭萨克赛瓦曼，身受重伤而死，但突袭队在夜袭中，用梯子爬上石墙，攻占了堡垒，最终突破了印加人的战线。数千名印第安士兵战死在萨克赛瓦曼，血流漂橹，空气中弥漫的尸臭经久不散，数不清的秃鹫在堡垒盘旋驻足多日，大饱其腹。

曼科·印加以十数万军队对阵区区 200 名西班牙人和其附庸——500 名查查波亚斯人和卡纳里人，仍久攻不下。西班牙援兵到达后，库斯科围攻战遂以失败告终。这是一场严重不对称的战役，但文明的发展本就是不平衡的。

库斯科围攻战是一场决定性的战役，自此，即使在形式上，库斯科也不再是印加人的都城。200 年后，印加的子孙，民族解放先驱图帕克·阿马鲁二世曾试图攻取库斯科，未果。

解除曼科·印加对库斯科最有威胁的围攻后，西班牙人开始重建库斯科，萨克赛瓦曼成为最佳的采石场。为节省人力和时间，西班牙人从萨克赛瓦曼采集成片的密切嵌合的石墙来修建公共建筑和住宅，那些难以搬动的巨石得以保留下来。萨克赛瓦曼堡垒遭到严重破坏，塔楼、神庙和武器储藏室等建筑均荡然无存。

不仅如此，险遭灭顶之灾的西班牙人唯恐这座堡垒再次被起义者所利用，遂将其填埋。直到 1934 年，萨克赛瓦曼才重见天日。

野草会逢春再绿，但青草之下却埋着累累白骨。

一群孩子叽叽喳喳地在遗址上奔跑，两个女孩子四臂相对，做出心的造型。看起来两位带队老师并没有要约束孩子们的行动，只是提醒大家注意安全。擦肩而过时，我们点头示意，年轻一点的老师对我说，"欢迎来到秘鲁"，随后我们寒暄起来。我询问他如何向孩子们讲述发生在这里的战役，老师看着我的眼睛，很认真地回答说，"告诉他们历史事实"。我不禁感叹，"这对孩子们来说，未免过于残酷了"。

飞翔吧，神鹰
——图帕克·阿马鲁们

返回兵器广场，我独坐于长椅之上，享受片刻的高原暖阳。

主教座堂正前方，有一座融合欧陆风格和安第斯风格的雕塑喷泉，人们三三两两坐在水池边沿小憩。下方水池内，海神的儿子们——四个特里同，人身鱼尾——单手叉腰，挺胸抬头，正在卖力地吹奏螺号。通常，他们是海神的仪仗队，但在这组雕塑中，隆重出场的却非海神尼普顿。上方跌水池中，天鹅展翅欲飞，一个平台似乎正从水中冉冉升起，秘鲁解放和独立的象征——18世纪反抗西班牙殖民者的图帕克·阿马鲁二世，矗立在平台顶端，他身着萨帕印加服饰，右手紧握

▼ 库斯科主教座堂前的雕塑喷泉

176

权杖，其造型与其先祖帕查库特克完全相同，与两公里外的帝国开创者雕塑遥相呼应。

曼科·印加退居奥扬泰坦博后，迫于西班牙人的压力，继续向北退却，离开苍茫的安第斯山，进入先王们几乎未曾涉足的热带雨林，建陪都于比尔卡班巴（Vilcabamba，位于伊斯皮里图大草原），继续领导对西班牙人的游击战争。但曼科不幸被流亡的西班牙人杀死，其子蒂图·库西在短暂的抵抗后，选择与殖民政府和平相处，意图偏安一隅。蒂图·库西病死后，曼科次子图帕克·阿马鲁继任印加王，重新开始反抗西班牙人。

殖民者经过数十年经营，力量已今非昔比。频频骚扰的印加残余势力令西班牙人如芒刺在背，必欲除之而后快，遂出动军队，未经苦战，即俘虏图帕克·阿马鲁和其科雅。

经过三天有些滑稽意味的审判，图帕克·阿马鲁被判处死刑，罪名是"作为起义国家的统治者对西班牙人控制下的秘鲁发动突袭，以及在他的王国内许可异教徒的宗教活动"。这完全就是强盗遭遇抵抗后，通过所谓形式上的"程序正义"，判决被抢劫者反抗有罪。

1572年9月24日，就在我脚下的兵器广场，图帕克·阿马鲁双手被缚，脖子上拴着绳索走上断头台。成千上万的原住民涌进广场，去观看这悲惨的一幕。他们最后的萨帕印加将要死去，他们的领袖将要死去，原住民的世界崩塌了，他们的哭声上达云霄。"前来观看他们君主死刑的印第安人太多了。据在场的人说，要想在广场四周的街道上通行非常困难。人们连站的地方都没有了，所以很多印第安人不得不爬到建筑的墙壁和屋顶上。从城市里看得到的远处山坡上也挤满了印第安人。"

关于图帕克·阿马鲁的最后时刻，有不同版本流传。

有人说，他在最后时刻放弃了印加宗教，成为天主教徒，并宣称印加王室乃太阳神后裔的说法都是谎言。我更愿意将之看作西班牙神职人员的信口雌黄，毕竟历史掌握在胜利者手中，而印加人还从来没有握过一支笔。

有人说，图帕克·阿马鲁在断头台上，说出了最后一句话："大地母亲，你见证了我的敌人们如何使我流血。"当最后的萨帕印加向帕查玛玛祈祷时，头脑中涌现的是印加的宗教，是安第斯山的神灵，而不是来自欧洲的上帝。

有人说，图帕克·阿马鲁的最后要求是与孩子们告别。孩子们很有尊严地走上断头台，拥抱了父亲。这段充满人性与慈爱却令人肝肠寸断的描述应该很贴近事实。

来自厄瓜多尔的卡纳里人充当了行刑人，刽子手抓住图帕克·阿马鲁的头发，举起头颅示众，教堂和修道院钟声长鸣，原住民眼泪夺眶而出，他们的悲痛神灵共恤，整个城市为悲怆的气氛笼罩。夜晚，原住民聚集在这里，彻夜不眠。图帕克·阿马鲁的头颅被插在断头台附近的长矛上，次日，他的头才与身体合为一处，埋葬在科里坎察神庙基础上修建的圣多明各教堂。这里曾是印加最高神祇太阳神的圣所，也是先祖木乃伊的栖身之处。历代萨帕印加的木乃伊已经在总督命令下化为灰烬，只有他孤零零地躺在这里，独自面对他们的神灵。弗朗西斯科·皮萨罗绞死末代萨帕印加阿塔瓦尔帕之后近40年，西班牙人又砍去了他侄子的头颅。

自此，整个印加统治阶层退出了历史舞台，他们的臣民、金银、土地和牲畜都被剥夺，成为外来侵略者的战利品，成为征服者的财富。幸存者，依然是安第斯人，却成为被征服者，成为劣等民族，甚至他们是否是人，是否拥有灵魂都需要西班牙王室法庭的裁决。子女被荼毒，同胞遭屠戮，文化遭戕伤，在漫长的历史年代里，他们在此生活，但却怀疑：这里还是不是我们的国家，我们的土地？

被茫茫大洋所分隔的印加帝国，孤悬于天际，隔绝于世界文明交流体系之外，文明发展程度低下，对外界一无所知却唯我独尊，认为他们吸收了文明的全部内容，满足于自己的强盛和高贵，沉迷于王室内讧，部族矛盾重重，不能戮力御敌。面对西班牙野心家，印加帝国的灭亡只是时间问题。

始自传说中的曼科·卡帕克，崛起于雄才大略的帕查库特克，终结于自负而失计的阿塔瓦尔帕。印加帝国，如燃烧的熊熊烈火，薪火中断。如果说曼科·印加时尚有余烬，图帕克·阿马鲁之死，则代表印加帝国炉膛里的一点余温也散去了。

库斯科，作为帝国都城，见证了印加人由兴至衰、屈身妥协、委曲求全到奋而反抗的历史进程，不屈的印加人曾将鲜血洒在我脚下这片广场。

在这里，弗朗西斯科·皮萨罗宣布占领库斯科，完成了对印加帝国的征服，将之并入西班牙王国版图，为17岁的曼科·印加加冕，立其为傀儡。在这里，曼科·印加之子图帕克·阿马鲁被西班牙人砍去头颅，但安第斯人反抗殖民者的星火并未熄灭，他们前仆后继，视死如归。两百年后，在这里，萨帕印加的后裔图帕克·阿马鲁二世被西班牙人四马分尸。

时任秘鲁总督的弗朗西斯科·阿尔瓦雷斯·德·托莱多下令处死了图帕克·阿马鲁。根据加西拉索记载，他在结束总督任期后，返回里斯本（当时西班牙宫廷所在地），西班牙国王腓力二世拒绝接见他："回家去吧，我派你去秘鲁，是要服侍一位国王，而你却杀了他。"我们很难相信腓力二世会如此看待处决图帕克·阿马鲁事件。或许，加西拉索只是在用如椽之笔表达他对总督的愤怒和对图帕克·阿马鲁的同情罢了。

何塞·加夫列尔·孔多尔坎基，自称图帕克·阿马鲁二世，印加王室的孑遗，领导了一场轰轰烈烈的反抗西班牙人的起义，但终被镇压。

1738年，这位萨帕印加的后裔出生在库斯科附近的小村庄，少年时在专为地方部族首领子弟开办的耶稣会学校学习，后从父母亲那里继承450头骡子和库拉卡（管理几个村庄的地方首领）的头衔。他善待乡里，抚恤贫民，深受爱戴。他被历史学家印卡·加西拉索·德拉维加的作品《印卡王室述评》激起了对印加帝国的向往，遂自称图帕克·阿马鲁二世，数次向西班牙殖民当局要求官方确认其印加王室后裔的身份。对此讳莫如深的殖民当局必然否决，并疑其有叛逆之心，剥夺了其职权。

大风起于青萍之末。1777 年，他再赴利马，此行改变了他的人生。那一年，伏尔泰 83 岁，大卫·休谟于一年前去世，享年 65 岁，卢梭 65 岁，狄德罗 64 岁，亚当·斯密 54 岁，康德 53 岁，黑暗大陆早已被启蒙运动拨开云雾，理性之光照耀欧洲，启蒙思想也开始在利马知识分子中传播。

那一年，是美国发表《独立宣言》的次年，美国独立战争在秘鲁人民心中掀起了狂涛。

但新印加复兴运动和印加民族主义思想或许对汲汲于取得身份认可的阿马鲁二世影响更大。对印加帝国的怀旧深深植根于他的灵魂，本土传统的火苗从未在他心中熄灭。那时，秘鲁人试图"重新解读秘鲁被征服前的历史，想象和拥护一个仁慈的印加王和理想社会——塔万廷苏尤的存在"。

在各种思潮影响下，1780 年，图帕克·阿马鲁二世揭竿而起，宣扬"不独立，毋宁死"，发布《解放奴隶诏书》，取缔大庄园制，实行新土地分配制度，取消徭役制度，取消人头税等。起义队伍迅速扩张到 10 万人众，影响波及秘鲁南部、玻利维亚、阿根廷西北部和智利北部，历时半年之久，秘鲁血流成河，几乎瘫痪。但图帕克·阿马鲁二世最终在攻打库斯科时被俘，被囚禁于耶稣会教堂一侧的圣依纳爵·罗耀拉大学。

在遭受西班牙殖民者审问时，他声称"你和我都是同谋者，因为你在压迫人民，而我却要将人民从暴政下解放出来"。他在目睹妻子和孩子受酷刑折磨死去后，又在库斯科中心广场，他祖先被砍头的地方，遭受了四马分尸之刑，他的头颅和四肢被送到库斯科和周边地区示众。随后所有印加王室的后裔都惨遭屠戮或被送往西班牙的监狱监禁。

壮志难酬，以身殉国，亦是英雄。起义失败了，但拉美民族独立战争从此拉开了序幕。阿马鲁二世成为秘鲁解放和独立的象征，被安第斯山区的人们永铭于心。弱者不是永久的弱者，他们有的是热血。

在高亢飘逸的秘鲁民歌《山鹰之歌》中，图帕克·阿马鲁二世化成一只雄鹰，永远翱翔在安第斯山的天空。胡里奥·博杜安－帕斯写道："神鹰，安第斯山的王者，把我带回我亲爱的土地，我的家乡安第斯山，我要和我思念的印加兄弟们生活在一起。在库斯科广场上等我，让我们一起在马丘皮丘和瓦纳皮丘上空翱翔。"他们的情感根植于安第斯的山水风土之中。

保罗·西蒙将其改编成英文歌词（下为中译本），并将这首荡气回肠的曲子传播到全世界。

我宁可是只麻雀，也不愿做一只蜗牛
没错，如果可以，我会这样选择
我宁可是支铁锤，也不愿是一根铁钉
没错，如果真的可以，我会这样选择
我愿飞行到远方
像来了又去的天鹅
一个人如果被束缚在地上
他会向世界发出最悲伤的声音
他最悲伤的声音
我宁可是座森林，也不愿是一条街道
没错，如果可以，我会这样选择
我宁可感受大地就在我的脚下
没错，如果真的可以，我会这样选择

大家可曾听到过邓丽君歌唱《旧梦何处寻》？如泣如诉，缠绵悱恻，令人肝肠寸断，那就是《山鹰之歌》的曲调。

1980 年 11 月 10 日，图帕克·阿马鲁二世起义 200 周年，秘鲁总统费尔南多·贝朗德·特里追授他为"秘鲁解放先驱、贤哲和烈士"，图帕克·阿马鲁二世成为秘鲁解放和独立的象征。印加余绪，悠悠不绝。

环顾四周，印加古城库斯科已经不复存在。我深切地感受到数百年来秘鲁人民心中的感情郁积，感受到一种饱受压抑却无法直抒胸臆的悲凉和愤懑，那是一道抚摸起来崎岖不平的疤痕。一个民族的命运、文化和历史从此改变，而原动力却来自远方大陆征服世界的欲望，来自冒险家们对财富的追求。

秘鲁可谓命运多舛，经历太多苦难，苦难催生了新的民族，催生了新的文化。历史虽可原谅，但不可遗忘。回首过往，是为了认清历史演进的逻辑，放下历史包袱，面对现在，迎接未来。如丘吉尔所言："你回首看得越远，你向前也会看得越远。"

铭记死者，更要鼓舞生者，这是秘鲁人的文化心理。只有沉浸于怀旧中的人们才愿意回到过去，但那并不是安第斯山区人们的选择。他们悲叹理应悲叹的，庆祝值得庆祝的。广场上络绎不绝的游行和欢声笑语正是明证。

我曾跟一位当地朋友安赫尔聊起两位被处死的图帕克·阿马鲁。他问我："你可知道后面的广场为什么被称为欢乐广场么？"他指的是兵器广场南侧的小广场，随后，他自己回答说："安第斯原住民很乐观，他们流着泪参加图帕克·阿马鲁的死刑后，转身来到这里。他们已擦干眼泪，开始微笑。所以称之为欢乐广场。"我无从确证其名称的由来，但这已经不重要了，重要的是人们如何阐述其含义。安赫尔很清晰地表达了安第斯人民的情感，愈是阴郁的时刻，愈要从容面对，鼓盆而歌，载歌而死，这也是秘鲁人民的生存哲学。逝者长已矣，生者当如斯。

殖民地艺术
——滥觞于欧陆，兴盛于印加故都

库斯科城市中心可称为印加都城布局、萨帕印加宫殿遗留的石墙和欧洲建筑风格的融合体。

坐在兵器广场的长椅上，如果没有图帕克·阿马鲁二世的雕塑喷泉，没有安第斯妇女色彩亮丽的服饰，没有她们染着高原红的脸庞，恍惚间会有一种身处西班牙城市的错觉。那红砖白墙，那突出的木制阳台，那连续的拱廊，那夸张的巴洛克风格的教堂立面，那高耸的塔楼，这不就是一座道地的西班牙城镇广场么？

彼时西班牙帝国刚刚完成收复失地运动，并在美洲大陆展开殖民活动，实力迅速上升，财富膨胀，风光一时无两，遂兴起修建大型纪念性建筑的热潮。秘鲁总督辖区成为众多欧洲建筑师一展才华的舞台。

秘鲁殖民地建筑是西班牙本土建筑艺术的投射，经历了西班牙建筑艺术演变的多个阶段，从哥特风格到文艺复兴风格再到西班牙巴洛克风格，西班牙所独有的银匠艺术和穆德哈尔装饰风格也在秘鲁大放异彩。不仅如此，殖民地建筑师和艺术家们有很强的独立性和创造性，耶稣会、多明尼各教会和弗朗西斯科修会的神职人员们恰如连接欧洲大陆和秘鲁的桥梁，一些兴起于意大利和佛兰德斯的建筑风格或元素

宏伟的主教座堂和耶稣会教堂竞相辉映 ▶

还没来得及到达西班牙本土，就被他们急不可耐地应用到了秘鲁。

教堂则是欧洲建筑艺术和装饰艺术的最大载体。兵器广场上，宏伟的主教座堂和耶稣会教堂竞相辉映，却没有形成统一的视觉焦点，而这恰是竞争的结果。拉默塞德教堂坐落在一个街区之外，再远一些是圣弗朗西斯科教堂以及众多殖民地时期的宗教场所，它们都是建筑艺术的杰作。正如高文·亚历山大·贝利所言："教会一直是殖民地时期拉丁美洲艺术最大的赞助者。美洲土地上大多数的剩余财富都花在了主教座堂、堂区教堂和修会的建造上。这些耶路撒冷圣殿的不同版本，通常本身看起来已经大得像座城市，所以往往是视觉艺术最重要的展示场所。"

主教座堂矗立在兵器广场东北角，堪称美洲大陆最了不起的纪念性建筑之一。它本名圣母升天大教堂，是库斯科两座宗座圣殿之一，占地4000平方米，修建于1559—1654年，耗时接近百年。两座附属教堂——胜利教堂和圣家族教堂，分别位于东西两侧，其立面比主教座堂略退后一些。

主教座堂反映了秘鲁征服时期西班牙本土和库斯科建筑风格的变化。建筑师胡安·米格尔·代·维拉门迪来自西班牙，为使主教座堂更能体现西班牙王室的权威，他根据16世纪西班牙主流的哥特－文艺复兴风格进行设计，此后百年修建期间，其他建筑师做了一些调整，在主教座堂立面嵌入了巴洛克风格，而在其内饰上融入了新古典主义风格。尽管建筑师都是西班牙人或克里奥尔人，但建造教堂却召集了最好的安第斯工匠，这些石匠、木匠和黄金工匠将本土元素融入了主教座堂的细部。

西班牙殖民者致力于消除安第斯宗教的所有可见痕迹，不遗余力地压制本土文化，同时又处心积虑地将原住民对本土宗教的信仰转移到天主教。主教座堂原址不仅是萨帕印加拉拉查的宫殿，也是创世神维拉科查的圣所；修建教堂的大量石材取自半军事堡垒半宗教场所的萨克赛瓦曼；而中央广场上被印加帝国赋予宗教意义的沙子——它们被特地从太平洋海滨运来，以表达对创世神维拉科查的敬意——也

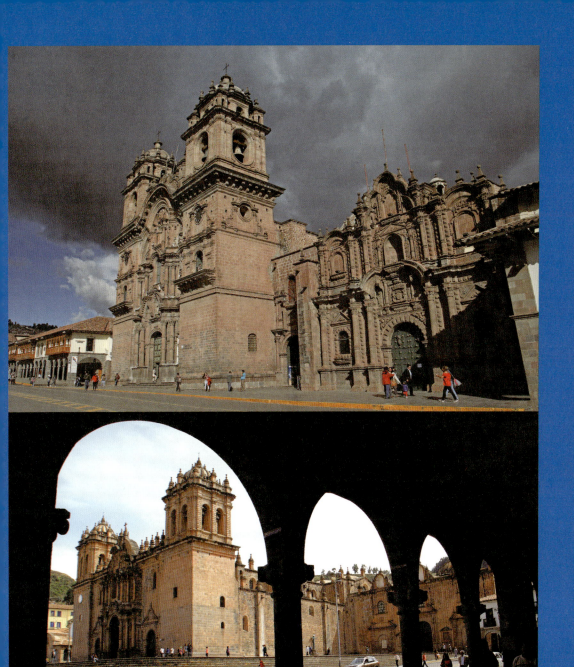

库斯科主教座堂，反映了秘鲁征服时期西班牙本土和库斯科建筑风格的变化

被直接用来勾兑主教座堂的建筑砂浆。这一切都使新宗教场所极其微妙地蕴含了本土宗教的寓意，使原住民内心产生共鸣，引导他们走进教堂，可见西班牙殖民者用心良苦。

主教座堂立面宽阔，但并不十分高大，两塔间距超过一般教堂。安第斯山区地震频发，如此设计大大加强了建筑的稳定性。主教座堂所在平台略高于兵器广场地面，稍稍弥补了视觉上的不足。

教堂立面结合了多种建筑风格。侧门半圆形拱券上方，三角楣顶端变化为弧形，完美地将西班牙王室纹章放置其中，以强调教堂与西班牙王国的关系，三个向上的小尖塔为装饰。

立面中心部分上中下三层分隔清晰，布局紧凑，严格对称，雕刻精细，显示出从文艺复兴向巴洛克风格的转化。最下层，高大的中央门洞"宽恕门"如同凯旋门，两侧各有科林斯风格、覆以爱奥尼亚涡卷的石柱，石柱与侧门间有壁龛，其山花呈断折式，中央部分向上冉冉升起。大门上方的半圆形山花内，有"圣母升天"字样，与两侧檐饰统一起来，但山花断折，两根石柱柱基从山花内向上延伸。中层以凹窗为中心，两侧各有从底层山花处升起的石柱，石柱两侧分别有两组壁龛，其装饰复杂的檐饰，与凹窗弧形券连接在一起。这些壁龛内都曾站立着雕塑，但大都毁于历次地震。最上层突出于平面之上，如同整体立面的大型断折式半圆形山花，圣彼得和圣保罗雕塑拱卫着石制十字架，站立在最上端，两侧装饰着圆形和长方形相间的小塔尖。

最外侧则是两座钟塔，钟塔顶端呈巴洛克风格，有典型的八角形拱顶。西侧钟塔名为"福音塔"，传闻一位印加王子曾被监禁于塔中，他曾立下咒语："等这座塔倒塌，我将获得自由，并重建塔万廷苏尤。"实际上这是一座实心塔，历经数次地震，这座塔一度开裂，但从不曾倒塌。塔上有巨钟"玛利亚·安哥拉"，一位来自安哥拉的释奴，名叫玛丽亚，在丈夫去世后，她不胜悲痛，遂进入圣特蕾莎修道院，并捐资25磅黄金，铸造了这口大钟。为纪念她的慷慨，大钟以她来命名。

我沿着主教座堂的参观路线，从西侧圣家族教堂进入，再来到教堂大厅，最后在东侧胜利教堂完成参观。圣家族教堂由大主教加夫列尔·德阿雷吉修建于1733—1735年，立面简洁，入口上方雕刻着圣家族雕像。

主教座堂平面呈拉丁十字形，十字形翼部通向两座附属教堂，中堂与两侧走廊等高，教堂内排列着14根粗壮的安山岩方形墩柱，柱体简洁，为文艺复兴风格，它们支撑着半圆形券和哥特风格的白色尖肋拱顶。但目之所及，多处木雕祭坛和黄金工艺的花叶形装饰极尽奢华，华丽的巴洛克风格扑面而来。主教座堂中有两座祭坛，目前在用的是新古典主义风格的银祭坛，这座祭坛用雪松雕刻而成，1803年时用白银覆盖。

祭坛对面，17世纪晚期的唱诗班相当繁复精美，大师迭戈·阿里亚斯·德·拉·塞尔达（Diego Arias de la Cerda）设计了唱诗班座席，雕刻则由原住民木匠完成。座椅之上，分布着两层壁龛，下层雕刻着42位来自世界各地的圣人雕像，上层则是38位女性圣人。座椅中心位置安放着宽大而雕饰更多的"主教座位"，主教席位后有一座乌木雕刻的祭坛，圣母像占据其中心位置，祭坛之上则是狮子雕像和卡斯蒂利亚纹章。尽管中心祭坛以圣母为核心，王室纹章也彰显了西班牙王权，但工匠们还是在座椅上雕刻了安第斯女性的图案，她们胸部裸露，腹部鼓起如同一只眼睛。据安第斯神话，这个图案代表大地妈妈——帕查玛玛。对工艺精湛的安第斯匠人来说，他们在奢华的巴洛克风格掩盖下，为大地母亲建造属于她的神殿，高居于上的圣母正是大地母亲的化身。

通向胜利教堂的大门右侧，地震基督礼拜堂中，安放着蜚声在外的地震基督。这是一副基督受难十字架，一件1620年的艺术品。它黝黑的色彩并非偶然，西班牙征服者试图向秘鲁人民布道，为加强安第斯人们面向基督受难像时的身份认同，特意用黑色木料制作。1650年3月31日，库斯科经历了一次恐怖的大地震，造成5000人死亡，地震中，教民们搬出基督受难十字架游行，地震奇迹般停了下来，从此这尊基督像就被称为地震基督。

每年圣周的周一，人们都会抬着地震基督游行，信徒们为它撒上红色的 ñucchu 花瓣，它们代表红色的血液，代表基督受难时的伤口。这种鲜花在雨季时生长于安第斯山区，它有鲜亮的红色，花蕊呈十字。印加帝国时期，它们被用来向维拉科查献祭，而今，人们将传统宗教的仪式嫁接给新的宗教。人们肩扛基督受难十字架游行，令人联想到印加帝国时期抬萨帕印加木乃伊的情形，安第斯宗教和天主教悄无声息地融合在了一起；而游行者的舞步，又来自于印加时期的仪式。整个仪式恰似复活的印加仪式。

主教座堂不仅是教堂，更是艺术博物馆。大量 17—18 世纪的艺术品装饰着石柱，覆盖着走廊和圣器收藏室的拱顶，它们是殖民地艺术的精华，其中包括库斯科流派的绘画，如大师马科斯·萨帕卡·印加的 50 幅画作，而大部分艺术家甚至没有留下名字。这些画作原本不是用来装饰主教座堂的，只是在这里永久展出，但它们似乎已经融为教堂的一部分，成为教堂过往的实录，共同构成了这座教堂乃至这座城市、这个国家的记忆。画作无言而沉静，却传递了丰富的信息。油画以色彩和纹理表达，透过质感、光泽和温度来描绘和呈现。看着画作，画家们挥毫作画的场景仿佛历历在目，他们凝神贯注，他们喜悦、忧伤、微笑、颦蹙，他们将情感挥洒于画布。画家们通过油画展现他们的精神世界，向观者传递其思想，只是不曾想到观者来自 300 年后，我们也就借机走进了他们的时代。

西班牙人创建库斯科流派，希望将印加子弟培养为艺术家，这些本土艺术家们将欧洲绘画风格与安第斯用色和图像结合起来。库斯科流派的作品多为宗教题材，较少使用透视法，色彩偏重红色、黄色和土色，大量使用金色叶片，在处理圣母玛利亚形象时尤其如此。

在这些艺术家看来，库斯科流派是殖民者权力的象征，是欧洲人用来展现白人形象，推行欧洲理念、宗教和思想的工具，让他们卑屈顺从，逆来顺受，并将他们作为受害者的后代来展示。他们往往在作品细部巧妙地植入安第斯文化的元素，隐晦地表达对安第斯传统的热爱，表达内心深处的反抗情绪。他们给圣母玛利亚、基督、天使和圣人等形象赋予原住民特征，使这些形象更广泛地代表安第斯民众。圣母玛利亚头顶太阳，弯月相伴，身着长裙，长裙被看作大山，而裙边褶皱则象征河流从大山脚下流过。潜意识里，画家们将圣母直接看作大地母亲——帕查玛玛。在马科斯·萨帕卡·印加的作品《最后的晚餐》中，耶稣和十二门徒正在享用传统安第斯美食——豚鼠，盘中盛放着美洲特有的食物——木瓜和辣椒等，传说画家将犹大的脸庞表现为秘鲁征服者弗朗西斯科·皮萨罗，其真实性难以考证，但也足见传闻始作俑者对皮萨罗的憎恶之情。这些画作中，积淀和蕴涵着历史，纹理是流动的音乐，色彩是凝固的诗篇，我们在倾听，我们在诵读，我们在体会，那是原住民画家被压抑的巨大的情感力量，那是民族的悲伤、无声的反抗和殷切的希冀。虽然这些艺术家们并没有自由选择和行动的权利，但某种意义上说，他们也在延续着本民族的历史，努力使其不被割断。

库斯科最古老的绘画作品《1650 年库斯科地震和地震基督游行》也收藏于主教座堂，画面中，房屋出现裂缝，红色屋顶倾颓，受到惊吓的人们奔跑在棕红色的街道，神职人员在居民簇拥下，扛着地震基督十字架在兵器广场游行，祈求天主保佑地震停止。

主教座堂东侧的附属礼拜堂——胜利礼拜堂，本是库斯科最早的主教座堂，1538 年修建于原附属于维拉科查宫殿的兵器库原址，是为纪念击败曼科·印加对库斯科的围困而命名。

胜利礼拜堂内埋葬着著名历史学家印卡·加西拉索·德拉维加，这位历史学家是西班牙征服者与印加公主之子，对印加人充满同情，根据口述整理了印加历史，著有《印卡王室述评》，尽力保留了母亲国家的历史，保留了母亲民族的共同记忆。在万马齐喑的至暗时刻，胡安·桑塔·克鲁兹·帕查库特克试图挽救安第斯人的宗教信仰，印卡·加西拉索·德拉维加则在极力维护印加人的社会组织，维护印加人的历史存在。夜色如磐，虽只有一灯如豆，却也闪烁着微弱的光芒。德拉维加在西班牙去世，埋葬于科尔多瓦大教堂"炼狱里的灵魂"礼拜堂，1978年，西班牙国王胡安·卡洛斯将德拉维加一部分遗骸送还秘鲁，一部分留在西班牙，以示他是两国共同的儿子。在科尔多瓦时，我曾特意前往瞻仰，在礼拜堂前巧遇一对秘鲁来的教师夫妇，他们也很诧异，一个中国人居然会对印卡·加西拉索·德拉维加怀有如此强烈的敬意。须知，欲亡人国，必亡其史，其史不亡，则民族永存。德拉维加的住宅位于欢乐广场东南角，现辟作地区历史博物馆，一尊德拉维加胸像位于入口处，欢迎大家来到他的私宅。他凝神定眸，仿佛穿越时空与来访者对话，而我也能依稀听到那穿越数百年的空谷足音。

耶稣会教堂坐落于兵器广场东侧瓦斯卡尔宫殿旧址。库斯科中心广场如同一座巨大的舞台，耶稣会教堂与主教座堂毗邻而居，就像两个名角，日月同辉，争奇斗艳，力求吸引人们的注意力，而耶稣会在修建这座教堂时也确有一竞高下的雄心。

耶稣会教堂最早修建于1571年，但在1650年地震时遭到严重损坏。野心勃勃的耶稣会遂计划修建库斯科最宏伟的教堂，于是委托耶稣会士、佛兰德斯建筑师让－巴蒂斯特·基尔斯设计并建造，后期立面和祭坛则是在装饰大师迭戈·马丁内斯·德·奥维耶多的指导下完成，奥维耶多很可能遵从了基尔斯的设计。库斯科大主教认为耶稣会教堂不应与主教座堂争雄，双方争执不已，甚至惊动教皇进行圣裁，但两大洲远隔重洋，教皇圣谕到达时，教堂已接近完工，库斯科遂有了这座气势非凡的耶稣会教堂。传闻是否属实究未可知，但故事暗示两座教堂之规模不相伯仲。教堂在1668年完成，堪称西班牙殖民时期巴洛克建筑的典范，充分体现了教会的权威和统治力，体现了耶稣会雄厚的实力。耶稣会教堂成为库斯科城内后续教堂的样板，甚至影响了安第斯山脉南部巴洛克建筑的发展，在南美洲建筑史上留下浓墨重彩的一笔。

教堂用安山岩方石建造，其立面是典型的祭坛风格。高大的塔楼矗立在两侧，上部装饰通过精雕细琢的檐口与中心部分统合在一起，最下部没有任何装饰。中心部分布局相当紧凑，层次突出，极富动感，强调上升运动，富有纹理感，雕饰繁复，有着雕刻般的效果，与光洁朴素的塔楼石墙形成鲜明对比。

整个立面设计从下至上大致分为三层。最下层，拱门两侧各有两根圆柱，不在同一水平面，前后错落，凹凸交替，极富节奏感。圆柱之外是以十字架形状的壁龛为中心的一组结构，壁龛内有白色大理石十字架，纹饰颇多，壁龛两侧的白色纤细圆柱似乎成为壁龛两臂的支撑。所有圆柱，包括白色小圆柱，都是覆以爱奥尼亚涡卷的科林斯柱头，六根圆柱上每三分之一处有一条饰带，白色小圆柱的饰带则位于黄金分割线上。拱门上的半圆形山花内设有壁龛，安放基督雕塑，壁龛两侧的科林斯圆柱向上穿破弧形檐饰，极富动感，檐饰两角向外延伸，与两侧塔楼伸出的小阳台连接，精心统一起来。整个构造布满浅浮雕，充斥着各种涡卷、线条、花纹、植物、叶片、人像和怪异莫名的图案，变化多端，几乎没有留白，显露着银匠风格和穆德哈尔装饰艺术的情调，令我深深感受到建筑师心底的"空白恐惧"。整个雕饰层次分明，午间光线从侧面照射在立面上，光影斑驳。

一道横向小檐饰将中层区分为上下两部分。塔楼小阳台之上，四道长方形壁柱将整个空间横向分隔为三部分，中间是唱诗班通向立面的拱门，两侧则有假拱门作为装饰。目光沿小檐饰向中间看去，十根圆柱排列错落有致，三道玻璃窗通向教堂，它们的半圆形楣饰使小檐饰颇有起伏，极富动感。小檐饰之上，中央是留白的壁龛，但周边被各种圆柱、壁柱、涡卷和难以名状的花纹所包围，极尽雕饰之能事。两侧塔楼则是黑底白字的罗马数字钟表，两边有长方形壁柱，壁柱两侧饰以豪华涡卷。

顶层钟塔装饰着椭圆形"牛眼"窗，八角形小穹顶居高临下俯视着广场。大教堂穹顶颇为壮观，整体坐落于鼓座之上。

整座教堂是巴洛克建筑在美洲的特殊变体，在欧洲没有与它相似的建筑。兵器广场每年举行大量游行活动，教堂立面构成巨大的舞台背景和实景幕布，这也是耶稣会追求的效果。

穿过绿色小门进入教堂，巴洛克风格的装饰金碧辉煌。内部布局为拉丁十字，有单一的巨型大厅，两侧有六处不同风格的独立礼拜堂，祭坛之间的柱体上，悬挂着耶稣会建立者的画像，纯金讲经坛坐落一旁。教堂内有通道通向两座附属小礼拜堂，左侧通向洛雷托小礼拜堂，耶稣会于1651年为原住民修建了这座小礼拜堂，它实际上位于教堂之外，比教堂立面靠后一些，装饰简洁，完全不能与教堂相提并论。

十字形翼部也有巨大的穹顶，其石艺在整个城市中最为精美。主祭坛占据着教堂通道顶端的半圆形，高21米，宽12米，用雪松雕刻，覆以金箔，花叶形装饰复杂精致，尤为奢华。中间部分是无玷成胎圣母雕塑，上部是基督显圣的画作，由耶稣会士、佛兰德斯人迭戈·德·拉·蓬特创作。

教堂内收藏有很多大师作品。颇具历史价值的画作《印加王室与罗耀拉和波吉亚家族的联合》描绘了印加王室与罗耀拉和波吉亚家族的联姻。相信看过连续剧《波吉亚家族》的朋友会对那位野心勃勃的教皇亚历山大六世印象非常深刻，他大概是教廷"妓女政治"后几个世纪里最臭名昭著的教宗。谁能想到，这位教宗竟会与印加王室成为姻亲呢？

马丁·加西亚·德·罗耀拉是耶稣会建立者圣依纳爵·罗耀拉的侄子，他俘虏了流亡的末代印加图帕克·阿马鲁，转而迎娶了图帕克·阿马鲁的侄女。

画作前景中，1572年，15岁的纽斯达·比阿特丽斯·克拉拉·科雅虽穿着优雅的西班牙长裙，但身上的印加织品托卡普表明她高贵的印加王室身份。她的西班牙丈夫马丁·加西亚·德·罗耀拉握着她的手。这对配偶身后的台阶上，坐着新娘父亲赛里·图帕克和叔叔图帕克·阿马鲁，他们身着萨帕印加服饰，头顶有热带鸟羽制作的王室华盖。图帕克·阿马鲁被处死后，赛里·图帕克成为印加王室继承人，而纽斯达·比阿特丽斯·克拉拉·科雅也成为法定继承人。

画面右后端台阶上，描绘的是他们的女儿堂娜安娜·玛丽亚·洛伦扎的婚礼。堂娜安娜嫁给了波吉亚家族的西班牙贵族，教皇亚历山大六世的玄孙，堂胡安·恩里克斯·德·博尔哈。画面中，堂娜安娜完全着西班牙贵族女性服饰。堂娜安娜和堂胡安再次出现于画面前端，略比她父亲靠后一些，她皮肤白皙，身着西班牙丝绸长裙。画面最中心位置，两对夫妻之间，则是头戴圣人光环的圣依纳爵·罗耀拉和圣弗兰西斯科·波吉亚，耶稣会的创始人。

这幅画作以"连续叙事"的古老绘画叙事手法，展示了印加王室与西班牙贵族的自愿结合。实际上，比阿特丽斯的婚姻并非出于自愿，这位年少的印加王室继承人有着悲伤的故事。怀璧其罪，她9岁时，就被嫁给觊觎她继承人身份的西班牙人，但其丈夫对西班牙王室的忠诚受到怀疑，婚姻被宣布无效。之后由于马丁·加西亚·德·罗耀拉捕获她叔叔之功，她被作为战利品新娘送给罗耀拉。那是一份多么丰厚诱人的嫁妆啊！他们的女儿，又一位战利品新娘，幼年即离开双亲，被送往西班牙，最后嫁给波吉亚家族。在虚假的和平氛围中，通过庄严的婚姻，权力从印加王室向西班牙贵族无缝转移。和谐的画面所掩盖的，是一系列暴力和悲伤的故事。

新娘的地位和财富是这桩婚姻的全部。西班牙人与她结合，看中的是印加帝国的合法继承人的身份，目的是消弭印加人的叛乱情绪。画面上，椭圆形纹章装饰中的文字强调，与纯粹的西班牙血统和贵族身份相比，印加王室血统毫不逊色，文字也强调了两位西班牙新郎的政治地位及其后人的社会等级。但实际上，梅斯蒂索人作为美洲原住民与西班牙人的后代，从来就不可能拥有真正的社会地位。她们只是大时代狂风中一片漂泊不定的落叶。

教堂南侧原是成立于1598年的圣依纳爵·罗耀拉大学，现属于公立库斯科圣安东尼大学。大学正立面也历史悠久，与耶稣会教堂立面相互谐调，却有更高的自由度，其构造也如一座祭坛。内部回廊至为朴素，成为整个城市建筑中回廊的典范。此处现为自然科学博物馆。1767年，耶稣会被驱赶出南美洲后，这里曾被作为军营，图帕克·阿马鲁二世被捕后即被监禁于此。

距离兵器广场一个街区，坐落着库斯科另外一座宗座圣殿——拉默塞德教堂，它最早修建于 1536 年，那时还位于主广场，1650 年毁于大地震，后又重建于 1657—1680 年。拉默塞德教堂也是多种建筑艺术风格的浓缩，巴洛克风格的塔楼矗立于大门一侧，新古典主义风格的黄金主祭坛极为精美，侧廊的两座巴洛克祭坛尽显奢华，回廊则是文艺复兴－巴洛克风格，众多库斯科流派的作品陈列于此，堪称殖民地艺术的瑰宝。不仅如此，教堂也承载着殖民地的早期历史，秘鲁征服者弗朗西斯科·皮萨罗的兄弟贡萨洛·皮萨罗和合作伙伴迭戈·德·阿尔芒戈罗均长眠于此。

库斯科紧凑的城市空间里，铭刻着安第斯文化与欧洲文化的冲突与融合，每一座建筑，每一堵墙，每一幅画作，都存在着两种文化的痕迹。

圣谷
——印加王室的庄园

库斯科西北方向，乌鲁班巴河上游一段河谷被称为圣谷，包括皮萨克、奥扬泰坦博到马丘比丘之间的区域，在印加帝国时期属安蒂苏尤。

首次听到圣谷之名，第一反应是这里应与宗教有千丝万缕的联系，唯其如此，才当得起神山圣水之称谓，头脑中浮现的是藏区的冈仁波齐与玛旁雍错、西班牙通向圣地亚哥的朝圣之路和日本的熊野古道。

乌鲁班巴河谷海拔较低，气候宜人，不仅宜居，也适宜农作物生长，是印加帝国的主要粮仓，历代萨帕印加将圣谷内的田产作为王室财产，在此修建行宫，设立庄园。印加王是"神之子"，王室庄园成为"圣谷"也就顺理成章了。圣谷也是印加人用盐和纺织品等与热带雨林中的部落进行贸易、换取热带货物的重要地区。

圣谷中群山攒簇，诸峰竞秀，大河奔流，沟壑纵横，正所谓山河表里。印加时期的神庙、宫殿、堡垒、仓储、道路和田产等遗迹密布，而民间又保留了诸多民俗。或乘坐马丘比丘观光火车，或徒步印加小道，圣谷是从库斯科前往马丘比丘的必由之路，游客们通常会在此盘桓数日。

▼ 马丘比丘火车是著名的观光火车

奥扬泰坦博
——印加人对殖民者的最后一次胜利

下午时分，我们来到奥扬泰。此地距离库斯科只有 50 公里。

说起来稍许有些遗憾，我三次前往马丘比丘，都是从奥扬泰乘坐观光火车，一直无缘闻名遐迩的印加小道（Inka Trail）。徒步印加小道需要提前数月预订，每天只有 500 个名额，向导和挑夫占去至少 30%，留给游客的名额不多。我一向自由散漫，行程总是很随意，提前安排对我来说极具挑战性，所以为了这份自由，我自觉地放弃了一些美好的东西。印加小道徒步的起点就在奥扬泰附近。

帕塔坎查河向西南汇入乌鲁班巴河，奥扬泰坦博（Ollantaytambo）坐落于两河交汇处，巍峨的安第斯山脉群峰逐渐向热带雨林过度，周围群山环抱，森林茂密，苍翠欲滴。

　　1450 年前后，第九代萨帕印加帕查库特克在此修建庄园，规划了布局严谨的居住区、梯田、兼具防御功能的太阳神庙以及保障供给的坦博（官方仓库）。

　　居住区位于帕塔坎查河东岸，是印加帝国唯一留存至今的梯形布局村庄。街道四纵七横，每个街区由两座院落构成，被一道石墙隔离开来，院落四面建有房屋，恰如中国的四合院。帕查库特克时期，这里居住着印加贵族。

　　神庙则位于帕塔坎查河西岸陡峭的山坡上，背靠不可攀爬的大山。面向西侧的山坡，地势稍平缓，被改造为层层梯田，每层梯田都有石墙保护，每两层梯田之间的高差都超过两米。中间是陡峭的台阶，山坡底部用厚重的巨石包围起来，只余一道狭窄的石门进出，仰攻几乎没有可能取胜。南侧面向湍急的乌鲁班巴河，河水深而狭窄，悬崖壁立，

奥扬泰坦博位于帕塔坎查河西岸陡峭的山坡上，面向东侧的山坡则被改造为层层梯田

且用巨石构造了防御工事。仓库位于山坡顶部，可以保障补给。曼科·印加也加强了神庙的防御功能，使之成为固若金汤的堡垒。

印加人在帝国境内沿王室大道修建了 2000 多座坦博，每 15—25 公里就有一处，这个距离相当于一天路程。坦博内储存有粮食、服装、帐篷和武器等，通常可以满足相当规模的军队（从军官到士兵）的全部需求。非战时，臣民将补给填充到坦博，始终确保军备充裕；饥馑之年，坦博储存的粮食也可用于广施救济。强大的物资储备和调配机制也成为印加帝国吸引其他民族加入帝国的有利因素之一。

居住区东面有一座小山，山体被安第斯人看作创世神维拉科查的信使维拉科阐，半山腰修建有坦博，也可用作兵营，与神庙（堡垒）构成犄角之势，可互为救援。距离日落还有一段时间，爬上崎岖的小道，不小心打扰了一对幽会的情侣，我们抱歉地一笑，迅速离开，将空间交还给他们。随后，我们安静地坐在山石上，看乱云飞渡，看夕阳倾泻在周遭群峦，颇不情愿地在奥扬泰坦博背后的大山中缓缓落下，不甘心地将漫天的云彩染红，依依不舍地将天地交给苍茫的暮色。望峰息心，窥谷忘返，我们借着黄昏蒙影时分微弱的亮光才跟跟跄跄地下山回到了村庄。

游客散去，中心广场异常安静，几家餐馆接待过很多国际游客后，装饰得颇有情调。

次日清晨，闲云出岫，似一层薄纱飘浮在奥扬泰坦博的半山腰。我试图为奥扬泰坦博拍摄一张没有游客的照片，故在开始售票前，悄悄潜入售票处小院，却被两只狂吠的狗惊吓得落荒而逃，直到它们被售票员喝止。

我穿过一夫当关，万夫莫开的狭窄石门，沿陡峭的台阶一路上行。普通梯田的石墙用小石块垒砌，粗糙且不规整，完全着眼于实用功能，而王家梯田的石块则经打磨，光滑而整齐，凸显王家气派。梯田石墙高大，层层叠叠，具备防御功能，兼顾粮食生产和战事需求。

奥扬泰不只有冷峻、肃然，它也有温情的一面，不过其温情更趋于壮烈，而非柔情似水。秘鲁广泛流传着一个颇具戏剧色彩的爱情故事：帕查库特克时期，武士奥扬泰与公主科依约相爱，奥扬泰出身寒微，他们的婚事没有得到萨帕印加首肯，奥扬泰遂携公主来此固守，并多次战胜印加军队。直到下一任萨帕印加上位，奥扬泰才被俘获，幸运的是，萨帕印加念其伉俪情深，不仅饶恕了他的罪行，还认可了他们的婚姻。这个故事在民间流传已久，后被编纂为秘鲁著名剧作《奥扬泰》。

印加帝国没有留下任何文字记载，故事的真伪殊难考证，但帕查库特克南征北战，攻城拔寨，建立起庞大的帝国，怎会允许一小股反叛力量存在于帝国心脏的圣谷，枕畔不宁，岂能安眠？或许这个故事更多体现的是两代萨帕印加的宽宏气度。印加人在此塑造了一个跨越阶层的爱情故事，主人公为爱情慨然反叛，但又被印加王赦免，并置

于奥扬泰坦博这样一个巨大的实景舞台。这里有轻颦浅笑、沉迷于爱情的公主，有英俊潇洒、同样痴情的将军，因为这样一个爱情故事，奥扬泰在巨大石块清冷的光辉中，似乎又有了一些暖意和柔情。

缓步来到台阶顶部，俯视村庄、河谷和脚下的梯田，颇有君临天下之气概。太阳神庙坐落于接近顶部的平台，早期修建的神庙规模略小，光滑平整的墙面留下九处梯形神龛，后期修建的神庙尚未完工，六面高达四五米的红色斑岩巨石墙并排矗立，面向东方，如明镜般光滑，巨石上镌刻着代表三界的安第斯十字，虽经风雨侵蚀，尚还清晰可辨。

曼科·印加遭受凌辱之后，对西班牙人的幻想破灭，率众撤退至奥扬泰坦博，将此地作为总指挥部。在其麾下，十数万大军对库斯科围攻长达数月，基佐将军在安第斯山区消灭了殖民点豪哈（Jauja）的所有西班牙居民，伏击并全歼了增援库斯科的两队人马，正筹备攻打弗朗西斯科·皮萨罗在建的"诸王之城"利马。一时间，西班牙人在秘鲁建立的桥头堡岌岌可危，风声鹤唳，草木皆兵。

被围困于库斯科城中的西班牙人刚刚突破萨克赛瓦曼，外无救兵，遂孤注一掷，试图强攻曼科在奥扬泰坦博的陪都。

据《秘鲁征服史》记载，弗朗西斯科·皮萨罗的兄长埃尔南多率领100名西班牙骑兵和三万名印加部族敌对部落的士兵，从库斯科出发，穿行50公里山路来到奥扬泰。在埃尔南多看来，印加人缺乏谋略，不惯夜战。但曼科与西班牙人接触数年，已有长足进步，他已开始骑马驰骋，挥舞缴获的长剑，也开始使用计谋。

夜晚，埃尔南多率部静悄悄涉水过河，攀爬奥扬泰坦博，打算在黎明时分偷袭堡垒。堡垒寂静无声，西班牙人诡计似要得逞。但曼科的军队突然出现，他们呼喊着，歌唱着，向西班牙人投出复仇的石块，射出复仇的箭矢，掷出复仇的标枪。惊慌失措的西班牙人及其附庸急速逃窜，狼奔豕突，曼科军又在河流上方掘开水坝，让进攻者瞬间陷身于暴涨的河水中。

太阳神庙坐落于接近顶部的平台 ▼

尚未完工的神庙 ▼

 连绵的中部安第斯山脉

这是曼科·印加抵抗西班牙人取得的最后一次胜利。随后，坏消息接踵而来，所有希望化为泡影。基佐将军率军攻打利马，不幸战死，整支军队瞬间土崩瓦解。在此之前，西班牙人产生内讧，弗朗西斯科·皮萨罗与迭戈·德·阿尔芒戈罗渐生龃龉，阿尔芒戈罗率部远征智利，徒劳无功，返回库斯科之际，正值曼科大军围困库斯科，他意外地成为天降救兵。西班牙人的危机解除了。

强弱易位，距库斯科咫尺之遥的奥扬泰坦博压力倍增。曼科·印加不得不撤离奥扬泰，撤离安第斯山区，率领小朝廷进入莽莽苍苍的亚马孙雨林。即使在印加帝国巅峰时刻，印加人也未曾涉足热带雨林，彼时印加的子孙们被迫流亡至此，在伊斯皮里图大草原的比尔卡班巴建立了流亡政府。

太阳渐渐西沉，我找了块石头坐下，远处可见万丈巉岩，脚下则是滔滔的乌鲁班巴河和帕塔坎查河，但高低悬隔，不闻水声。身边，石材凌乱，七零八落。石材来自乌鲁班巴河对面的采石场，整个运输过程需要穿过湍急的河流，再爬上陡峭的山坡，其艰难程度可想而知。紧急备战期间，曼科·印加似乎无力筹备如此巨大的神庙工程，也无从中断，更有可能是王室内战导致工程停顿。散落的石块一片狼藉，显示出帝国最后时刻的匆忙和苍凉。统治阶层为争夺最高权力，不惜涂炭生民，内战初罢，外侮骤至，最终仓皇辞庙，山河破碎，令人生发出无尽的遗憾和愤懑，无处排解。太阳神庙的巨石就像是巨大的历史回音壁，我很想站在这巨石前，发阮籍之长啸，让呼喊回荡在山峦之间，回荡在天地之间，借茫茫的群山，匿狂放之形骸，借乌鲁班巴河的激流，浇胸中之块垒。

奥扬泰坦博周遭层峦耸翠，上出重霄，乌鲁班巴河奔腾不息。纵然易守难攻，但实力悬殊，奥扬泰不能抵御印加大军，曼科同样无力抗衡西班牙入侵者。

莫拉伊梯田
——安第斯山区梯田之谜

安第斯山区地形复杂，山峦起伏，高峰攒簇，台地众多，河流纵横，峡谷幽深，海拔和气流多变，形成一系列地形小气候。从山顶到山脚，从山谷到山谷，温度、降雨量和湿度差异很大，对农业发展要求很高。

印加人从库斯科挥师，南征北战，不足百年时间便建立起庞大的帝国，始终保证军粮供应，满足帝国扩张的需要，甚至还有盈余。其粮食生产，多在高山环境下完成。印加人不但有完备的农业组织，也有很好的农业技术储备。

布鲁斯·G.崔格尔对安第斯山区的农业可谓了解很深："安第斯山脉原住民农民的生存环境充满挑战。在整个高原地区，可耕种土地只占土地总面积的极小份额……由于起伏较大的地形，众多生态区比邻分布，这些生态区无一完全符合人类生存标准。高地居民面对着极大的昼夜温差、较低的年平均气温、不正常的降雨量、陡峭的河谷和地表土层贫瘠等问题。生活在这种多样性之中，每个社区都争取在食物生产上自给自足。"

梯田在安第斯山区随处可见，它们让我们领略到古人的智慧和勤劳。中国人对梯田并不陌生，我们可以瞬间联想到云南哈尼梯田、广西龙胜梯田和浙江丽水梯田。国外也不乏梯田，如菲律宾巴纳韦梯田、印度尼西亚德格拉朗梯田和不丹普纳卡梯田。梯田可以大幅提高可耕地数量和日晒面积，加深土壤厚度，减少水土流失，创造微观气候，改善土壤的通气和吸水性。面对恶劣的自然环境，古人的智慧显示出很强的共通性。

尽管如此，当我到达莫拉伊（Moray）梯田后，仍充满疑问：在海拔3500米的山区，这几处造型独特的梯田美得就像一件艺术品，这难道只是为了种植农作物吗？

在白雪皑皑的萨尔坎泰雪山掩映之下，四个巨大的碗状圆形梯田

▼ 莫拉伊梯田

呈现在我脚下，它们修建于灰岩坑底部，远远低于地面，最大的碗直径近 200 米，最深处可达 70 米，梯田有 12 层，以谷底为圆心呈环形向上发散。它们是规整而完美的几何图形，规整得有一丝诡异，完美得让人有一丝心颤。

不需要多么丰富的想象力，仅站在这几处梯田上方，都可能会联想到麦田怪圈，联想到外星人的信号接收或发射站，联想到古罗马剧场。这显然不是现代人的恶作剧，也不是外星人的杰作，但如果作为圆形剧场，倒一定是绝佳的设计。

它们偏偏是古印加梯田。但它们只是普通梯田么？

经过考古学家、历史学家、人类学家和工程师等学者多年跨学科研究，大家仍各持己见，莫衷一是。截至目前，最有逻辑、最有说服力的观点是：莫拉伊是印加帝国时期的试验田。但持反对意见者也大有人在。

1975 年，密歇根大学约翰·厄尔斯教授对莫拉伊梯田各个部位的土壤和空气温度进行了详细测量，并观测天文现象、天气变化和农作物生长阶段，也做了花粉检测。经过一系列复杂运算，运用大量图表后，他得出了"莫拉伊农业试验中心"的结论：梯田不同部位接受的日照强度显著不同，顶部和底部气温差异很大，下层梯田土壤温度要大大低于上层，而湿度可以通过灌溉来调节，每一层梯田都形成一个微观气候环境。

这块梯田看起来模拟了安第斯山区的不同地形。古印加园艺师们在不同高度、不同日照的地块上进行测试，以了解在哪种环境种植玉米、藜麦、土豆或其他种类农作物最为适宜，或通过杂交培育新品种，并将之推广至帝国其他区域。

在莫拉伊梯田被政府收回之前，当地农民一直在此种植庄稼，他们在底部种植木薯，在顶部种植土豆。至今，安第斯山区农民仍在梯田的不同区域试种不同农作物。这在很大程度上支持了厄尔斯教授的观点。

但反对者们怀疑，一个对称性如此完美、构造如此精奇的圆形梯田只是试验田吗？进行农业试验这样平实无奇的行为似乎不太符合古印加人的思维模式，难道它不更应该是宗教仪式场所吗？

莫拉伊附近的村民声称，印加帝国时期，莫拉伊梯田的石壁被黄金和白银板包裹，这个圆形构造长期金碧辉煌。又有人声称，第十一代萨帕印加瓦伊纳·卡帕克的灵魂仍然停留在最大的圆形梯田之下。

还有专家观察四块圆形梯田的形状和位置，认为它们代表男性性器官，代表生殖崇拜。这种观点，我个人认为很荒诞不经。有些专家为吸引眼球，语不惊人死不休，搞出些奇谈怪论来也难免。

民众比专家们更富有想象力，甚至有人来到这里，举行神秘仪式，试图召唤不明飞行物。我也很期望他们可以成功，就像土耳其亚拉腊山的诺亚方舟一样，有不明飞行物降落在安第斯山脉的山脊上。

厄尔斯教授关于温度差异的研究结果激发了我的好奇心。我从山顶走到梯田底部，尝试感受温度和湿度的差异。我伸手触摸不同层级的土壤，或许是先入为主的心理作用，或许是真实体感，下层土壤温度确实要低一些。下次再来莫拉伊，我一定要带一支敏感度极高的温度计。

但我仍心存疑问。假定此处确是印加时期的试验田，在没有发明温度计和湿度计之前，印加人如何测算并记录不同微观环境下极为细小的温度和湿度差异？他们使用什么语言来描述这种差异？在没有文字的情况下，他们又通过什么方式将试验结果传递到南北跨度4000公里的国土上而不产生谬误？

科罗拉多州水利工程师肯·怀特先生认为，整个莫拉伊梯田是工程学上的奇迹。在深入研究莫拉伊梯田后，他完成了专著《莫拉伊：印加工程之谜》。

整个莫拉伊梯田的四块圆形梯田都有独立的供水系统，每层梯田都有灌溉和排水设施，连谷底最深处的一层梯田也不例外。在这个封闭的圆碗般的洼地内，最底层的水能排到哪里去呢？很多年以来，即使在雨季，梯田也不会出现积水。唯一的例外发生在2009年年底的雨季，暴雨导致梯田所在的地下土壤沉降，部分梯田坍塌，导致积水，但责任并不在梯田的排水系统。至今人们仍不能理解梯田排水系统如何构造。我也在梯田内细细勘察，希望能够找到排水口，但始终没有发现这些隐蔽的却仍在发挥作用的排水系统。

根据《印卡王室综述》描述，印加人修整梯田是从下往上，用石块垒起墙体，墙体略向内倾斜，再在墙体内填土，与石墙等高。每两层梯田间，都修建台阶以便耕作者上下走动。莫拉伊的石台阶简洁实用，在修砌石墙时，印加人将几块石条凸出墙体，组成倾斜向上的简易台阶，设计非常巧妙。这种石榫令我联想到查文文化中突出于墙面的巫师头，或许其间有一些关联。

我通过石阶上上下下，行走在梯田里，想象自己是耕种玉米或土豆的印加农民，是正在做试验的园艺师，是镶贴金箔银板的巫师。从梯田底部仰视山顶，确有恍如隔世，相距数百年之感。

生活在现代文明中的我们，带着难以言表的复杂情感审视一个戛然而止，落后而又发达的文明，它留给我们太多谜团，留给我们太多享受不尽的遗产。

如果说有哪两种食物曾经改变了世界，那一定是马铃薯和玉米，它们都来自美洲，马铃薯来自安第斯山区，来自印加人的国度。它们在 16 世纪被带到欧洲，并迅速传播到全世界。这两种农作物大幅度提高了粮食产量，充实了人们的餐桌，使世界人口大规模增长成为可能。

公元初年，全球大约有 2 亿人口，公元 1600 年约为 5.6 亿，而到 1850 年，已迅速增长到 12 亿。同期，由于所谓的文明世界对新世界的摧残，美洲人口数以百万计地死亡。原住民以凤凰涅槃的方式滋养了全世界。

❖ 钦切罗小镇
——多姿多彩的传统织染工艺

钦切罗（Chinchero）小镇距离库斯科大约 40 公里，曾是第十代萨帕印加图帕克·印卡·尤潘基的庄园。小镇隐藏在安第斯山区一小块平地上，海拔 3,760 米。周围山头白雪皑皑，绿油油的梯田包围着村庄，红瓦铺设的房屋沿山坡层层叠叠，色泽醇和，静谧怡神。每家屋脊上都装饰着耕牛形象的土黄色陶器饰物——普卡拉公牛，它代表宇宙中的善恶平衡，可以护佑家人平安。这显然不是安第斯山区固有的传统，毕竟牛是跟随西班牙人而来的"舶来之物"。

男人们在田间劳作，背着乌油油的长辫子、身着鲜艳服饰的妇女们三三两两聚在教堂门口，边聊天边织着什么，老太太背着孩童慢悠悠地行走在乡间小路上，满腮高原红的小女孩吸吮着手指好奇地打量我们，亮晶晶的眼睛满含笑意。

曾几何时，安静的小村庄也受到了现代纺织业的冲击，妇女们开始习惯于购买合成并经工业着色的毛线，天然染料染色和手工编织的传统险些同安第斯山区的野生动物一样，就此消失。曾经有一代乃至几代人不再进行手工织染，她们疏忽了祖先的手艺，一些民族的记忆在不经意间慢慢流失。

随着游客涌入，当地居民感受到外来客对天然羊毛和天然染料着色织品的需求。幸运的是，她们忘却的时间还不长，一些懂得传统工艺的老人尚健在，她们将手艺隔代传授给孙辈，及时挽救了这一传统工艺。

▼ 钦切罗小镇以编织闻名，镇前的小市场吸引了不少来客

旅游业的发展对传统文化并不总是冲击，有时可以促进传统文化的复苏。

我们前往小镇的织染作坊，女工们或在使用水平式背带腰织机织布，或用天然染料给羊驼毛着色，一派忙碌景象。庭院中展出一些成品，所使用的图案和色彩搭配完全取决于编织者的想象力，每一件编织品都是独一无二的艺术品，不可复制，这正是其魅力所在。

没有刻板，只有自由与随性；没有条条框框，只有热烈与奔放；没有真实，只有魔幻；没有呼吸，却有生命的绽放。

线条和色彩是造型艺术的两大因素。编织所采用的图案非常丰富，包括人物、动物、花草、神祇、战争和狩猎等场景。编织者将自然形态分割打散，再重新组合成超出自然形态的新图像，虽异于常态，但并不因此妨碍识别。每种图案都很具象而又抽象，既写实而又充满象征的含义，表现手法荒诞不经，脱离了常规逻辑，或憨态可掬，或稚拙可爱。人物形象跃然其上：脸庞可能是方形或三角形，眼睛比鼻子还大，硕大的耳环与身体也不成比例，两只手臂弯了几道弯。羊驼通常会保持惯有的形象，而美洲虎和蛇却任由编织者尽情发挥。这些图案仿佛有一种难以表述的魔力，就像是超现实主义的画作，错综复杂，神秘莫测，令我联想到查文文化古老的石刻。或许二者间存在着某种遥远的传承关系。

编织图案是怪诞的，颜色的运用同样丰富而怪诞，很多形象失去了本真的色彩，但并无违和感，甚至会使人认为它们本应如此。在前印加文化中，织染即达到很高的水平，纳斯卡文化织物的色彩可达13种之多。

印加帝国对颜色的使用有明确规定，不同颜色象征着不同的身份地位。红色是萨帕印加的象征，与古罗马皇帝的紫色，中国皇帝的黄色，伊丽莎白女王的粉色一般尊崇。只有萨帕印加才能佩戴红色流苏，身着红色斗篷，经过成年礼的王子们则佩戴专属的黄色流苏。在印加，不同色彩也有不同含义，如绿色代表居民和土地。印加人很少使用蓝色，

到了殖民地时期，蓝色才变得普遍。

如今，王谢堂前燕飞入寻常百姓家。热情奔放的安第斯山民偏爱鲜亮的服饰，绚丽多彩更符合民族性格。红色代表太阳，代表血液，代表奔放的生命，红色成为民间流行色，成为人们的最爱。教堂边上休息的妇女几乎人人头戴红色帽子、身着红色披肩或裙子，像一团一团燃烧的火焰。

骆马和羊驼的毛着色稳定不易褪色，堪称上品，但染色仍是一门艺术。染工们使用的所有材料均来自大自然。按照传统理解，天然染料比化工染料更稳定，更环保，更益于健康。染工们的师门传承、可以采集到的原料及配比、对颜色的偏好以及个人经验都决定了色彩差异。

妇女们表演的染色工艺确实令人大开眼界，我不得不佩服安第斯山区人们的丰富想象力。她们就地取材，利用昆虫、各种矿物质以及植物的叶、花、根茎、果实或树皮皱作为染料，使用盐、柠檬或尿液等作为着色剂或稳定剂，来转换色调，提高饱和度，使色彩更加稳定。如变魔术一般，她们将羊毛变为灰色、蓝色、褐色、粉色、黄色、橙色、

小镇上正在纺线织布的妇女 ▼

用以染色的天然染料 ▼

　　棕色或深红色任意挥洒，信手拈来，却留下丰富的色彩，令人惊叹。

　　干胭脂虫是调制红色的基本材料，她们利用它调制出一系列红色，从粉红、赭红、胭脂红到深红。这种昆虫生长在仙人掌上，人们将胭脂虫晾干、磨粉，加水煮沸。胭脂虫体内含有约 1/5 的洋红酸，洋红酸作为天然染料，抗氧化，在阳光下不会分解，相当稳定。西班牙人获得这种天然染料后，带到欧洲，将其作为商业秘密，甚至不让外界知道这种染料来自昆虫，如同古代中国人严守丝绸来自蚕茧的奥秘。妇女们也使用茜草等植物作为红色染色剂，但较少使用。

橙色基于红色调制，她们在红色中加入柠檬盐，就可以瞬间得到类似胡萝卜的橙色。看她们演示，我联想到化学课上用溶液调制各种色彩的场景。她们介绍说，用树皮皱也可以调制橙色。

安第斯山区富有赤铁矿和褐铁矿，但在西班牙人入侵之前，它们只被用于调配红色和淡黄色染料。如果安第斯人可以掌握冶铁技术，西班牙人又如何能够长驱直入呢？念及于此，不禁深深叹了口气。

红色加入柠檬盐也可以调制紫色到石榴红的不同色彩。秘鲁紫草（Awaypili）树叶也用于配制紫色，其工艺是将树叶和羊毛放进沸水，搅拌 5—10 分钟，颜色深度随树叶数量和搅拌时间长短而发生变化后，再添加尿液来固色；但配制紫色最常使用的是紫玉米；一些花朵被用来调制黄色，随后用柠檬盐固色，色度取决于花朵数量和煮羊毛时长；配制绿色的原材料非常丰富，很多植物的叶子或地衣都可作为染料，再与矿物质一起熬煮，着色稳定不褪色；名为刺云实（Tara）的豆科植物被用作染色剂来配制靛蓝色或灰色。

但我心存疑问：调制颜色需要大量原材料，这对环境没有影响吗？土耳其人对冰淇淋的爱好使作为原材料的兰花面临灭绝，如果未来有大量游客涌入，对天然织染服饰的需求大幅度增加，是否会加重大自然的负担？这些问题留待以后观察吧。

村民拿出自酿的奇恰酒给我们品尝，口味略近于豆汁，喜欢猎奇的我还是有些不习惯奇恰酒的特殊味道。奇恰酒用玉米发酵酿成，历史悠久，在祭祀中也用作灵媒，西班牙人称之为"印加啤酒"。

这座深藏于安第斯山区的小村庄，人们勤于劳作，男耕女织，在商品经济的冲击下，妇女们曾放下了手中的线团。如今为满足旅游需要，

她们恢复了编织和用天然染料染色的传统，恢复了原有生计，只不过以往是自给自足，现在却是销售给游客。

外部世界对安第斯山区的影响将会持续，文化的传承值得我们更多思考。

皮萨克市场随想

周末的皮萨克(Pisac)市场不容错过。高山掩映之下，摊位支起来了，三乡五寨的村民们赶来了，"老外"们也如期而至。市场上人头攒动，人们逶巡于各个摊位，传统服饰争奇斗艳，售卖者和购物者的角色互相转换着。

市场大约形成了约定俗成的分区，有的区域用鹅卵石镶嵌地面，

富于变化的
图米刀冰箱贴

两位老奶奶在销售各种颜色的玉米 ▸

销售蔬菜、水果和干果，千万不要错过安第斯山区的"水果皇后"卡姆果；有的区域销售各种草药和难以名状的植物；有的区域用光滑的石板铺设，销售服装和各种羊驼毛制品，如围脖、披肩、羊毛衫、挂毯、背包和腰带；有的区域则销售各种各样的工艺品，如葫芦画、排箫、笛子、手鼓、形状怪异的图米刀、黄金面具仿制品、冰箱贴、木石雕印加王头像、木雕面具、各种图案的木盘、羊驼和美洲驼或美洲虎形象的毛绒玩具等。皮萨克市场可以满足居民日常生活的大部分需求，也可以令最富猎奇心的游客满意而归。

两位老奶奶的摊位相毗邻，都在销售各种颜色的玉米，有纯粹的黑色、红色、白色以及黄色，也有玉米粒灰白相间或红黑相间的，也有同一粒玉米的颜色由红渐白或由黑渐黄者。她们将玉米粒剥下，将不同品种分放在小塑料样品袋里，挂成一串，如彩虹般绚烂，显然要兜售给外国游客。与其说她们是在销售玉米，不如说是在展示艺术品，展示玉米发源地的多彩多姿。

"豚鼠"，看着大黑色网兜里躁动不安的小东西们，我不禁念叨出来。两只深黄色，两只纯白色，一只淡黄色，紧紧地挤挨在一起，颇为可爱的模样。随着西班牙人的到来，豚鼠传播至全世界，安第斯人的盘中餐逐渐化身为全世界的宠物。在安第斯山区的餐厅里，烤豚鼠可是地道的美食，用特殊的酱料腌制后，再在炭火上烧烤，皮黄酥脆，肉质鲜嫩。此刻，我可是食指大动了。据说，秘鲁一年能消耗掉 6000 万只豚鼠。

几个摊位在销售干古柯叶，我顺手花 2 索尔买了一袋。安第斯山区的酒店，一般都会在大堂水吧免费放一些古柯叶，像国内供应茶叶一样随意。我每次回到酒店，都会泡一杯古柯叶茶，或干嚼几片，倒不是因为它多么美味，更多是想体会古柯叶独特的味道，感受印加贵族的风情，寻找灵媒的感觉，体会安第斯山区人们的日常生活。

古柯叶是提取可卡因的原材料，每片古柯叶中含有 0.25%~0.77% 的可卡因生物碱，这已被很多国家列为禁运品。而在秘鲁，也只有在安第斯山区，销售和食用古柯叶才合法。

印加帝国时期，使用古柯叶是王室、贵族和祭司专享的特权，他们经常佩戴一只方形布袋，斜挂在身边，以随身携带新鲜的古柯叶，供不断咀嚼。法国三位印加文化大师联合撰写了《印加帝国》三部曲，这是一部以西班牙人征服印加帝国为背景的历史小说，在描述女主人公见到萨帕印加瓦伊纳·卡帕克身边的大祭司时，作者写道，"那个绿嘴的维拉·欧马"，"细薄的双唇间淌着一道咀嚼中的古柯叶的绿色汁液"。印加王会用古柯叶来鼓励英勇作战的士兵，在庆功宴上会向士兵们发放古柯叶来庆祝胜利。

古柯叶和奇恰酒都是祭祀中最重要的灵媒。一幅画像中，面对肆虐的乌鲁班巴河神，萨帕印加身穿绿色服装，咀嚼着绿色古柯叶，暗示通过这种方式，他可以获得神灵帮助。即使今天，安第斯山区的人们仍在使用古柯叶祭祀，巫师使用古柯叶预测未来，他们将古柯叶倾倒在披肩上，根据其散落的形态做出解读。

印加帝国灭亡，西班牙人对古柯叶的态度迥然不同。教会认为古柯叶与印加文化联系密切，意图禁止古柯叶，世俗力量则认为古柯叶可以使精疲力竭、饥渴的矿工恢复体力，可以使他们更加辛勤工作，更利于殖民地经济的发展，更何况，古柯叶贸易本身也能够带来大量收入。争执中，印加古柯叶种植面积扩大了，殖民当局收入提高了，教会什一税增加了。从此，古柯叶脱下神圣的外衣，走进普通人的生活，不再是贵族和祭司的专利。现今人们把它当作兴奋剂以应对高原反应或安第斯山区的恶劣天气，缓解头疼、咽喉肿痛和胃疼等症状。

实际上，从古柯叶中提取可卡因需要相应的设备和技术条件，仅仅食用古柯叶并不能产生那种催眠或飘飘欲仙的毒品作用。秘鲁政府出于保护文化传统的需要，或考虑到古柯叶的药用功效，也为了保障古柯叶种植区居民的收入，仍允许人们种植和食用古柯叶。"光辉道路"活跃时期，其控制了古柯叶产区，获得了重要的资金来源。秘鲁政府转而承认古柯叶生产合法，当地居民不再需要依附于"光辉道路"，使"光辉道路"陷入了困境。

尽管不能像萨帕印加和祭司那样享用新鲜嫩绿的古柯叶，任嘴角流淌下绿色的细丝，尽管干巴的古柯叶难以言状的特殊味道使我喉咙发紧，但我还是多少能够体会到古老的古柯叶文化。

咀嚼着古柯叶在市场中漫步，摊主们也很悠闲。两位姑娘正在对弈。棋盘是普通的黑白64方格，规则与一般的国际象棋完全相同，王后相马车卒也一般无二，所不同者是对阵双方的棋子。

立体棋子用泥陶制作，雕刻成各种形状，再着色烧制。参战双方不再是简单的黑白对弈，其场面简直就是西班牙人和印加人在实战厮杀。

西班牙一方是传统欧洲风格。战车是欧洲堡垒式塔楼，基座用规整石块砌造，圆顶塔楼颇有伊斯兰风格，西班牙长期受摩尔人统治，其建筑已融入伊斯兰风格，"车"惟妙惟肖地反映了这一特色；"马"

▼ 姑娘们正聚精会神地下棋

的形象是高头大马奋起前蹄，西班牙入侵秘鲁之前，南美洲没有马匹，强壮有力的马匹成为西班牙人制胜的主要因素；"象"则是天主教传教士，胸前佩戴十字架，手持《圣经》，一袭黑袍加身，在弗朗西斯科·皮萨罗征服印加帝国的队伍中，始终活跃着传教士的身影；"王"与"后"则是天主教双王的装束，菲利普身着铠甲，外披斗篷，手持长剑，伊丽莎白女王则一身红衣，头戴后冠；前方禁卫军手持利刃，西班牙人锋利的刀剑对没有高硬度金属的原住民造成了致命伤害，往往数名西班牙士兵即可在屠杀数百名印第安士兵后全身而退，唯一的后果是身体疲劳和持剑的手臂无力抬起。

印加一方则是传统印加风格。"车"同样是亭台式建筑，基座用不规则巨石搭建，茅草覆顶，这是印加人典型的房屋结构，无论多么豪华的房屋，即使是萨帕印加的宫殿，墙壁镶满金银，屋顶仍是茅草遮蔽；"马"是美洲驼的形象，美洲驼驮着货物，它们适应安第斯山区的山地运输，但脊柱柔软，不能过于负重；"相"则是印加祭司装扮，印加帝国时期，祭司地位显赫，高级祭司出身于王室；"王"是萨帕印加形象，手持铜斧钺，胸前佩戴金胸甲，头戴流苏和羽毛，佩戴巨大耳环，守护在侧的科娅也惟妙惟肖；前方印第安士兵手持棍棒和投石器，在与西班牙人的战争中，印第安士兵的武器只是标枪、棍棒、石块和无高硬度金属的箭镞，很难对盔甲护身的西班牙士兵造成实质性伤害。

无论是西班牙人征服印加帝国，或是秘鲁人民的独立战争，都没有平局可言，都是实实在在的"将死"对方。国际象棋本就是人类思想意识的写照，而在这里，棋子的造型更成为秘鲁征服史的真实写照，双方的文化背景、宗教影响和武器装备的悬殊均显现于此。

慢慢打量周边，发现市场上大量销售这种风格的国际象棋，那一刻，我深深体会到其中蕴藏的黑色幽默，这些摊位似乎流动着一种自嘲的情绪。

西班牙的征服是从被征服开始的。对西班牙和秘鲁来说，国际象棋都有一段不堪回首的传播史。西班牙中南部被信仰伊斯兰教的摩尔人长期占领，双方拉锯数百年，天主教双王才最终光复失地，在此过程中，国际象棋被摩尔人传到西班牙。紧随西班牙征服新大陆的脚步，国际象棋也在秘鲁扎根。某种意义上讲，西班牙人在新世界的征服运动是其光复运动的延续和拓展。

1532 年，末代萨帕印加阿塔瓦尔帕被西班牙人使用卑劣的阴谋俘获，在等待赎金到来但终被处决的日子里，他成了国际象棋高手。

曼科·印加在起兵反抗西班牙人的过程中，国际象棋成为他的重要消遣。也许就在奥扬泰坦博，他在山顶堡垒中与部下对弈。西班牙人内讧，失败的一方投奔于他，成为他的新棋友。又因下棋时的争执杀死了曼科·印加，他的鲜血洒在了国际象棋棋盘上。落棋无悔。

棋盘上的争夺是历史的真实写照，是真正的弱肉强食、刀光剑影和血雨腥风。在国际象棋传入印加帝国之后，末代萨帕印加以及王室的反抗者都与国际象棋结下了不解之缘，但等待他们的都是厄运。

这就是印加人与国际象棋的故事。我无意与两位弈棋的姑娘探讨她们手执棋子的感受。然而，可以猜测，尽管整个民族对殖民史仍有某种难以表达的情结，但至少在弈棋的这一刻，她们心中只有象棋。

在皮萨克市场，每一个物件，从辣椒到西红柿，到玉米，到土豆，到番薯，到豚鼠，到古柯叶，到图米，到一副国际象棋，甚至到人们的装束，都有深远的故事，都凝结着历史。

马丘比丘
——被遗忘的印加城市

热水镇在马丘比丘山脚下。我买了一些邮票，将它们细心地贴在有马丘比丘画面的明信片上，投进邮筒，它们会陆续送达国内，到达朋友们手中。随后我在旧护照上找到一处空白页，郑重其事地盖上一枚邮戳。我护照上的纪念邮戳并不多，想来也只有南极智利站、复活节岛和马丘比丘。

镇外的乌鲁班巴河依然湍急，义无反顾地滚滚向前。热水镇已不再安静，纪念品市场规模扩大了数倍，街巷也以历代萨帕印加的名字重新命名，鳞次栉比的店铺已不再粗拙，而是充满了小资情调。这是我第三次来到马丘比丘，距离第一次来访已有六年之久。

小雨打湿了石板路，而我对马丘比丘的记忆也是湿漉漉，沉甸甸的。

数次造访某处，国家也好，城市也好，遗迹也好，在内心深处，情感一再积淀下来，游客的身份会逐渐淡化，触摸它感知它的欲望也更加强烈，了解会更加深入。马丘比丘于我尤其如此。

马丘比丘是印加文化、安第斯文明乃至整个南美洲大陆最重要也最广为人知的文化符号。

萨帕印加帕查库特克大约在 1450 年前后修建了马丘比丘城，其景观设计和建筑工艺都堪称印加文化的精华。马丘比丘海拔 2430 米，距库斯科约 110 公里。沿蜿蜒曲折的印加小道前往马丘比丘，会途经一系列用于宗教仪式的古迹——伦库拉卡伊（Runkurakay）、萨亚克玛尔卡（Sayaqmarka）、普亚帕塔玛尔卡（Phuyupatamarka）以及韦纳伊瓦伊纳（Winaywayna），而马丘比丘——这座位于乌鲁班巴河半岛上的小城，则是印加小道的终点。所有这些仪式场所，都用以向伟大的征服者和统治者帕查库特克致敬。

西班牙人入侵后，马丘比丘被匆匆遗弃，树林和灌木将其淹没，明珠蒙尘，白璧投暗。数百年来，尽管马丘比丘为当地村民所熟悉，但并不为外界知晓。直到 1911 年，美国考古学家海勒姆·宾厄姆才首次对它进行考古发掘，一时石破天惊，引起全球轰动。

1983 年，联合国教科文组织将马丘比丘列入世界遗产名录，认为它可能是"印加帝国全盛时期最辉煌的城市"，是"世界上最了不起的艺术、建筑和土地使用成就之一，也是印加文化最重要的有形遗产"。2007 年，马丘比丘被誉为世界新七大奇迹之一，与万里长城并列。

人与天调，然后天地之美生

在秘鲁人心目中，帕查库特克可与中国历史上的著名君主"秦皇汉武"与"唐宗宋祖"相提并论。在印加之前，此处即是一处圣地，或许帕查库特克曾登上华纳比丘山，指点江山，兴之所至，用手指画了个圈——"就在这处圣地，修建一座行宫吧，以显示我至高无上的权威！"他不但是一位慷慨激昂的伟大帝王，更是一位划时代的城市规划专家和建筑设计师。

从卫星图上可以清晰地看到，土黄色台地连绵和山谷沟壑遍布安第斯高原深处，偶有几处白雪帽扣在山头上。安第斯山脉东坡是亚马孙热带雨林深入安第斯山脉的最深处，众多河流如同树叶的叶脉，主脉乌鲁班巴河连通侧脉，侧脉连通细脉，周遭雨林如鲜艳欲滴的叶肉，

山脊上的城市，建筑和台阶布局依山就势，错落有致 ▶

漫山遍野。绿色雨林与黄色高原形成鲜明的对比。

印加人选址是经过精心考虑的。乌鲁班巴河蛇行于崇山峻岭中，切割出一个个悬崖高耸、壁立万仞的半岛，马丘比丘城坐落于其中之一，三面为幽深的河谷所阻隔。峡谷外则是连绵的乌鲁班巴山脉和比尔卡班巴山脉群峰，千峦环翠，万壑流青。高大的锥形山峰——华纳比丘山，坐落于半岛前端，以 50 度的陡坡探入河水，马丘比丘山位于半岛后端。两山之间的山脊如同马鞍，略有起伏，但走势平缓。克丘亚语中，马丘比丘意为古老的山顶。

华纳比丘和马丘比丘两座山峰被善加利用，成为整个马丘比丘城市景观的组成部分。雾霭沉沉中，华纳比丘若隐若现，直若仙境，其山壁立高耸，在半岛上形成制高点，如同巨大的日晷，或最大规模的拴日石。或许正是因为华纳比丘，此处才成为久远的圣地，印加人才在此建设新城市。

马丘比丘城市规划因地制宜。印加人如艺术家一般，将一片精美的石雕，洒落在略平坦的山脊上，将之镶嵌于绝美的大自然，精雕细琢出一座令世人惊叹的城市，城市建筑和台阶布局依山就势，错落有致。周遭梯田环绕，可减少水土流失，降低山体滑坡风险。稼禾翠绿，与山林融为一体。山泉汩汩，供日常生活之用。印加人有着很高的审美情趣，顺应自然，使艺术美与自然美高度谐调。

你可以想象得出，那一行在印加小道徒步数日，满身疲倦的旅人，从山后风尘仆仆而来，骤然见到马丘比丘时，会是怎样的惊讶和欣喜。峰回路转，视野瞬间开阔，看峰峦叠嶂，山环水绕，整座半岛迷失在云雾中，如梦如幻，摄人心魂，那是一种直击心灵的强烈震撼。他们会瞬间恢复精力，会游目骋怀，会沉浸在如许的美景之中。

在广袤无际的天穹、连绵无尽的群峰和奔腾不息的河流构造出的永恒舞台中，以日月变幻、斗转星移、风雨雷电和烟岚云岫为背景，以几百年历史长河为起承转合，这座古老的城市将印加宇宙观、宗教体系、社会结构和建筑艺术演绎在一道山脊之上，如长歌，如曼舞，凝结在此处，凝结在此刻。

《马丘比丘宪章》可以提供一个很有趣的注脚。国际现代建筑协会一直关注城市规划理论与方法。学者们于1933年在雅典签署《雅典宪章》，雅典是欧洲文明的摇篮，代表着柏拉图和亚里士多德学说中的理性主义。而在1977年，会议在利马召开，重新思考城市规划与自然的关系，与会代表一致同意，前往马丘比丘签署新宪章：马丘比丘是独立于欧洲的不同文化体系的象征，代表着理性派没有包括的，单凭逻辑不能分类的种种一切。这大概是对马丘比丘城市与环境高度和谐的最明确认可。

❖ 走进马丘比丘

站立在马丘比丘山瞭望所，整个城市一览无余。印加人采用茅草搭建屋顶，随着时间流逝，屋顶已全部消失，仅遗留花岗岩墙体，在岁月侵蚀下变成灰白色。

印加人基于宗教、不同社会阶层居住和生产的需求，在有限的空间里精心规划了不同功能的区块，构成王室区、仪式区、居住区、作坊区和农业区，并因地制宜，将地势高低与区块功能结合起来，将两山一鞍部及山脊起伏利用得尽善尽美。

马丘比丘山属城市外围，层层梯田向下直抵山脊，与山脊两侧的梯田构成农业区，铺青叠绿，花粉检测表明这里曾种植过玉米、土豆和豆类。山脊中部为层层梯田所包围，中间是南北走向的长条形下沉广场，上城和下城分居广场西东两侧地势略高的小山丘，有200多间房屋。王室区和宗教仪式区居上城，贵族和平民居住区、金属作坊区和仓库居下城。复杂的道路系统和纵横交错的石阶连接各处，形似迷宫。挺拔的华纳比丘位于半岛最北端，也修建有神庙和房屋。

马丘比丘梯田生产的粮食虽并不敷城市之用，但其构造却形成了整个马丘比丘的支撑和排水系统。这一带平均年降雨量接近2000毫米，山体滑坡亦属正常，印加工程师们通过梯田厚厚的石壁加固了整个山体，在梯田底部填入较大块的石头废料和沙砾，其上填充沙土，最上层再铺设肥沃的土壤。这样一来，大量的雨水可以层层渗透。可以说，层层梯田构成了城市厚重而精巧的基础和排水系统。

高大的围墙环绕城市四周，与围墙外的干壕沟共同构成防御体系，墙面已是半壁苍苔。狭窄的大门位于西南角，呈典型的印加风格，是一扇下宽上窄梯形门，两侧门框中部各有两个方洞，构成门楣的巨石有三吨重，上方有一个圆形石环，显示此处原有一根粗大的木杠用来固定木门，以确保安全。

走进马丘比丘大门，像是小心翼翼翻开一本古老的书籍，品相甚

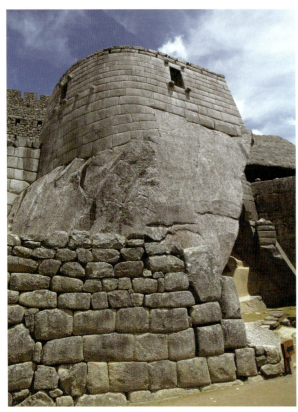

王陵入口

太阳神庙与萨帕印加陵基本可视为同一座建筑

好，只是书页微黄，我已迫不及待去探究书中隐藏的秘密。前行数十米，
小路右侧，坐落着一组完整的王室建筑群，包括太阳神庙、萨帕印加陵、
水神庙和萨帕印加宫及其他附属建筑。

太阳神庙与萨帕印加陵基本可视为同一座建筑，布局至为精巧，
萨帕印加以太阳神之子自居，将王陵与太阳神庙合二为一，上庙下陵，
充分体现了王权神授的思想。

王陵为一石洞，巨石呈45度角覆盖其上，入口处石壁被开凿成阶
梯形状的半截矮墙。洞内并不十分宽敞，略有逼仄之感，两侧墙壁用
方石砌筑，设有四处梯形壁龛，石块平整，打磨光滑，俨然仙人居所。
中央有巨石，形似两级台阶，上部雕凿成祭坛。根据胡安·德·贝坦索斯记载（印第安翻译，阿塔瓦尔帕的王后最终成为其妻子），"帕查库特克逝世后，他的木乃伊被带到帕塔亚克塔（Patallacta，马丘比丘原名），那里有他的陵墓"。历代萨帕印加逝世后，他们的木乃伊会保存在库斯科的宫殿和太阳神庙中，有时也会被护送到其庄园"巡视"，马丘比丘就是帕查库特克庄园之一，此处王陵作为巡视期间的木乃伊"行宫"也符合逻辑。信步走进王陵，有一种奇异的感觉，似乎我正越过浩渺的时空，前来谒见那位传世帝王。但无论如何，我没有体会到那种帝王之气，没有进入金字塔或明清帝陵的森然肃穆之感，它实在与我头脑中的任何陵墓相去甚远。

太阳神庙坐落于陵墓之上。如库斯科和皮萨克，马丘比丘太阳神庙也出自帕查库特克之手，它们都有抛物线形的外墙，同样用抛光的方石砌筑。抛物线形石墙面向东方和南方，分别有一扇梯形窗户，神

山脊上的城市，建筑和台阶布局依山就势，错落有致 ▶

庙内还有多处壁龛。太阳神庙也可能用作天文观测台，以观测天体运行，观测四季转换，观测太阳的周期。一块长 2.7 米宽 1.2 米的巨石为抛物线形墙壁所包围，顶部平面相当平整，西南角有一块平台凸出其上。据贝坦索斯记载，帕查库特克命人打造了他的巨幅黄金人像，置于巨石之上，供来访者祭奠。每年 6 月 22 日，初升的太阳透过东侧窗户，投射在帕查库特克的黄金塑像上，金光四射。有历史学家认为，阿塔瓦尔帕被俘后，印加人为缴纳赎金，将帕查库特克黄金塑像撬下来，截成数片，送到卡哈马卡，熔为金锭。印加帝国败落之际的往事，说者唏嘘，闻者动容。

水神庙坐落于太阳神庙北侧，是一座正面开放的石壁棚屋，屋顶陡峭。水神庙前有石块雕凿的水池，石艺精湛。马丘比丘周围的高处有六处泉眼，印加人构建水槽将泉水引入城市用于生活和宗教仪式，并修建了 16 处水池，这里即是第一处，细小的水流沿石槽向下流淌，在下方水池中激起一圈圈涟漪。萨帕印加宫与水神庙以小路相隔，是马丘比丘最精美的住宅，尽管王宫房屋所用石材不够精细，但外墙却由方石砌筑而成，院落中还有供帝王沐浴的水池和一处小小的花园。

离开王室区域，继续向北，途经采石场。马丘比丘的花岗岩都是就地取材，许多巨大的嶙峋怪石七零八落地散置于旁，透着一种苍凉感。一堵巨石横亘在我面前，与肩等高，像一道庞大的屏风，将我阻挡在宗教仪式区外。

绕过巨石，进入祭司广场。广场三面建有房屋，向西面对幽深的山谷和巍峨的远山。

主神庙坐落于北侧，没有正立面，完全开放，似乎广场也成为它的延伸。三面石墙下部均以巨石作为基础，尤其两翼石墙的最前端，巨石高 2 米，长 3 米，尤为庞大，正面墙体下方的巨石突出，形成祭坛。巨石之上的墙体用规整的方石砌筑，修建有十几处壁龛，可见主神庙规格之高。由于地震破坏，正墙南侧有一处松动，但仍屹立不倒。

广场东侧则是三窗神庙，风格更为古朴粗犷，所用石材巨大，但

坐落于祭司广场北侧的主神庙 ▶

打磨精细，拼接富有变化，难得地将厚重和灵动集于一身。后面墙体上，两侧各有一个壁龛，中间则是三扇梯形大窗户。在祭司广场这样重要的核心位置，三扇窗户面向东方，必是用于观测日出或其他天象。

南侧房屋用小石块堆砌，比较主神庙和三窗神庙，规格显著下降，其内似摆放有石床，可能是大祭司的住所。

一座小山丘位于主神庙后方，形如金字塔，气势非凡。印加人将整座山丘规划为仪式平台，可谓匠心独运。沿曲曲折折的台阶迤逦向上攀爬，经过几段屏风般的石墙，到达拴日石广场。

印缇瓦塔纳，或称拴日石，直接在山体巨石上开凿而成。基座基本呈四边形，南侧凿有祭坛，一根高80厘米的方形石柱从基座突出来。关于拴日石的功能，学者们众说纷纭，莫衷一是，但能够达成共识的是，它与天文观测或宗教仪式相关。或许拴日石是一座日晷，它位于南纬13° 9′48″，春分或秋分的日中，太阳经过赤道，而由于它向北倾斜13°，故完全没有投影，印加人认为石柱可以将太阳拴住，使太阳按固定轨迹运行。拴日石也自然成了观测太阳运行的最佳观测台。

▼ 山体巨石上开凿而成的印缇瓦塔纳

　　有专家认为它并非只是日晷，同时也是印加人山神崇拜的杰作，东南西北四个方向的四座神山，它们的连接线正好垂直交汇于此。

　　一阵排箫的曲调，如同天籁，正是一曲《山鹰之歌》，清越激扬，空灵而又沛然。那悠悠的曲调编织成一张巨大的网，将我笼罩，将拴日石笼罩，充盈天地，又以排空之势，撞击在油绿的山崖之上，倾泻在波光粼粼的水面，在飘渺不定的云雾中环绕，在空旷寂寥的山谷间回荡，久久不绝。它似乎穿越时空，飞向卡拉尔，飞向库斯科，飞向普诺。你听，那空谷回声，莫不是来自卡拉尔金字塔，来自库斯科兵器广场，来自的的喀喀湖畔的普诺的唱和？我知道，那是我内心深处的曲调。

　　我畅想，如果再次来到马丘比丘，我会选择在春分或秋分那一天，坐在拴日石旁，从日出到日落，仔细观察光阴在一天中的移动，或在清亮的月下，看月光从拴日石上轻柔地滑过。

　　16世纪后期，西班牙人认为太阳神崇拜是对上帝的亵渎，遂系统性地破坏了一切与印加宗教相关的事物，拴日石被印加人赋予重要的宗教和文化含义，各地拴日石被尽数破坏。幸运的是，马丘比丘不为殖民者知晓，得以幸存。

长条形广场将上城与下城分隔开来，从他处转运来的填层厚达 2 米，与梯田相同，从下到上填充花岗岩碎石、沙砾、土壤，城市中的 100 多处排水点排出的雨水被导流到广场，形成完整的排水系统。广场上绿草茵茵，鲜红的"马丘比丘王后"尾萼兰点缀其间。

穿过广场，来到下城较低阶层的居住区，这里分布着简单的房屋、手工作坊和仓库。马丘比丘作为王室庄园，居住着大约 750 人，包括农民和工匠，他们负责耕种和维护行宫。在手工作坊区，考古发现有铜和锡，它们可用以冶炼合金，是制作工具和装饰品的原料。

海勒姆·宾厄姆在马丘比丘及附近的 100 多座墓葬中发掘出 177 具骨骸，男女比例比较平衡，表明此地并非专门的圣女宫，骨骼没有受到创伤，显示他们非士兵。根据陪葬品看，他们地位都比较低下，是来自其他地区的徭役，包括的的喀喀湖周边以及秘鲁沿海中部和北部。从发掘的陶器类型观察，有部分人来自安第斯山脉北部的查查波亚斯，而变形的头颅显示有居民来自帕拉卡斯一带。

下城最引人注目的去处是秃鹰神庙。两座巨石形象酷似张开的双翅，在巨石前方，印加人在地面上开凿出硕大的秃鹰头部和身躯，与双翅结合，形成一只展翅欲飞的秃鹰，整个雕塑立体感十足，想象力丰富，设计巧妙，将空间利用得淋漓尽致。令人意外的是，巨鹰神庙下却隐藏着一处地牢，凌空的秃鹰似乎成为地牢的守卫。下城比较有趣的发现还有"观察天空的水镜"，印加人在岩石地面上挖掘出两个浅浅的水坑，用以观测天体天象，但具体观测何种天体、何种天象，我们就不得而知了。而如今，这两处水坑倒成了美洲驼的饮水槽。

华纳比丘位于马丘比丘北端，印加人在巨大的弧面岩石下修建了月亮神庙。或许，印加时期的祭司们曾在明亮的夜晚攀登上华纳比丘，在这壁立的山峰上，祭祀萨帕印加的母亲，月华如练，乌鲁班巴河与马丘比丘的花岗岩房屋反射着清冷的光辉。想来，此时站立在华纳比丘之巅，必定十分惬意，看周遭山峦重重似画，曲曲如屏，漫山氤氲暖黛，

下城的秃鹰神庙

笼罩城市，笼罩河谷，或如轻纱，或如棉团，在微风中不断变幻形态，脚下的城市如海市蜃楼，高低错落，在云洞中若隐若现，虽由人作，宛自天开，好一幅水墨山水。阶前自扫云，岭上谁锄月，我愿长留此处，做那扫云锄月之人。

迄今为止，马丘比丘尚存在诸多未解之谜，扑朔迷离。马丘比丘的整体功能为何，它只是帕查库特克的庄园？或是印加人的宗教圣地？在15世纪，那些用于天文观测或宗教用途的建筑，透过它们的窗户，印加人在观测什么天体？那些天体透过窗户留下的光影对印加人意味着什么？印加祭司依据什么天象来组织宗教仪式？

1532年后，随着西班牙人入侵，帕查库特克的全身金像作为赎金被送去卡哈马卡熔化，木乃伊被送去利马展出，马丘比丘失去了存在的意义，与外界的联系遽然中断，居民们也携带着生活物品离开了。

如同隐藏于热带雨林中的吴哥窟，马丘比丘也为树木所覆盖，免遭人为破坏，为人类保存住一座印加巅峰时期的完整建筑群。

❖ 马丘比丘的园林之美

马丘比丘之美不仅在于城市规划与大自然的谐调，更在于城市空间狭小，非常紧凑，在于设计师于细微处着墨，诸多精巧之处，叠山理水、筑路堆石、修建房屋、配置隔墙窗牖都颇具匠心。中国古代园林建造者即深谙此道。

表面看来，马丘比丘与中国园林并无相同之处，马丘比丘粗犷质朴，少于变化，房屋形制单一，而中国园林精巧雅致，线条生动，亭台楼阁，千变万化。两者差异如此巨大，但我们仍可以找到诸多共同的审美情趣。

印加人在山脊上修建城市，布局精巧，如同雕琢奇石，因材施用，其一凹一凸，俱了然于心。山脊东西两侧有两座山丘，其间有洼地。东侧山丘顶部宽阔而平缓，印加人在此修建民居、手工作坊和仓库。他们又搬运来大量碎石和泥土将中间洼地抬高两米，修建为广场。西侧山丘高耸而陡峭，遂巧于因借，不劳"覆篑土为台，聚拳石为山"，而山自成形，印加人加以利用，修建了至高无上的拴日石或祭祀平台。帕查库特克站立于平台之上，举行仪式，俯视平民区、中心广场和乌鲁班巴河山谷，君临天下之气概必油然而生。两座山丘遥遥相隔，互可观瞻，令人对景生情。

水为生命之源。马丘比丘生活用水由泉水供应，喷泉和浴池在马丘比丘的设计中处于突出地位。马丘比丘以六处泉眼为源，精心构造了水道，修建了16处喷泉和水池，"环斗水为池"，每座水池都用精确切割的石块垒成，颇为细致。

马丘比丘整体起伏不平，功能区域多有分隔，彼此之间全靠石阶

▼ 西侧山丘之上的平台

连通，曲折回环，步移景异，趣味盎然。

　　印加人并不为房屋建造窗户，一般通过门来采光，而马丘比丘却修造了多处梯形窗。如太阳神庙和三窗神庙的窗户，自有其观测星空或日出之功能，也有其宗教层面之深意，但却暗合于中国园林建造中"框景"之说，颇有异曲同工之处。经过精心选择和剪裁，衔远山，含林莽，山野之广阔尽收于窗牖之间，内外空间相互渗透，模糊了空间界限，交融了空间特质，浑然天成，美不胜收。这不正是中国园林之"眼"么。

　　高高在上的拴日石广场，南北向分别是仪式广场和中心广场，凭石阶相连。每隔一段距离，都有精心建造的、带有梯形窗户的隔墙，错落有致，松而不散，如屏风般将拴日石广场隔离成半隐秘的空间，凸显其至高无上的地位。透过梯形窗户，可以看到远山和层层梯田，却不能直窥拴日石，虽通透而不能直窥神圣之所，先藏后露，欲扬先抑，可谓隔而不割，不割而隔，虚虚实实，更显景致深远。

园可无山，不可无石，马丘比丘则是山石兼备。在印加人看来，石头是有生命力的，是会说话的，马丘比丘的巨石尤其如此。马丘比丘本身即是巨大的采石场。很多巨石，印加人并不切割下来，而是保留在原地，将其精心打磨成特定的形状，赋予其神圣含义。太阳神庙中突出于地面的巨石，或是巨大的观测台，或是安置帕查库特克金像的基座，拴日石被打造为马丘比丘最神圣的祭祀场所，秃鹰神庙则是巨石形态、空间与人类想象力的完美结合。

另有诸多巨石保留下来，或作为房屋基础，或成为墙体的一部分，或被留置于空旷处，或在巨岩之下构造房屋，或造石阶绕其而行，多了一些变化，多了一些韵味，很有中国园林叠石造景之意趣。这或许会令人怀疑，这只是印加人"偷懒"而形成的佳作，但有一些巨石散落在马丘比丘，显然是刻意为之。印加人将巨石打造成山体形状，模仿远山峰峦起伏之状，曲线完全一致，远近参差，交相辉映。它们是印加人大山崇拜的杰作？抑或是完全基于审美而打造的园林景观？我们就难以猜度了。

明朝造园家计成先生曾著有《园冶》，内有"有高有凹，有曲有深，有峻而悬，有平而坦，自成天然之趣，不烦人事之工"之语，以此来描述马丘比丘最是恰当。计成生年晚于马丘比丘之建造，如果他有机会与帕查库特克相见，当有伯牙子期之感慨，而《马丘比丘宪章》的签署者们何尝不是现代的子期？

马丘比丘既是诗境，也是画境，甚至有一些禅趣。如果将马丘比丘移置于中国，会有多少文人骚客、风流雅士云集于此，挥毫泼墨，连缀成篇，吟咏不绝？此中有真意，问谁领会得来？庄子曰："逍遥于天地之间，而心意自得。"

发现马丘比丘

马丘比丘入口处的石壁上有诸多铭牌，我细细搜寻，至少有两块提到海勒姆·宾厄姆。尽管在实质意义上，宾厄姆并不能称为马丘比丘的发现者，但的确是他将马丘比丘推向世界，并首次进行了考古发掘。多年后，他甚至重返马丘比丘，修建了从山脚下热水镇通向马丘比丘的盘山公路，这条公路被命名为海勒姆·宾厄姆路，秘鲁人民对他的感激之情也可见一斑。

终其有生之年，宾厄姆都固执地将马丘比丘称为"印加人迷失的城市"比尔卡班巴——曼科·印加、蒂图·库西和图帕克·阿马鲁父子所建立的流亡政府陪都。马丘比丘是宾厄姆搜寻比尔卡班巴的附带发现，却成为他一生最重要的成就。

早在宾厄姆"发现"马丘比丘之前三十多年，在这一带拥有地产的德国人就已绘制出包括马丘比丘在内的地图，对其做了简要描述。库斯科附近的学者和种植园主也知道"华纳比丘"有一处精致的印加遗迹，并毫无保留地将这一信息告知宾厄姆。当地农民也一向知晓马

▼ 马丘比丘入口处的铭牌

丘比丘的存在，并作为向导将宾厄姆带到马丘比丘。当他们到达时，有三户秘鲁农民正在马丘比丘居住劳作，种植谷物。

1911 年，一心寻找比尔卡班巴的海勒姆·宾厄姆"发现"了马丘比丘。但这里杂草丛生，树木横陈，马丘比丘的绝世容颜笼罩着厚厚的面纱，以至于宾厄姆并没有意识到其有何特殊之处，也没有表现出应有的激动，而是出发继续搜寻比尔卡班巴去了。勤劳的工人们将马丘比丘清理完毕，宾厄姆方才如获至宝。尽管比尔卡班巴不应坐落于此，但他认为只有一座都城才配得上这样的建筑群，因而终生坚持认为他"找到"的是"比尔卡班巴"。

宾厄姆首次将这一保持完整的印加城市展示在全世界面前，立即引起轰动，马丘比丘终于闻名于世，成为南美洲最著名的地标，而这也成就了海勒姆·宾厄姆。宾厄姆将其"发现"马丘比丘的过程和考古发掘撰写成《印加人的失落城市》一书。

但颇令人意外的是，海勒姆·宾厄姆本人也成了"盗取文物者"，他数次将马丘比丘文物以暂借的名义运输到美国，收藏于耶鲁大学，并拒绝归还，成为切·格瓦拉口诛笔伐的对象。

切·格瓦拉写道："遗址上干净得连灌木都没有……研究、描述得很到位，所有物品都洗劫一空，全都落入了研究者之手，他们欢天喜地地带着 200 多个箱子回国了，里面装着的都是无价的古代文物……宾厄姆不是罪犯……美国人也没有负罪感……但是我们要如何欣赏或研究我们自己土地上的城市？答案很明显：去北美洲的博物馆。"中国人一定可以理解这份抑郁和愤懑，当我们离开敦煌幽暗的藏经洞，在炽烈的阳光下尚睁不开双眼时，头脑中定会浮现出斯坦因和伯希和的身影。我们应以怎样的情感来看待这两位跨时代的考古学家和汉学家？将文物和土地割离，如同让人离开生养他的故乡，让果实离开哺育它的土地，让精神剥离肉体。

直到近百年后，秘鲁政府将耶鲁大学告上法庭，并声称如耶鲁大学拒不归还文物，将对校长提起诉讼。被侵占的文物终于在 2011 年陆续返回秘鲁，收藏于马丘比丘博物馆。

马丘比丘承载着安第斯文明的辉煌，也见证了被掠夺直到回归的历史。

安第斯文明之光

马丘比丘是安第斯文明最后的圣地，堪称南美洲大陆古文明的精华，凝结了几千年来散落的安第斯山脉的文化因子，整个半岛如永不沉沦的文化诺亚方舟，有着无穷的文化感召力。马丘比丘属于南美洲，它吸引南美洲的名士受伤时到这里疗伤，脆弱时到这里汲取力量，迷失时到这里寻找方向。

古安第斯文明没有文字，但帕查库特克早已在这山水之间预备好了笔墨和空白的纸张，在那里极有耐心地静静等待，等待后来者去铺陈，去演绎，去书写五百年的诗文，书写五百年的文化宣言，最终完成了跨时空的精神沟通。这种书写较少诗情画意，更多是激情澎湃。

2001年，亚历杭德罗·托莱多当选为秘鲁历史上第一位具有原住民血统的总统。为纪念其历史性意义，他带领内阁成员到马丘比丘，按印加习俗宣誓就职。托莱多从印加祭司手中接过象征权力的权杖、斧头和项圈，点燃象征生命的、装有羊驼胎盘和农作物的口袋。尽管他在颇有争议的政治生涯中并无建树，甚至最终锒铛入狱，但这次就职仪式仍然从国家层面上将马丘比丘的象征意义推向了高潮。这一向安第斯传统致敬的举动代表了相当程度的民意，但仍无助于弥合深植于秘鲁社会的民族分歧。过去百年时间，马丘比丘作为南美洲大陆的文化符号，曾经激励着一代又一代人。

著名的智利诗人，诺贝尔文学奖获得者，巴勃罗·聂鲁达曾于1943年骑着骡子走进马丘比丘，时年39岁，两年后创作出长诗《马丘比丘之巅》。

聂鲁达20岁时已经出版风靡全球的《二十首情诗和一首绝望的歌》，这位年轻人受挫于两段不能自拔的爱情，低吟浅唱："今夜我可以写，绝望的歌。"在西班牙担任外交官期间，正值西班牙内战，好友遇难，他激愤难当，写作风格开始转变，第一次撰写了带有战斗色彩的诗歌，组织了"世界作家反法西斯大会"。

随后，他开始游历拉丁美洲。那是一个充满挫折、苦闷、幻想和彷徨的时代，诗人疾之不能默。秘鲁是诗人继墨西哥、危地马拉、巴拿马和哥伦比亚之后的最后一站，彼时，库斯科的太阳神庙尚没有从地震中显露峥嵘。历经沧桑的中年人走进马丘比丘，为这一文明遗迹所震撼，开始有了创作美洲《大诗章》的想法，而这本诗集即将成为拉丁美洲的史诗。

> 看了马丘比丘的废墟之后，古代的传奇文化似乎是由纸板做成……如果我们踩在同一片承前启后的土地上，我们与那些美洲社会的崇高努力有着某种关联，我们就不能忽略它们，我们的无知或者沉默就不仅仅是一种犯罪，而且是一种失败的延续。我们贵族式的世界大同思想不断把我们引向最遥远的人们的过去，却让我们对自己的珍宝视而不见……我回想着古代的美洲人。我看到他的古代斗争与当今的斗争交织在一起。正是在那里，我要创作一个美洲《大诗章》的想法的种子开始萌芽，某种编年史……如今我从马丘比丘的高峰上看到了整个美洲。那就是我新构思的第一首诗的题目。

巴勃罗·聂鲁达雄心勃郁，在长诗《马丘比丘之巅》中，超现实主义的笔触挥洒自如，力透纸背：

> 于是我沿着大地的阶梯登攀，

穿过茫茫林海中蛮荒的荆棘，

来到你——马丘比丘面前。

怪石垒起的高城，

终于成了住地，

大地不曾将它的主人藏匿在昏睡的衣裳中。

在你的身上，闪电和人类的摇篮，

宛似两条平行的直线，

在刺骨的寒风中摇曳。

在长诗最后，聂鲁达写道：

给我寂静，水，希望。

给我斗争，铁，火山。

将身躯如磁铁般粘到我的身上。

到我的口中和我的血管中。

倾诉吧，借我之言，以我之血。

我们感受到无尽的豪迈和激情，这是一个成熟男人的呐喊，振聋发聩，他不再有个人的悲欢离合和缠绵悱恻，他胸怀天下，他血脉偾张，他富有力量，他愿意去斗争。

聂鲁达站立在马丘比丘之巅时，已经卓有声望。他已经完成从抒情诗人向社会诗人的蜕变，他要将诗歌与拉丁美洲的现实联系起来，他的诗作开始负重，开始关注宏大的主题，开始思索拉丁美洲的命运，开始构思跨越拉丁美洲、跨越历史长河的诗篇，他"努力拥抱一个辽阔的宇宙而真正抵达了自身之外"。

而另一位与马丘比丘结缘的阿根廷人——切·格瓦拉，走进马丘比丘时，还是个没有毕业的医科大学生。1952年，正值聂鲁达流亡之际，24岁的格瓦拉（那时，他还叫埃内斯托·格瓦拉）经智利前往马丘比丘。他们面对同一个时代，都在思索拉丁美洲的未来。

在《摩托日记——拉丁美洲游记》中，格瓦拉记录了在库斯科和马丘比丘游历时的心路历程。两年前，库斯科刚刚经历一场大地震，太阳神庙刚刚从坍塌的圣多明各大教堂下显露出瑰丽的石墙，但还没有广受关注。

他开始寻找南美洲文明之根，寻找南美洲文明的精神栖息地，"文化最重要、最无可争议的是，我们在这里找到了美洲最强大的原住民最纯粹的一面——未受外来征服者文明的影响，城墙之间遍布有强大感召力的珍宝。这些城墙本身因为其间没有生命而显得死气沉沉。有堡垒周围壮丽的风光作为背景，寻梦人不禁在它的废墟上徘徊"。正是在秘鲁期间，格瓦拉的思想开始发生转变，从刚刚踏上智利时的迷惘，到开始有了清晰的认识。他站立在马丘比丘之巅，俯视充满动荡和暴虐的南美洲，这是一个自己知之甚少的大陆，一个应为丧失自己的尊严和特性而感到耻辱的大陆。

两个月后，在伊基托斯附近的圣巴勃罗麻风村，正值他 24 岁生日，他开玩笑地称之为"圣格瓦拉日"，一段祝酒词揭示了摩托之旅带给他的洗涤："经过这次旅程，我们坚信，分裂拉美国家完全是痴心妄想！分裂只能带给我们不稳定，带来虚幻。从墨西哥一直到麦哲伦海峡，我们同根同源，同属梅斯蒂索族。所以，为了消除我狭隘的地方主义观念，我提议，为秘鲁，也为拉丁美洲国家联盟，干杯！"大概在他心中，从玻利瓦尔到何塞·马蒂到巴斯孔塞洛斯关于拉丁美洲联盟的火苗从没熄灭，在风行拉美的爱丽儿主义的影响下，大有"以我种族，言我精神"之气概。

一年后，格瓦拉在巴拿马报纸上发表了《马丘比丘，美洲的石头谜城》，痛斥马丘比丘的发现者——将大量珍贵文物掠夺至美国的海勒姆·宾厄姆："让我们赋予这个印加城市两个可能的意义，对于斗士而言，他们的呐喊声响彻大陆，美洲的印第安人民，夺回你们的历史，对于其他人而言，他们有幸发现了一个看不到可口可乐的地方。"

自 19 世纪末的美西战争后，美国这个可怕的北方邻居居高临下的傲慢和张牙舞爪的干涉使拉丁美洲知识分子对它的态度从仰慕转变为不满、失望、怨恨乃至仇视，民族主义情绪高涨，反美情绪席卷拉美。

"被切开的血管"里汩汩流淌着殷红的鲜血，满目疮痍的大地令人不忍目睹。他们带着疑问走进马丘比丘，穿过数百年的迷雾，去触摸古老文明的脉搏，去汲取灵感，去寻找思考的密钥。他们试图塑造历史，历史却有自己的选择。拉丁美洲屡经波折，威权政治暂时消失，民主进程重新开启，私营经济大行其道，开放成为主流，并融入全球化的大潮，可口可乐已经风靡南美，甚至将秘鲁独有的印加可乐收于旗下。但正是马丘比丘激发他们重新认识古老的安第斯文明，让他们感知曾经的辉煌，令他们在沉郁中迸发出强烈的自豪感，赋予他们雄浑的力量，最终使他们成为传奇。

拉克奇神庙

——创世神维拉科查的圣所

离开库斯科，一路向南。

这次行程中的一段由秃鹰（Condor）旅行社安排。对秘鲁旅行社的专业程度，我是深深折服的。旅行社并没有配备全程导游，每位导游或司机都只负责一段，我们只需严格按行程表，在正确的时间出现在正确的地点即可，不同的接待人员就像头戴天线一样，会准时出现在我们面前。玛蒂娜将陪同我们从库斯科前往的的喀喀湖，次日会有当地导游和车辆接待我们。

玛蒂娜有些神秘地告诉我："我们现在正行驶在一条神力线上。印加帝国时期，以库斯科太阳神庙为起点，42 条神力放射线向四方延伸，其上分布着 328 处神力点，而以的的喀喀湖和创世神维拉科查（Viracocha）的地位，这条线应该是极重要的一条。"

行驶于神力线上，必然有如神助。

沿途我们将走访拉克奇（Raqch'i），参观维拉科查的神庙，距离库斯科120公里。印加帝国时期，拉克奇是地区性行政、宗教和军事中心，控扼库斯科通往的的喀喀湖的交通要道。

维拉科查信仰

"遂古之初，谁传道之？上下未形，何由考之？"

他创造日月星辰，带来光明；他向巨石吹气，创造巨人；他不满意初创的巨人没有头脑，四肢不协，遂用洪水毁掉他们，继而用小石块创造更为理想的人类；人类陷于荒蛮可鄙的境地，他教化黎民苍生。创世神维拉科查在安第斯文明的万神殿中有着崇高的地位。

地球上相距甚远、为高山重洋阻隔的不同地区，创世神话也相去甚多，各自形成独特的表达方式。苏美尔人有恩利尔神，巴比伦人有安努神，古埃及有阿蒙神，古代中国有女娲，安第斯山区则有维拉科查。他们在混沌之间，从泽国之中创造其他神祇，创造宇宙，创造自然界，创造人类，并赋予他们生命和灵魂，使万物生生不息。或尘土，或石块，或土疙瘩，可塑性很强，俱是造人的好材料。洪水，或许曾有一场波及全球的灾难，或许是地区性的浩大水患，但都是古人关于异常天象或地质灾害的古老描述，在安第斯人的集体记忆中，没有天柱折断，却有方舟济世。

印加神谱中，曾先后有两位创世神——维拉科查和帕查卡马克，随着印加统治者需求的变化，创世神经历了一系列转变。第八代萨帕印加在与其父争夺王位时，曾宣称维拉科查托梦于他，遂自名维拉科查，可见其时维拉科查地位之尊崇；帕查库特克时期，同样出于权力斗争，为挫败太阳神祭司集团，他提高了帕查卡马克神的地位，但目的仅在于利用这位创世神，而不愿给予过高的地位，遂宣称其无形无质无偶像，不接受祭物，也不为其建造庙宇；印加帝国后期，创世神话再次重组：维拉科查在的的喀喀湖创造世界，完成教化苍生的使命后，隐身大海，留下其子万物之主帕查卡马克。

维拉科查意为"活力无限"或"海的泡沫"，他有时作为单独的创世神和丰产神存在，有时也是神祇的合体。维拉科查表现为男性，却雌雄同体。

作为大创世神，维拉科查是所有有形物质或无形事物的创造者。他创造宇宙，初辟鸿蒙，在天空中升起太阳和月亮，照亮大地，创造太阳神印缇、月亮女神吉拉和地球母亲帕查玛玛，的的喀喀湖中就有了太阳岛和月亮岛，他升起星星，发动风雨雷电，命令太阳在天空中运行而创造了时间。

维拉科查在的的喀喀湖畔的蒂亚瓦纳库（现属玻利维亚）用小石头创造了活蹦乱跳的人和其他动物，继而用一场持续 60 个昼夜，名为乌奴·帕查库特克的洪水，毁掉了的的喀喀湖周边的人类，只留下太阳神印缇的儿女曼科·卡帕克和玛玛·沃里奥，他手持金手杖一路前行，在金手杖消失的地方建立了库斯科，创建了印加文化。

他曾被刺客袭击，身受重伤，刺客把他的圣体放置在的的喀喀湖中一条芦苇船上，出乎意料，在平静的湖面上，芦苇船像利箭一样迅疾扬波离去，速度之快令刺客瞠目结舌，心惊胆战，草船刚刚触岸，即在岸上撞出了一条大河，圣体方才坠落。

后世一神教崇拜中，神祇永生而万能，而早期文明的神话中，神祇也会死亡，甚至是被杀害或被夺去法力，但死亡和重生反而强化了诸神的力量。古埃及神话中，冥神奥西里斯曾被谋杀，太阳神拉被大毒蛇咬噬而遭受痛苦；腓尼基神话中，提尔城的守护神美刻尔对妻子不忠后，被妻子先阉后杀，但起死回生后，成了阳刚和生育力的象征；希腊神话中赫拉克勒斯自焚后进入奥林匹斯山成为大力神；玛雅神话中，太阳每天都会死亡，夜晚在冥界复生。

在对古代文明进行比较时，布鲁斯·G.崔格尔深刻理解神灵在古代文明中的地位："诸神拥有理性、意愿、所有的人类情绪（包括爱、怒、妒、野心和怜悯）和相互沟通以及与人类沟通的能力。他们也拥有更强大的力量，可以做普通人无法完成的事情。他们的寿命更长，形态多样，日行千里，分身有术，可以游走于现实和超现实领域之间。"

维拉科查从不以真面孔示人，他说："如果我的属民看到我，他们会被吓跑。"在圣谷奥扬泰坦博，山崖上几处凹陷和凸起形成巨大的脸庞，人们称之为维拉科阐（Viracochan）——维拉科查的信使。那是大自然的鬼斧神工。陷入山体的凹洞构成眼睛和嘴部，突出的山石酷似鼻子，头顶上的古印加建筑像是给他戴上一顶王冠，他留着浓重的胡须，肩部还扛着一个大包。

维拉科查的事迹流传于安第斯山区的不同部落，版本不同，精髓却一致：维拉科查不仅创造了世界，还教化人类。

维拉科查神庙

其中一个版本的传说中，维拉科查有两个儿子，伊玛玛纳·维拉科查（Imahmana Viracocha）和托卡波·维拉科查（Tocapo Viracocha），此版本的传说中没有帕查卡马克。大创世和大洪水后，维拉科查让两个儿子分别走访西北和东北的部落，教导人类使用各种生活器具，将各种技艺传授给百姓，使黎民过上文明生活。他们一路命名所见到的树木、花草、水果和草药，教导人们哪些可以食用，哪些可以药用，哪些有毒。

维拉科查则伪装成乞丐一路向北，去了解人们是否遵从他的命令。他行经此地，人们有眼不识真神，反而攻击他们的创造者。维拉科查从空中投掷火球，点燃周边的山头以示惩戒。忤逆天神的人们惊恐万分，匍匐于地请求宽恕，维拉科查遂熄灭山火并公示身份。

于是人们在维拉科查现身的地方设立瓦卡（神所）来供奉。第十一代萨帕印加瓦伊纳·卡帕克御驾来此，修建了这座神庙，并塑造了维拉科查神像：头戴太阳作为王冠，双手持闪电，身边环绕着太阳的光芒，眼中流下的泪水化为甘霖。

尽管维拉科查为万民膜拜，但并不直接接受祭祀，而是通过其他神祇来传达，供奉其他所有神祇的官方祭祀都以萨帕印加的名义举行，而祭祀维拉科查则以其他神祇的名义进行。

　　神庙附近的大山为黑色火山岩浆所包围，或许火山喷发成为神话的佐料，那曾经喷涌而出的岩浆演变为维拉科查的怒火。

　　远远望去，一堵四五层楼高、百米长的土墙突兀地矗立在旷野中，那即是维拉科查神庙的残体。它让我想起天山脚下的克孜尔尕哈烽燧，玉门关侧畔的河仓城。一种亘古的荒凉感从胸腹升起，这堵 500 年历史的土墙见证了什么？

　　景区解说员绘声绘色地介绍了神庙的历史和结构，复原图也勾勒出了这座神殿最初的模样。

　　土墙高近 12 米，长 92 米，基座有两人高，用长方形安山岩石块砌就，墙体用土砖构筑。土墙是整个神庙的中心横轴，将神庙分为前后两个对称的长方形空间，土墙两侧 13 米处，各有一排 11 个圆形石头柱基，高 4 米左右，柱体已消失不见。从复原图看，茅草屋顶从中央屋脊向两侧延伸，盖过柱子，形成一座面积近 250 平方米的大殿，土墙上有

▼ 土墙是整个神庙的中心横轴，将神庙分为前后两个对称的长方形空间

▼ 围绕着拉克奇神庙，形成了印加帝国的地区性宗教、行政、军事和经济中心

八九处高数米的门洞，朝圣者可以通过门洞穿行于神殿两侧。这座维拉科查神庙是整个印加帝国最大的单一屋顶建筑。

神庙附近有一处泉水和池塘，是其附属结构，可能用于祭祀仪式。

围绕着拉克奇神庙，形成了印加帝国的地区性宗教、行政、军事和经济中心，周长4公里。神庙北侧有12个生活区，居住着祭司和行政官员，每个区域的墙壁上都设有神龛。附近的印加古道边，坐落着官仓——坦博，八座长方形的建筑围绕着一处庭院，152处平行分布的圆形仓库，每个直径10米，用于储存玉米、藜麦、陶器、织物、服装和军事装备等。外墙之外的干壕沟，加强了此处的防御功能。

❖ 维拉科查再次现身
——印加人的宿命？

维拉科查和两个儿子来到库斯科，又前往太平洋，缓缓走上水面，消失于西方茫茫大海，再没有归来。在秘鲁沿海，从南到北，直达厄瓜多尔，都流传着这个神话，其传播范围与印加帝国的扩张步伐和疆域大抵一致。

维拉科查消失，太阳神印缇没有了竞争对手，独占万神殿头把交椅。或许可以理解为：维拉科查本是泛安第斯山脉所有部落的最高神灵，当印加人成为统治部落，试图将本部落与其他部落区别开来，遂树立太阳神信仰，篡改神话，让原有最高神祇体面地退出，使本部落神上升到最高地位，以加强其统治。印加版本的神话中，太阳神是上界主神，印加人发轫之地的安第斯高原属于上界，维拉科查演化为下界主神，掌管人类居住的大地、海水和地下世界，海岸平原和海洋属于下界。

在安第斯山区人们的心中，维拉科查还会从大海回归。西班牙殖民者乘船而来，他们白皙的皮肤和浓密的胡须恰好符合传说中维拉科查的形象，恰好印证了维拉科查将从海上返回的预言。第十一代萨帕印加瓦伊纳·卡帕克听闻有长相奇异的人乘大房子出现于海上，而他也患上了奇怪的疾病（天花），或许，这一不祥的序曲，使他更加相信帝国的宿命。毕竟，谁能扛住注定倒塌的石墙呢？

西班牙编年史家甚至宣称，弗朗西斯科·皮萨罗抵达安第斯山区时，即被称为维拉科查。但这一故事只记录于西班牙人的书籍，在印加人中并无流传，现代学者更倾向于此乃殖民者的凭空杜撰。

为便于统治，西班牙人极力加强这一预言，将维拉科查描述为白色人种、中等身材、身穿白色长袍、手持法杖和书本的形象，这不免令人联想到西班牙入侵者的肤色，以及上帝的代言人手持《圣经》和十字架的模样。

殖民者巧妙地利用这一暗示，却不能容忍异教徒的创世神，最终还是破坏了维拉科查的神庙，独留一堵高大的土墙和22个石柱基见证数百年的风云变幻，终成历史的遗影。

即使只见雪泥鸿爪，我们仍可想见漫天惊鸿舞翩跹。

的的喀喀湖
——安第斯文明的家园

从拉克奇往南，延伸到玻利维亚，是广袤的阿尔蒂普拉诺高原。我们翻过海拔 4338 米的拉拉亚（La Raya）垭口，经行海拔 6384 米的奥桑加特（Ausangate）神山，穿过寥廓的草原，向的的喀喀湖驶去。

车里播放着粗犷的安第斯民谣，我头脑中却回响起另一首歌："在雅鲁藏布江把我的心洗清，在雪山之巅把我的魂唤醒，爬过了唐古拉山，遇见了雪莲花……"远隔重洋，安第斯山脉深处和青藏高原的地理环境惊人地相似，相近的海拔，相近的地貌，甚至人们都有着相近的高原红，令我倍感亲切。

阿尔蒂普拉诺高原的野生动物曾一度极为繁盛。印加帝国深深懂得不竭泽而渔、不焚薮而田的道理，如同保护海岛的鸟粪资源，他们对草原也倍加呵护。帝国对捕猎有严格限制，每年组织"查古节"狩猎，在不同草场轮流进行，数万名狩猎者逐渐缩小包围圈，将动物驱赶到一起。随后，他们捕捉美洲狮等大型动物，但释放雄兽（它们作为种兽，有利于繁殖）。在剪毛后将原驼和骆马释放，同时释放无毛可剪的鹿类。殖民地时期，由于过度捕杀，野生动物数量大幅度减少，原驼和骆马几乎绝迹。后经长时间保育，草原生态才逐渐恢复。

克丘亚人世代居住于此，一些村落稀稀落落地点缀在草原深处，房屋用石块或土坯建造，顶部覆以干草。沿途偶见披着"利克利亚"披肩的妇女，身穿篷乔斗篷的男子以及成群的羊驼和绵羊。

阿尔蒂普拉诺高原牧民与羊驼联系密切，沿用"查古节"名称，每年 6 月 20 日前后举行盛大的剪毛仪式和演出活动，以祈求羊驼繁衍生息。仪式由巫师主持，他们以羊驼血涂面，饮用羊驼血，焚烧古柯叶，牧民载歌载舞，随后剪毛季正式开始。

薄暮时分，我们抵达的的喀喀湖滨的普诺，夕阳隐藏在大山之后，深蓝色的天空令人沉醉，街灯散发着柔美的淡黄色光，的的喀喀湖上一片宁静，游船停泊在岸边，随波浪起伏，反射着微弱的光。

神话的渊薮，文明的摇篮

的的喀喀湖，如同高原明珠，隐藏在阿尔蒂普拉诺高原盆地中，海拔 3812 米，面积 8600 平方公里，为秘鲁和玻利维亚两国所共有。它是安第斯人心中的圣湖，被赋予数不清的神圣而美丽的神话传说，也孕育了一系列璀璨的文化。

宇宙洪荒，暴雨突如其来，天地色变，洪流肆虐，大地成为汪洋，高山沉没在水面之下，人类在洪水中哭喊。但一对夫妻从容地逃过这场大劫难。受到创世神维拉科查的预示，他们在洪水来临前建造了一条船，随洪水漂流，最后停泊在高山上。洪水期过后，太阳光首先照射到的的喀喀湖，照射到太阳岛。这对夫妻成为仅存的人类，在这里繁衍生息。

这个安第斯神话世世代代流传在的的喀喀湖周边，与《圣经》描述的史前大洪水如出一辙，这对夫妻像是亚当和夏娃，他们乘坐的船又像是诺亚方舟。神话似乎在暗示，的的喀喀湖是残余的洪水，湖边的雪山是神话中的高山，那对夫妻就是印加先祖。

凄婉的爱情故事最能打动人心，水神的女儿伊卡卡爱上了水手蒂托，私下结为夫妻，水神大怒，用滔天巨浪淹死水手，伊卡卡悲恸不已，将蒂托化为山峰，自己则化作清澈的泪湖，永远守护那片山峰。人们将他们的名字合在一起，来命名这湛蓝的湖水——的的喀喀湖。

的的喀喀湖孕育了从普卡拉、蒂亚瓦纳库到考雅、乌鲁斯在内的一系列文化。

从拉克奇维拉科查神庙一路向南，到达的的喀喀湖区北端，途径普卡拉小镇。普卡拉人在与竞争对手塔拉科共存2000年后，终于在公元前250年前后，战胜、洗劫并烧毁了塔拉科，迅速腾飞。在的的喀喀湖区，是普卡拉人最早建立了具有国家特征的社会，建立了城市化居住地。

而蒂亚瓦纳库文化则成就了湖区的辉煌时期。公元500—1100年，蒂亚瓦纳库曾建立跨智利北部、秘鲁南部和玻利维亚的强盛帝国。随着的的喀喀湖水面下降，如今的蒂亚瓦纳库已经距离的的喀喀湖12公里，但在蒂亚瓦纳库时代，这个拥有3万—5万人口的港口城市还临近湖边。

蒂亚瓦纳库不仅是帝国行政中心，也是一座圣城。居住在的的喀喀湖周边，说艾马拉语的印第安部落将它视为圣地，印加帝国也极力与蒂亚瓦纳库联系在一起。蒂亚瓦纳库厚重的太阳门，数千年来从不曾关闭，那些神秘的符号依旧在等待人们解读，期待未来考古能给我们更多关于蒂亚瓦纳库的启示。

印加帝国编纂了部落起源神话。太阳神印缇令其子女曼科·卡帕克和玛玛·沃里奥结为夫妇，从的的喀喀湖出发，穿越阿尔蒂普拉诺高原，在库斯科建立了印加帝国。实际上，印加部落只是库斯科盆地中的小部落，但其通过部落联盟迅速发展，成就了南美历史上疆域辽阔的庞大帝国。的的喀喀湖在安第斯文明中有着神圣的地位和强大的影响力，萨帕印加遂重构了印加的起源神话，将印加部落与的的喀喀湖联系起来。

第八代萨帕印加维拉科查开始向的的喀喀湖区拓展，着手与湖区部落建立联盟。第九代萨帕印加帕查库特克击败考雅人，取得了的的喀喀湖区的统治权，考雅人、乌鲁斯人和塔基雷人都成为印加的顺民。印加人终于来到他们号称祖先秉承太阳神意旨出发的地方，来到太阳岛和月亮岛，在太阳岛上修建了黄金装饰的金碧辉煌的太阳神庙，向他们的父神献祭；他们也控制了心目中的圣城蒂亚瓦纳库，使萨帕印加前往圣城朝圣成为可能。在印加帝国的圣所里，的的喀喀湖神庙的重要性仅次于库斯科的太阳神庙科里坎察。

取得的的喀喀湖区的控制权，除了精神层面的重大意义，印加帝国可能更垂涎于的的喀喀湖彼岸，玻利维亚低地地区的农场，那里的产出可以满足帝国对农作物乃至古柯叶的庞大需求。

的的喀喀湖区成为西班牙人最后占领的地区之一。得知西班牙人要前来太阳岛掠夺黄金，印加人将太阳神庙中的黄金抛洒进的的喀喀湖，用悲凉的方式完成向太阳神献祭的最后仪式，也终结了一个文化，终结了一个时代。

从此，安第斯文明之光在风中摇曳，西方文明在安第斯山脉、在的的喀喀湖区狂风暴雨般席卷而来，在这宽阔而古老的大地上烙下深深的印痕。一些延续数百年的传统戛然而止，但一些安第斯文化的元素依然顽强生存下来，一种混合古柯叶和橄榄、奇恰酒和葡萄酒味道的文化在这里延续。

不同文化的融合是历史发展的必然，传统文化自有其浑厚旺盛的生命力，先进文化却有尖锐的穿透力。的的喀喀湖区，这样的文化冲撞和融合已经进行数千年，时而舒缓，时而猛烈，而今仍在我们的注视下进行着。对这样的变化，我们似乎触手可及，但却又不忍施加额外的影响。

漂浮岛
——乌鲁斯人的最后领地

的的喀喀湖是我儿时的梦想之地。我会永远记得历史课本上那一幅插画：一叶芦苇船在湖面上飘荡。芦苇船与手持棍棒的印加士兵，

构成我心目中最初的安第斯印象。来到乌鲁斯人的世界，寻找梦中的芦苇船，踏上传说中的漂浮岛，我为寻梦而来。

距离普诺5公里，的的喀喀湖上有几十座漂浮岛，每座小岛居住着有血缘关系的四五户人家，他们用香蒲铺设小岛，用香蒲盖房，用香蒲制造小舟。这就是乌鲁斯人，这就是独特的乌鲁斯文化，或称香蒲文化。

早在蒂亚瓦纳库时期，乌鲁斯人就用香蒲编造小船航行于的的喀喀湖。几个世纪前，他们可能从热带丛林迁徙而来，但难以战胜强悍的考雅人以取得立足之地，不得不在水上生活，遂建造了独特的可以随时移动的漂浮岛，成为真正的水上部落。其后为逃避印加帝国不断增加的兵役，他们一直在水面上飘荡，风的去处，便是他们的去处，远离尘嚣，遗世独立，直至今日。对于他们来说，时间仿佛被封锁进

▼ 岛民向我们介绍如何建造一座小岛

一个胶囊，失去了意义。如果一定要找寻适当的类比，陶渊明笔下桃花源中的人们与他们颇有几分相似，有学者认为桃花源的居民很可能是被秦国灭亡而逃入武陵源的巴国遗民后裔，他们"避秦时乱"，"不知有汉，无论魏晋"。

目前有几百名乌鲁斯人居住在漂浮岛。他们结束了与世隔绝的生活，开始与外界交流。

我们来到一个小岛做客，好客的岛主向我们介绍了构造小岛的步骤。他们首先将互相缠绕、带泥的芦苇根部切割，形成一块块带有芦苇根的方形建筑材料——芦苇根砖，将它们拴在一起作为小岛地基，再在其上层层铺设香蒲，小岛即告完工，最后用锚将岛固定，不再随波逐流，只有遭遇大风或大船经过时才能感觉到漂浮岛缓缓转动。听到他们绘声绘色的介绍，大家都跃跃欲试，想要亲自动手切割芦苇根砖了。大家很想知道小岛坚固性如何，忍不住在"地面"上跺上几脚，甚至有人开始跳跃起来。大家打趣说，千万不要从窟窿里掉下去，这里水深至少20米。而小岛经受住了我们的连番折腾，显示出极佳的稳定性。香蒲长期浸泡在水中，极易腐烂，乌鲁斯人需要不断往浮岛上添加香蒲。小岛一角搭建着炉台和灶具，我很担心是否会不小心引起火灾。

小岛上用木架撑起一个瞭望塔，昔日观测敌情的塔楼现今成了观光平台，在松软的香蒲岛上，攀登摇摇晃晃的瞭望塔需要一点勇气。在塔上极目远眺，那些轮休的岛主们正悠闲地晒着太阳，有的岛主甚至还在岛上放起一把火，据说是要清除岛上的设施，重新装修，我关于失火的疑问也就打消了。

岛主带我们参观房舍，香蒲制作的墙壁上挂着一些衣物，靠墙搭建的香蒲床是房间中唯一的家具，床上铺着一块色彩艳丽的毯子，墙壁上围着塑料布，用以挡风遮雨，这块塑料布是整个房间中唯一现代化的用品。按照印加帝国的规定，居民不得在家中放置任何家具，即使使用被称为"度渥"的小板凳也是王族特权。小岛居民已经习惯了席"苇"而坐。我好奇地拍摄房间陈设，幽默的岛主很麻溜地斜躺在床上做起了模特，我们相视大笑。

港口附近的乌鲁斯人已将旅游业作为新的经济来源，形成了约定俗成的管理规范，大家轮流接待游客，以确保每个小岛机会相对均等。的的喀喀湖较深处，还有一些传统的乌鲁斯人，他们仍坚守古老的传统，依靠捕鱼、捉鸟蛋、纺织和打猎为生，基本不涉足旅游业。

乌鲁斯女人都是纺织能手。她们身着鲜艳的服饰，在香蒲上席地而坐，乌黑油亮的粗辫子甩在身后，身边放置着各色毛线，将编织物搭在膝盖上，用一段长7—8厘米的针进行勾勒。她们的作品很有抽象派风格。一幅织毯中，芦苇船在水面荡漾，美洲狮头憨态十足，舌头伸出，似在大口喘气，船上乘客脸型接近正方，巨大的耳环孔眼有半个耳朵大，白色牙齿凸出，占据脸部三分之一，画面其他部分，头戴羽毛的印第安武士正在冲锋。只是一件编织物就将我们带入几百年前的神秘时代，或许此中隐藏着乌鲁斯文化的一些古老记忆？

男人们头戴尖顶编织帽，两侧垂下线穗和线球，身着白色镶花边上衣。他们都擅长编织香蒲船，传统香蒲船长四五米，宽一米左右，两头狭窄，船首和船尾高翘如月牙，船首常用美洲狮等动物头来装饰，他们就坐在这高翘的月牙部位划船、打鱼。随着旅游业的发展，乌鲁斯人改进了香蒲船，加宽了船身，在船首增加了两个动物头，添设了二层观光平台。

安第斯人是使用香蒲或芦苇的行家里手，也许善于学习的印加人向乌鲁人学会了这项技术，也许他们本就精于此道。印加帝国修建了庞大的公路系统，遇到平缓的河流，他们把浮力很大的芦苇船拴在一起修建浮桥，而在水流湍急处，则用芦苇制作吊篮，将人用吊篮拉过河，形成独特的空中芦苇船。

关于美洲原住民的起源，现普遍观点是其先民从西伯利亚穿过白令海峡，再陆续迁移到美洲大陆。但多来源理论依然存在，比如早期人类从波利尼西亚乘船穿过太平洋来到南美大陆。甚至有人猜测，早期人类也可能从非洲乘船穿越大西洋到达南美洲。正是的的喀喀湖上

▼ 乌鲁斯人改进了香蒲船，加宽了船身，在船首增加了两个动物头，添设了二层观光平台

的香蒲船为这一猜测提供了灵感，乌鲁斯人的香蒲船与古埃及草船惊人地相似。一位挪威航海探险家曾在1960年建造草船，试图横渡大西洋，尽管首航失败，但这没有阻挡他的雄心。他基于乌鲁斯人的香蒲船，建造了一艘芦苇船，最终在十年后实现了草船跨洋的宏愿。这虽然不足以证明确实有早期人类从非洲偶然飘来南美，但至少说明乌鲁斯人香蒲船功能之强大。

岛主家的小姑娘好奇地盯着我们，胖墩墩、沉甸甸，脸庞泛着高原红，两根大辫子粗黑，发丝不服管教地蓬松着，牙齿洁白，大眼睛乌黑明亮。小姑娘善于绘画，并送我一幅蜡笔画。画中，红色水鸟正在芦苇丛中孵蛋，扑闪着翅膀迎接回巢的伙伴，海豚在水中嬉戏。孩子想象力丰富，将的的喀喀湖上的水鸟和鸟蛋与来自海洋的海豚结合在一起，或许，这显示了孩子对现实的洞察力，也显示了她了解外部世界的渴望。

岛主介绍，孩子已到上学年龄，漂浮岛上设有小学，靠老师每天从普诺来上课。但到初中，孩子们就需要去普诺上学了。

旅游开发将漂浮岛与城市连接在一起 ▶

长期以来，乌鲁斯人与陆地和周边小岛上的艾马拉人通婚，女孩子经常出嫁离开漂浮岛，男孩子婚后则继续住在漂浮岛。受此影响，乌鲁斯人的语言正在慢慢消失，艾马拉语逐渐成为他们的通用语言。

　　很多年轻人毕业后，不愿回到漂浮岛继续传统的生活方式，转而留在城市中工作。政府为乌鲁斯人提供教育机会，帮助规范旅游业，但并不干涉他们的选择。豁达的乌鲁斯人充分理解年轻人的向往。

　　乌鲁斯人的生活方式无疑是落伍的、背时的，但我们反躬自问，他们生活于此，怡然自得，世间的纷纷扰扰又有何干呢？一些乌鲁斯人依然生活在漂浮岛，最初迫使他们离群索居的压力不复存在，有的只是固化在血液中的香蒲文化和生活方式。旅游业慢慢影响到他们的生活，而更大的牵引力则来自5公里外的城市。关于未来的选择，除内心的文化坚守与外部世界吸引力之间的矛盾，他们还需要考虑更多

▼ 漂浮岛的岛民向我们告别

实际问题，诸如生活便利、子女教育、年轻一代对外部世界的渴望、城市中高昂的生活成本等。

我们乘坐香蒲船告别漂浮岛居民，妇女们站在岸边唱起悠扬激越的民歌，挥手送行，橙黄亮蓝的服装在高原阳光下尤为耀眼，她们脚踩香蒲岛，身后是香蒲搭建的房屋，还有一丛绿油油的香蒲在生长，怀抱中年幼的孩子犹自懵懂。这里是她们的家，乌鲁斯人的世界，香蒲的世界。我则陷入沉思，若干年后，当我再次来到的的喀喀湖，是否还有机会看到漂浮岛？桃花源中人特地嘱托来者，勿与外人道之，再访者"不复得路"，桃花源遂无人问津，而漂浮岛距离普诺咫尺之遥，又如何可以隐遁？

夜晚，漂浮岛陷入黑暗和寂静。普诺灯火通明，游行队伍的喧哗和夜生活的笑声可以清晰地传到五公里外的漂浮岛。岛民们，他们自己，他们的孩子是否还能独守这份宁静？透过眼前的蛛丝马迹，我已经可以预见到漂浮岛的未来。

风变得迅疾，带着凉气扑面而来。猛的一道闪电将夜幕撕开个大口子，一声炸雷让天地震颤起来，随后到处是闪电，满天都是惊雷，暴风雨来了。有那么一刻，我有些担心漂浮岛上的人们，但随即哑然失笑，知道自己是杞人忧天了。上千年了，什么样的恶劣天气他们没有遇到过？

❖ 塔基雷岛
——传统文化的坚守者

正值春寒料峭，我们乘船从乌鲁斯漂浮岛出发，向的的喀喀湖深处的塔基雷（Taquile）岛驶去。的的喀喀湖北侧，玻利维亚境内的山峰依然白雪皑皑，天空的蓝色令人沉醉，白云似乎在头顶触手可及，船尾的秘鲁国旗在高原劲风中猎猎作响。3个小时后，游船到达塔基雷岛。

　　弃舟登岸，我们沿石头铺就的小路攀爬 100 多米高，前往半山腰的村庄。沿途可见三三两两的游客，也可见身着传统服饰的村民从身边经过。不同于周边说艾马拉语的小岛，塔基雷岛 2500 名居民与印加人同属克丘亚人，操克丘亚语。

　　小岛距离普诺 45 公里，其名称昭示着历史的变迁。印加帝国时期，小岛的克丘亚语名为印缇卡（Intika）。随着西班牙人入侵，小岛不可避免地沦陷了，成为秘鲁境内最后被占领的地区之一，被分封给来自西班牙塔基雷的罗德里格伯爵，这位伯爵以家乡的名字重新命名了小岛。

　　塔基雷岛面积只有 7 平方公里，徒步一周也就十几公里。小岛分为六个居住区，在村庄入口和不同居住区之间的分界处都有一道奇特的拱门作为标识，拱门和两侧石柱顶部分别有人头雕塑。这些拱门已存在上千年，曾迎接了印加和西班牙的统治者，以及来自世界各地的游客。

穿过拱门，进入村庄，来到中心广场。孩子们在嬉戏，几位身着民族服饰的年轻男子摆好姿势供游客拍照，以取得一些收入，很多老年男子从容不迫地编织着。

塔基雷人依然遵守着始自印加帝国时期的三条黄金道德标准：不偷盗，不说谎，不懒惰。"不懒惰"的概念被印加帝国发挥到极致，完全不同于我们头脑中的勤勉。印加人认为，所有人都应始终处于忙碌状态，任何情况下都不应浪费片刻光阴。当地人在走路、与人交谈或做客时都不会停止编织、纺纱或搓线。

颇为有趣的是，塔基雷人的编织完全由男人进行，他们从六七岁就开始学习编织。高原地区昼夜温差大，老人们一边在广场上享受着午间暖阳，一边熟练地忙着手中的编织活儿。我们这些没有编织经验的游客充满好奇，纷纷凑上前去看个究竟，老人们并不介意受到打扰，反而会稍许降低编织速度，让我们仔细看个清楚。

塔基雷男人的编织手艺关系到婚姻大事，绝非儿戏。当男子向心仪的女子求婚时，需要展示精湛的编织技艺。他们将水倒入亲手织就的帽子里，以证实这件编织品足够密实，连水都不能渗透，然后喝下帽子中的水，就可以赢得美人归。

塔基雷人精美的编织品被认为是秘鲁质量最高的手工艺品，被联合国教科文组织评定为人类口头和非物质文化遗产。

男人顶端带穗的尖顶帽最为特殊，尖顶部分很长，可以耷拉到脸颊。帽子既可用来鉴别身份，也可用以表示心情。已婚男子的帽子为纯红色图案，未婚男子则为红白双色。如果你看到有人帽子向右侧耷拉下来，那表示他心情很好；如果垂在左侧，那简直就是在说：别理我，烦；而忙于编织的男人，则习惯于将帽子尖向后垂下，显示出专注的模样。

殖民者为强行割断秘鲁人与安第斯传统的联系，禁止秘鲁人穿传统服装。18世纪末，卡洛斯三世参照西班牙埃斯特雷马杜拉、安达卢

▼ 已婚男子的帽子为纯红色图案，未婚男子则为红白双色

西亚和巴斯克地区农民的服装重新设计，规定了安第斯人的新服装，托莱多总督甚至命令妇女的头发必须中分。塔基雷岛民添加了一些安第斯风格的服饰和饰件，如斗篷、腰带和古柯叶形状的小包等。直到今天，他们仍保持这样的服饰传统。

妇女服装色彩鲜艳，披黑色头巾以遮蔽高原强烈的紫外线。男士则身穿白色立领上衣，外套黑白或蓝白色马甲，马甲前襟很短，仅及胸部，身后则及腰，腰间系红色宽腰带。已婚男子的腰带是结婚时妻子送给他的礼物，其中编织着她的头发，代表不离不弃，永不分离。

看着他们的服饰，新奇之余，也能体会到其间所蕴含的复杂情感。他们的祖先在成为西班牙顺民的同时，仍努力保有民族元素，保持与历史传统的联系，表达无声的反抗。

塔基雷人的服饰令我联想到秘鲁天主教中圣母和基督的形象。历经数百年殖民统治，秘鲁大多数人信仰天主教，但艺术家们却让圣母以安第斯妇女的形象出现，她脸颊泛着安第斯山区人独有的高原红，手持安第斯人纺线的线团，长裙则是安第斯山脉的形状，而基督则穿上了安第斯人的凉鞋。

导游露西娅已多次来到塔基雷岛，对塔基雷人有独到的解读："他们以独有的方式顽强生存，吸收外来文化的同时，又保留了诸多民族传统。或许，岛民们唯有表示接受了西班牙文化，才有机会更好地保留自己的传统，在妥协中达到共存。他们在服装中融合西班牙和安第斯元素，也将天主教和安第斯古老的宗教和文化结合在一起，同样令人赞叹。塔基雷人大部分信奉天主教，但他们仍坚持安第斯传统宗教，信仰大地母亲帕查玛。大地母亲管理收获、耕种和动物繁殖，塔基雷人在从事重要活动或旅行之前，都要向大地母亲贡献古柯叶以祈求保佑。"

露西娅向我叙述了有关塔基雷岛节日的故事。每年在普诺举行天主教圣母节和更富民族色彩的建城节时，塔基雷岛居民都会倾岛前往，参加游行。岛上最重要的节日圣迪亚哥狂欢节就结合了对天主教圣徒的纪念和向大地母亲的献祭。每年7月25日，狂欢节以向圣徒祈祷开始，随后是连续十天的编织品展示和狂欢，居民们演奏起音乐，跳起舞，整个活动逐渐达到高潮，在8月5日以向大地母亲帕查玛举行献祭而结束。每年复活节，村民们也会到小岛最高处的神庙穆尔辛帕塔（Mulsinpata）向大地母亲献祭。岛上的主要节日已经将安第斯和西班牙文化天衣无缝地融合在一起。

说到这里，她突然露出一个顽皮的微笑："每年的集体婚礼和劳动仪式也是文化融合的有趣范例。印加时代的法律规定，居民只应在本村庄内通婚以保持血缘纯粹，各行政地区每年举行一次集体婚礼。塔基雷岛人至今仍遵守这一传统。5月15日是西班牙的圣伊西德罗节，这位马德里主保圣人在祈祷时，曾看到两位天使让犁自动耕作。塔基雷岛民将圣伊西德罗节与印加传统集体婚礼结合起来。节日当天，除进行集体婚礼外，还会组织两支队伍进行牛耕比赛。塔基雷村民组织

▼ 每年复活节，村民们也会到小岛最高处的神庙穆尔辛帕塔向大地母亲献祭

▼ 岛上正在举行活动

266

乐队奏乐，人们盛装出席。两头披挂鲜亮毛毯的耕牛拖着犁闪亮登场，两组参加劳动比赛的村民佩戴面具进行表演。而新人们则首先在教堂举行天主教仪式，再回到各自家中举行传统的印加仪式。将圣伊西德罗节和传统婚礼以这种诙谐有趣的方式结合在一起，也体现了岛民的智慧和幽默。"

听到这里，我也不禁大笑："大概西班牙人想不到他们的节日居然会在南美洲内陆的小岛上以这种方式演绎着。"

对文化传统的坚持也在于对下一代人的培养，塔基雷岛设有小学和初中，老师们都来自普诺，孩子们的校服是传统塔基雷服装，学校越来越重视克丘亚语教育，教导孩子们用克丘亚语唱国歌。

塔基雷经济基于捕鱼、梯田耕种、马铃薯种植和编织。这里的梯田已经有千年历史，每户人家都拥有6—9块田，并让田地轮休轮耕以保持地力。

岛上的学校，校服是传统塔基雷服装

▼ 塔基雷岛居民

　　随着旅游业兴起，每年有大量游客来到小岛。塔基雷岛外的旅游机构一度控制了岛上的旅游业，岛上居民获益甚少，随后塔基雷人成立了旅游服务机构，重新掌握了控制权。岛上居民向游客兜售工艺品，价格统一，收入的一部分上缴集体。岛上可提供家庭住宿和餐饮，也可以为旅行团队安排住宿。

　　塔基雷人深知世界并不是一座孤岛，外部世界对小岛的文化冲击不可避免。但塔基雷居民对文化传统的坚持令我感动，这种坚持是智慧的、全方位的和系统的，不仅体现在服饰、婚姻、宗教、各种形式的嘉年华以及对孩子的教育上，更重要的是他们考虑到了经济和旅游的因素。拥有独立自主的经济，才有足够力量应对外界影响；控制旅游业，不仅减少了外部世界对岛民生存环境的挤压，也降低了无序竞争带来的道德风险。只有变化才是永恒的，塔基雷传统文化在遭遇西班牙文化冲击后依然按独特的轨迹运行，相信他们也会在现代化社会的影响下保留自己的特色，同时不被外部世界遗忘。

拱门上雕刻的不再是人像，而是十字架 ▼

离开村庄，沿梯田间小道前往返程码头，途经一座拱门，意外发现其上雕塑不再是人像，而是十字架。一个简单的变化，体现了岛民们的生存哲学，这与他们对服饰和节日的变通有异曲同工之妙。这座千年拱门凝结着历史，也通向未来。

❖ 普诺——土风之都

普诺，的的喀喀湖畔的中心城市，其教堂没有库斯科那么高大，兵器广场没有利马那么开阔，也没有马丘比丘那么宏伟的遗迹，甚至大部分房屋屋顶钢筋裸露，显露出一副颓废的景象，据说当地居民为避免缴纳房地产税，都在屋顶留下钢筋，表示房屋尚未完工。

但普诺是秘鲁的"土风之都"，以更生动的方式展示了安第斯和西班牙文化的融合，更鲜活地展示了文明发展的进程。

普诺每年有 250 场狂欢节和传统舞蹈表演，普诺人似乎有三分之二的时间在举行游行。

圣母节是秘鲁最盛大的节日，在普诺以超豪华阵容上演。每年 2 月初，整整一周时间，140 个舞蹈团、40000 名舞蹈演员和 12000 位音乐家走上普诺街头，连续不间断地举行山地舞、猎人舞、牧民舞、农业舞、嘉年华舞、婚礼舞、武士舞、剪刀舞、神秘舞等各种传统舞蹈表演。

建城节是普诺独有的节日，人们把这一天献给印加帝国开创者曼科·卡帕克和玛玛·沃里奥。游行中，人们再现曼科·卡帕克夫妇离开的的喀喀湖前往库斯科建都的场景，再现人们引以为豪的印加文化，表演普诺人特有的舞蹈。

我很遗憾没有机会参加这两场盛会，但我们的运气肯定不是最差的，至少没有错过几乎每天都会举行的普诺游行。傍晚，我们刚从的的喀喀湖返回，准备买几瓶葡萄酒狂欢，就被街头的喧哗吸引，我们适逢一场真正的狂欢——当地大学组织的盛装游行。

狂欢是热情的、奔放的、怪诞的、野性的，它不再是纯粹的安第斯风情，也不是纯粹的西班牙风格，它是一种浓郁芳香的混合体。整个狂欢是献给神灵的，所有服饰，所有舞蹈，所有音乐都为神灵而铺陈，为神灵而存在。

一张张舞者的面孔显示了血统差异，有混血的梅斯蒂索人，有典型的安第斯人，他们共同演绎着极具拉丁风情的奔放舞蹈，昂首挑弄、低眉浅笑、抖肩回首、扭胯提臀、挺胸阔步、旋转摆裙、回旋急转、连续纵跳，无不展示出狂放野性的风韵。

不同服装凝结了各种文化背景，礼帽、衬衣、领带、小马甲、华丽的披肩以及西式礼服、百褶长裙还有短裙、短袖上衣，局部配件更体现了浓重的文化色彩，有各种五彩羽毛、金银丝装饰、花边、太阳和月亮图案、美洲虎、蛇头手杖以及秃鹰头饰等；还有一群群魔鬼竞相登场，饰演者头戴恐怖面具，身穿怪诞服装，载歌载舞，展现善良

狂欢节上的舞者

最终战胜恶魔的场景。人之奔放、神之庄重、鬼之诡谲交相混杂，混混沌沌，浑不知谁是主角，谁是配角。神灵崇拜已经退居次席，原初的宗教游行已经彻底让位于纯粹的精神宣泄。

乐队也综合了不同风格的乐器，来自欧洲的大军鼓、小军鼓、钹、圆号、小号、长号和吉他纷纷登台，来自秘鲁的排箫和竖笛也不甘落后。

观众永远是演员倾情表演的动力，我惊讶于普诺人对狂欢的热爱。普诺几乎每天都有狂欢，能够保持如此高频率的演出，不仅需要表演者乐此不疲，更需要观众持续不断的支持。眼前，人山人海，人声鼎沸，电视台也在现场直播，充分显示了普诺人热情奔放的性情和对生活强烈的热爱，他们将音乐和舞蹈视作语言之外的又一表达方式，也唯有如此，才能永葆城市的活力。

在秘鲁，与欧洲文化的相遇并不是欢快的，甚至是悲惨的，但却不以悲剧结尾。排箫传承自卡拉尔，是安第斯之魂，是安第斯乐器中的王者，它由数根乃至数十根竖笛组合而成，这种古老乐器吹奏出的乐曲旋律丰富，节奏独特，和声浓郁。如同西班牙人禁止秘鲁人穿着民族服饰，排箫作为安第斯文化的代表也被教会禁止。然而尽管历经数百年西班牙殖民统治，顽强的安第斯人依然保留了这种独特的乐器和吹奏手法。如今排箫已走出阴影，可以与来自西方的吉他同台演出了，尽管要达到管瑟和谐，仍需时日去磨合。

普诺依山面水，房屋围绕海湾沿山坡层级修建。夜晚，灯火通明，倒映在的的喀喀湖面，颇有一些现代化城市的氛围。城区的狂欢逐渐结束，街头慢慢恢复了平静。远处乌鲁斯人的漂浮岛一片漆黑，阒寂无声，与普诺城形成鲜明对比。刚刚目睹两个世界文化几百年来激烈碰撞与融合的展示，此刻，在灯火通明和黑暗之间，我们正亲身经历另一场文化冲击和坚守。我伸出手臂，似乎可以感受到其间暗流涌动，但面对这种文化进程，我们的任何举动都那么被动，那么苍白无力。

❖　斯路斯塔尼墓葬塔

　　清晨，我们从安东尼奥酒店出发，计划穿过普诺市区，前往斯路斯塔尼（Sillustani），随后赶往机场。意外地发现普诺市民在每条街道两端都垒起石块，洒下碎玻璃渣，点起火堆，举行抗议示威，整个城市交通几乎完全阻断。露西娅既忧虑后面的行程，也深恐示威活动升级，威胁我们的人身安全。好在当地司机熟悉路线，带领我们七拐八绕，绕行社区道路，最终从半山腰一条乡村土路钻出普诺，脱围而出。有惊无险。经询问，得知他们举行示威活动是因为燃气费涨价。一个小插曲，令我看到秘鲁人民温和背后的另一面，谁能料想到，前一晚载歌载舞的人们，早晨即成为示威的主角。

　　行驶35公里，来到斯路斯塔尼，这里散落着考雅人的墓葬塔，散落着神秘的死亡宫殿。

　　斯路斯塔尼海拔4000米，在清冷的早晨，颇有一些凉意。整个墓葬区坐落在深入乌玛约（Umayo）湖的半岛上，湛蓝的湖水环绕，黄色的高原草像给大地铺上一层地毯，一些青色的石块点缀其间，石面上生长着黄绿色和橙色的苔藓，偶有几只小鸟掠过头顶。数十座高低不同，形制大致接近的石制墓葬塔分布在半岛上。

　　一位当地妇女早早来到湖边，她身着红色开衫，绿色长裙，满脸高原红，笑容可掬，一只小骆马守在她身边，扎着红头绳，娇小可爱，期待成为游客们的模特。我心下琢磨，她应该是考雅人吧。

　　说着艾马拉语的考雅部落，居住在的的喀喀湖西北方向，骁勇好战。蒂亚瓦纳库文化长期控制的的喀喀湖周边，蒂亚瓦纳库逐渐衰弱后，考雅人开始兴起，并控制了整个湖区。正是不敌考雅人，从热带雨林迁徙而来的乌鲁斯人才被迫在湖心生活，成为漂浮岛居民，开启了不同的篇章。

　　第九代萨帕印加帕查库特克征服了考雅人，《印卡王室述评》中，作者用一个章节描述了这场战争。并不嗜血的帕查库特克通过长期围困，

▼ 湖边等待游客拍照的当地妇女

用饥饿战胜敌人，臣服的考雅部落成为印加帝国东南部的军事屏障。

对死者和氏族关系的尊重是考雅文化的一部分，他们有独特的丧葬礼俗。西班牙征服之前，这些直径4—5米，高2—12米的墓葬塔都用于精英阶层的墓葬，后人称之为楚亚帕（chullpa）。每座墓葬塔都是家庭墓室，考雅人将首领和贵族与他们的家庭成员安葬其内，并以食物和日用品等陪葬，作为死者在平行世界生活的必需品。

露西娅是虔诚的天主教徒，她花了一点时间向我们介绍 chullpa 这个单词的来历。十六七世纪之交，意大利耶稣会士卢多维克·贝尔东尼奥来到秘鲁南部，长期生活在艾马拉人中间，创造了艾马拉文字，并以之写作，甚至出版了几部艾马拉语书籍，包括出版于 1612 年的艾马拉语字典。这位深受尊敬的耶稣会士将半游牧民族采用殡葬篮（basket burial）下葬的方式称为 chullpas，而将艾马拉人的丧葬塔称为 amaya uta，意为"灵魂的房屋"，但阴差阳错，chullpas 反而被用于指代丧葬塔，并流传至今。

类似塔葬至少可以追溯到蒂亚瓦纳库文化的成熟期（公元 500—950 年）。玻利维亚、智利北部和秘鲁其他地区都有类似墓葬塔遗存，但规模最大、保存最为完好的墓葬塔群即在此处。各地建筑风格和建筑材料也有差异，阿尔蒂普拉诺高原北部的墓葬塔为圆形，用石块建造，而南部则是方形，用土砖建造。

有趣的是，即使在斯路斯塔尼墓葬塔，我们也能够领略到历史的变迁和文化的影响。此地的墓葬塔有两种建筑方式。印加征服前的 13—15 世纪，考雅人墓葬塔规模较小，并不十分高大，整体造型下粗上细，所用石块小，也较为粗砺。印加征服后，或许考雅人吸收了印加更先进的建墓葬塔方式，塔身变高，塔形变成上细下粗，石材也改用巨大的精确切割的石块，墓葬塔规格越来越高，更趋于精细。

墓葬塔底部有一米见方的出入口，可容纳一人匍匐进入，考雅人将死者遗体从这里放进塔中，完成丧葬仪式后，再封闭出入口。考雅人认为墓葬塔如同女性子宫，将死者遗体以胎儿姿势置于墓葬塔，死者将会再生或进入身后世界，完成一次生命循环。考雅人并没有将死者遗体制成木乃伊，但这些遗体处于封闭的塔内，加之高原环境干燥，可以存放数百年。出入口面向东方，面向早晨的第一束阳光，显示了考雅人对太阳神的崇拜，他们认为，太阳每天从大地母亲那里得到重生。

一些墓葬塔没有任何雕饰，一些墓葬塔则雕刻着蜥蜴和蛇的图案，因蜥蜴之断肢再生，蛇之蜕皮成长，这些图案被视为生命的象征，寄托着家人希望死者重生的祝福。

墓葬塔旁，考雅人用石块围成直径 4—5 米的圆圈。举行葬礼或祭祀仪式时，考雅人在圆圈内舞蹈，祭奠死者，祭奠祖先，同时向大地母亲致礼。

如今，一些墓葬塔仍保存完好，但由于地震损毁，或盗墓者挖掘甚至炸毁，多数墓葬塔已部分或完全坍塌。

垂涎于黄金帝国的财富，西班牙人打着骷髅旗征服了印加帝国，最后来到的的喀喀湖。贪婪的征服者不放弃任何掠夺财富的机会，他们破坏了几乎所有墓葬塔以寻找梦寐以求的黄金，但似乎收获甚微。

▼ 斯路斯塔尼墓葬塔

276

文学家们描述说："西班牙人看见复活的骷髅在墓葬塔里跳舞，听见骷髅的牙齿咔咔作响，满身的黄金叮叮当当，然后听见骷髅宣布：海盗永远是没有明天的海盗，骷髅是海盗们的最终进化形式。"这是考雅人或作家用他们的方式诅咒着令安第斯文明戛然而止的"海盗"。

站在墓葬塔高高的平台上，俯视周边村庄，惊讶地发现脚下有一大片挖泥造田的遗迹。考雅人挖掘沟渠，将挖出的泥土堆积成长方形植床，沟渠和植床平行分布，植床长约 20 米，宽 5—6 米，高近 1 米。

考雅人采用传承自蒂亚瓦纳库的技术，曾大量挖泥造田。挖出的泥土非常肥沃，可以提供农作物生长所需的养分，凸出的植床便于排水，降低洪水对农田的破坏，植床周边的水渠不仅可以调整雨季和旱季水量，还可以起到热汇作用：水渠白天吸收热量，夜晚释放热量，在植床周围形成保温效果，防止霜冻，延长了生长季。经过简单却充满智慧的改造，土地产量可以翻倍甚至更高。

最终西班牙人来到的的喀喀湖，随之而来的战争和疫病使原住民人口大规模减少，田地荒芜，也改变了考雅人世代传承的丧葬风俗。水利工程和墓葬塔一样，就此成为遗迹，仅供后来者观瞻。

阿雷基帕

——冰冻少女、奢侈的修女和名人们

穿过草原，经过湖泊，从普诺前往阿雷基帕，沿途风光壮丽。

一群色泽鲜红的火烈鸟出现在前方碧蓝的湖水中，修长的双腿显露着优雅，偶有几只扇着翅膀互相追逐嬉戏。几十只原驼踱着方步啃食高原上的黄草，面对我的镜头，略有警觉，转过身去，从容地走开几步。

安第斯山脉西坡，海拔从5000米迅速下降到2300米，阿雷基帕坐落于奇利河谷地，向西100公里即可到达浩瀚的太平洋，世界上最干燥的阿塔卡马沙漠位于东南不远处，往北则有世界上最深的峡谷之一科尔卡山谷。

颇有些令人意外，亚马孙河源头竟隐藏在阿雷基帕附近。南距阿雷基帕大约90公里，东距的的喀喀湖大约160公里，在海拔5597米的内华多密斯米雪山，高山融雪汇集成溪流，从阿帕切塔悬崖流下，注入劳里喀恰湖，辗转汇入阿普里马克河，继而汇入乌卡亚利河，最后与马拉尼翁河汇合，成为亚马孙河主干流。一些十字架竖立在悬崖上，表示长达6000多公里的亚马孙河即源自此处的涓涓细流。

站在亚纳瓦拉观景台，透过一排拱墙，远眺三座火山。一系列火山构成阿雷基帕的天际线，以皮丘皮丘（5571米）、埃尔米斯蒂（5821米）和查查尼（6075米）为代表的火山链威胁着城市，频发的地震令她如凤凰涅槃般不断重生。埃尔米斯蒂火山呈锥形，皮丘皮丘火山一字排开，几无高差，查查尼火山峰峦绵延，参差不齐，白雪皑皑，白云缭绕，壮美的远山成为城市的背景。火山以近，绿树成荫。峰峦雄壮，山谷秀丽，难怪萨帕印加銮驾至此，受美景诱惑，不禁喊出"Ari Qhipay"——那就停留在这里吧。这也是阿雷基帕名称来历的传说之一。

尽管艾马拉人早已在奇利河谷定居耕种，但作为城市，阿雷基帕却是由西班牙人建立于1540年，比利马建城晚五年。

从殖民地时期，阿雷基帕即是重要的贸易要冲，向东连接玻利维亚，那里有曾占世界白银产量80%的波托西银矿，向南可达智利，向北前往印加帝国的都城库斯科，而沿海滨可抵达首都利马，财富如奇利河水一般滚滚流淌。

❖ 白色之城

清晨，趁着太阳还没有施展它的威力，我早早起床，在城中散步。

如同利马，阿雷基帕的城市布局严格遵照《西印度法》对殖民地新建城市布局的要求，以大型正方形开放式广场为中心，广场上坐落着主教座堂和市政厅，整个城市如棋盘格一样向四周扩展，分割成56个街区，每个街区边长400卡斯蒂利亚尺（111.4米），分成4个或8个地块，再按受封者地位将土地分配给他们。

阿雷基帕建筑风格独树一帜，火山为城市提供了独特的建筑材料，地震频发使坚固成为建筑第一要务，而欧洲文化的移植使欧洲建筑风格盛行于此，但却融合了安第斯的传统元素。

阿雷基帕别称"白色之城"，此名并非来自火山顶部的白雪，却也拜火山所赐。火山爆发形成大面积火山凝灰岩，它们呈白色，甚至还有一点浪漫的淡粉色，轻质，并不十分坚硬，易于雕琢，气泡在它们身上留下无数孔洞。

阿雷基帕老城的建筑即取材于白色凝灰岩，教堂、市政厅、修道院、医院、剧院、住宅和桥梁莫不如此，行走在老城，目之所及，是耀眼的白色，白色之城名副其实。孔洞遍布所有建筑，整个城市就像发生过激烈枪战，弹痕累累。经历数百年风吹日晒雨淋，石块有明显的风化痕迹，沙尘不免渗入孔洞滞留下来。早晨的阳光下，墙体已经温热，我摩挲着白色火山岩，手指划过孔洞和风化瘢痕，能感受到时光在指尖流转。

　　阿雷基帕地震频发，也曾塔楼坍塌，房屋损毁，廊柱倾斜，拱门破落。为抵御暴烈的大自然，阿雷基帕建筑都异常厚重，通常墙体厚1—1.5米，教堂墙壁更厚达2米。地震后的重建，又为建筑师们展示创造力提供了广阔而深远的舞台，不同年代的重建体现了不同风格。于是，阿雷基帕就形成了白色火山岩的历史建筑博物馆，从辉煌的巴洛克风格，到洛可可风格，到新古典主义风格，到当代艺术风格，毕现于此。

▼ 兵器广场中央的喷泉

兵器广场中央，青铜喷泉泪泪流淌着，顶部的古代士兵吐吐噜吐（Tuturutu，号角声的拟声）永不停歇地吹奏着小号。广场东、南、西三面为典雅的双层拱廊拱卫，上下各三十道半圆形拱券，蔚为壮观。主教座堂占据整个广场北侧，它最早修建于1612年，历经地震毁坏，屡次重修，现存建筑重建于1844年，两座塔楼巍然耸立，立面颇为宽阔，装饰呈典型的新文艺复兴风格，管风琴来自比利时，讲坛则来自法国。

耶稣会教堂坐落于兵器广场东南角，融合了巴洛克风格、印加和艾马拉的元素，是阿雷基帕独特艺术的巅峰之作。其立面完成于1698年，整体为巴洛克布局，极富上升动感，雕饰繁冗复杂，精致细腻。传统的希腊柱式不再纯粹，且多有变化，立面最下层四组科林斯双柱，柱体下部40%呈波纹状，而中层两组双柱的下部却是所罗门柱的螺旋形，如攀爬的蛇身。整个立面布满精细的雕刻，没有任何留白，造型千变万化，极为怪诞，坎涂花、阿雷基帕木瓜和画眉鸟等本地花草、鸟兽、

广场一侧的双层拱廊 ▶

贝壳、涡卷、人头和纹章，应有尽有。更为有趣的是，立面下层，卷轴形装饰上端，雕刻着羽毛形状的装饰，像极了萨帕印加的王冠马斯喀帕伊查（Mascapaicha），其上插着名为"科雷肯克"的灵性之鸟羽毛，只有萨帕印加才有权力佩戴。而在中层，哈布斯堡家族的双头鹰纹章上，也有半圆形装饰，颇似萨帕印加的王冠。本土雕塑家在创作时，倾注了对安第斯的爱。进入教堂，可见更加华丽的巴洛克风格祭坛，回廊也极为精美。整个教堂堪称安第斯巴洛克建筑的典范。

阿雷基帕建筑并不局限于宏伟的宗教纪念性建筑，500多座精美的住宅分布于城市，如著名的莫拉尔宅第（Casa del Moral）、格耶内切宫（Goyeneche Palace）和铸币厂等，很多保持了相似的建筑风格，厚重的石墙、拱廊和穹顶，俱是艺术精品。

精美的建筑充满无穷魅力，而我在这座城市还有一个重要目标——探寻那些献身给神的女性。

山神选中的女人
——冰冻少女胡安妮塔

从兵器广场西南角，沿拉默塞德大街前行不远，即是圣母玛利亚天主教大学圣堂博物馆。走进精巧的西班牙式小庭院，古拙的石制喷水池带来一丝凉意和湿润，四个半圆围成的喷水池里，酷似双层烛台的喷泉位于正中，水流从顶端缓缓跌落，水珠四溅，院墙的蓝色似乎也有助于缓解极度的炎热。

1995年，约翰·莱因哈德携带"冰冻少女"胡安妮塔（Juanita）走进这座庭院，从此，她就一直居住于此。

专为"冰冻少女"设置的陈列厅坐落于庭院一侧，陈列厅内灯光暗弱，恒温恒湿，与室外耀眼的日光和干热形成强烈的体感差。眼睛适应黑暗后，我四处打量，方才看到，一处玻璃陈列柜内，小女孩的

圣母玛利亚天主教大学圣堂博物馆的西班牙式小庭院

木乃伊安静地倚靠在那里。

这位 500 年前的小女孩，胡安妮塔，肌肤仍似有弹性，发辫柔和，头部略略前倾，做沉思状，或是欠身在探究什么，看上去像死去仅仅数日。不同于埃及木乃伊，法老们的遗体经过特殊处理，干瘪而没有生气。陈列柜内温度常年保持在零下二十摄氏度，柜体内注满特殊气体以避免木乃伊腐烂。

她出生于印加贵族家庭，犹自懵懂，对世界还充满稚嫩的憧憬时，即被选中进入库斯科的圣女宫，禁足于高墙之内，过着与世隔绝的生活，如同那里的每一个天真少女，她不知道自己会成为谁的妻子，或幽闭终生，或被选中成为人牲。高高在上的萨帕印加，一念之间就可以决定她的命运。萨万卡亚（Sabancaya）火山爆发之际，大地在颤抖，山神将愤怒的火苗喷射向天空，信使通过王室大道将山神震怒的消息传递给萨帕印加。在库斯科瓦卡伊帕塔广场盛大的典礼上，她被萨帕印加选作山神的妻子，受命前往与山神沟通，平息他的怒火。在典礼上，她照例是不能抬头的，即使明眸善睐，也只能低眉顺目。但在熙熙攘攘的人群中，她还是透过眼角余光，隐隐约约地看到母亲饱含泪水的双眼，以及父亲满是自豪的神情，那是亲人们留给她的最后记忆。随后，她与祭司们一起踏上了前往阿马帕托火山的艰难旅程。

一系列火山遍布秘鲁南部安第斯山脉，延伸到玻利维亚，阿雷基帕处于火山链环抱之中。按照板块学说，纳斯卡板块向南美洲板块之下俯冲，在大地内部形成强大的能量，需要宣泄。

在科学并不发达的年代，火山爆发代表山神雷霆之怒。在印加帝国的宗教体系中，大山崇拜非常普遍，与雨水相关的神祇都居于大山，通过雷声相互沟通。大山控制降雨、雷、电，控制水和肥力，进而控制农作物丰歉和牧群繁殖。人们需要勤于祭祀以取悦他们，当人们有所不敬或是懈怠，山神将发出强烈的信号，向人类索取最虔诚的祈祷和最高级别的祭祀。

这种古老的传统甚至延续到现代社会。巴尔加斯·略萨在其小说《利图马在安第斯山》中刻画至深，人们仍然在用活人祭祀阿普山神、山灵和拦路鬼，愚昧的迷信意识依然存在于这片土壤，形成可怖的祭神仪式。

用孩童作为人祭是印加宗教实践中的最高祭祀。中美洲玛雅人或阿兹特克人残虐好杀，他们动辄以数量庞大的俘虏进行人祭。印加帝国并不汲汲于杀戮，但人祭也有一定规模，人牲通常是孩子，他们最纯洁无瑕。人祭通常举行于发生重大事件时，或萨帕印加逝世和新王登基时，或面临严峻的自然灾害之际，需要以最高级别的祭祀平息自然之神的暴怒，那是被称为卡帕克柯查（Capac Cocha）的仪式。被选中的女童来自贵族家庭，来自圣女宫，她们被认为享有殊荣，身怀重要使命前去与神祇沟通，她们将会居住在神的王国，通过祭司或萨满与人间保持联系。

印加帝国南部，100多处海拔超过5000米的祭祀点存在人祭痕迹，阿马帕托火山即是其中之一。500多年前，阿雷基帕附近的萨万卡亚火山爆发，远远就可以感受到山神的愤怒。伴随着可怕的咆哮，黑色、灰色和白色的烟气从圆锥形的顶部喷射而出，像树干一样直插云霄，又如树枝一般分散开来，遮天蔽日。火焰从地底蹿出，像一柄烧红的利剑，撕裂了漆黑的帷幕。石块被抛向空中，再重重砸向地面，大地在颤抖。火红的岩浆流淌着，毁灭一切。火山灰飘落到远方，天空降下污浊的黑雨。

十几岁的胡安妮塔——"被选中的女人"，或许还有另外两个孩子，一个男孩儿和一个女孩儿——与祭司和高级官员等一行从库斯科出发，长途跋涉来到阿雷基帕附近，到达萨万卡亚附近的阿马帕托火山脚下，这里有驿站专门服务于祭山的祭司、信徒和被选中的儿童。随后，他们缓慢而坚定地攀登阿马帕托火山，那是一幅奇异的景象，他们不得不在一片漆黑中爬行，偶有红色的火苗照亮脚下的路。在现代人看来，孩子们努力攀登以赴死，这个过程是奇怪而残忍的。到达空气稀薄的山顶，祭司们换上祭祀盛装，咀嚼古柯叶，喝下奇恰酒，点起火堆，燃烧祭品，在孩子们处于麻醉状态时，祭司用重物猛击孩子头部，然后把已经死亡或处于昏迷状态的孩子置于祭祀平台，在她身边放置一些小雕刻等器物。

她身高大约 1.27 米，头戴红色金刚鹦鹉羽毛编织的冠冕、装饰着白色羽毛的豪华头饰，腰间围着花纹繁复的腰带，身上裹着色彩靓丽的方形七彩毯，质地精良，做工细致，精美的银质别针将布料别在两边肩膀，红白条纹的羊驼毛披肩也用银别针固定，尽显华贵气质。与她一起被献祭的还有碗、针、海菊蛤和其他金银器具。

在这海拔 6309 米的火山口，她安静地躺着，再也没有醒来，双手置于膝盖之上，头部前倾。几百年来，周围地震频仍，火山数度喷发，厚厚的火山灰，混合着安第斯山脉的冰雪，将她冰封了 500 年，发辫、肌肤、组织、器官、血液、胃容物、身上的服饰和祭祀时的配件都完好地保存下来。直到 1995 年，萨万卡亚火山再次喷发，炙热的火山灰融化了她周围的冰雪，山体垮塌，人类学家约翰·莱因哈德和登山同伴米古尔·扎拉特恰好出现在那里，她才重见天日。

她被命名为胡安妮塔，以向发现她的约翰·莱因哈德致敬。"冰冻少女"被《时代》周刊列为 1995 年年度世界十大发现之一。

同一年晚些时候，约翰·莱因哈德在安帕托山峰还发现了一个男孩儿和一个女孩儿的木乃伊，女孩儿的身体曾遭受雷击，但脏器保存完好，心脏中甚至还有血液，大脑不曾受损，冰冻融化时，从血管中还流出深红的血液，一如生者。

人祭是残忍的，但我们很难以如今的科学和人道观念来看待 500 年前的思想和行为模式。古代印加人不能理解火山，更不知晓板块的存在，他们需要纯洁的灵魂成为山神的妻子，与山神交流，平息山神之怒，拯救苍生。胡安妮塔是带着荣誉去世的，她是神选中的女人，是 500 年不朽的精灵。

我跟她对视着，她空洞的眼睛里一片迷惘，前倾的额头上写满了疑惑。如果她确然有知，我该告诉她火山爆发和板块的原理么？那一刻，我突然眼眶湿润了。

就在胡安妮塔爬上高耸的火山后不足百年，一座隐修院在阿雷基帕建成，一代又一代献身上帝的女性走进隐修院的高墙。

圣卡塔琳娜隐修院

我沿兵器广场西侧，向北走过两个街区，来到圣卡塔琳娜隐修院高墙之外。这座隐修院历史悠久，闻名遐迩，四百年来，一直披着神秘的面纱，不为外界所知，而关于它的传闻沸沸扬扬，甚至惊动了远在罗马的教皇。

秘鲁总督弗朗西斯科·托莱多访问阿雷基帕期间，当地请求修建一座隐修院，以容纳圣卡塔琳娜·德·锡耶纳修会的修女，获得批准并被授予四个地块。数年后，唐娜玛利亚·德·古斯曼，一位年轻美丽、富有而没有子嗣的遗孀决定献出她所有财富，退隐到这座尚未竣工的隐修院，成为圣卡塔琳娜修道院"第一位居民和隐修院院长"。1580 年

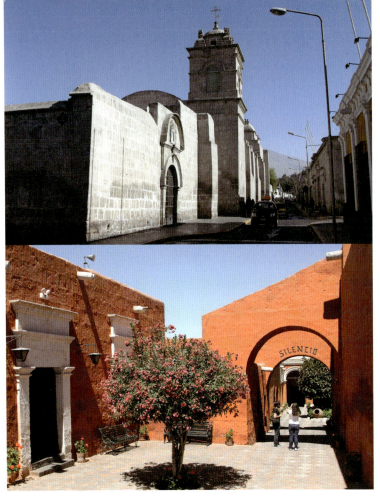

▼ 隐修院的大门朴实无华，洁白的外墙与门内庭院的橘红色墙壁形成鲜明对比

10月2日，隐修院正式投入使用，并举行大弥撒以示隆重。

圣卡塔琳娜隐修院是一座宗教性质的堡垒，占地约20000平方米，可能是世界上最大的隐修院，不折不扣的城中之城。它整合了16—19世纪的建筑风格，是阿雷基帕最杰出的殖民地建筑之一。

隐修院大轮廓遵从阿雷基帕方正的棋盘格布局，占据大约一个半街区。沿街外墙采用白色火山岩修建而成，与阿雷基帕的建筑基调保持一致。石墙总体平直质朴，局部造型如同雉堞，墙角处石棱处理圆润，是典型的印加石墙砌筑手法。巴洛克风格的高大塔楼和教堂紧邻圣卡塔琳娜大街。修道院入口位于塔楼南侧，大门整体朴实无华，符合隐修院庄重的氛围，拱门并不十分高大，圣卡塔琳娜雕像位于拱门上的半圆形山花内，头戴圣人光环，身着一袭黑袍，拱门和山花的弧线装饰着简洁的嵌线饰带。

进入隐修院内部，风格一变，与外墙的平实大相径庭。

走进大门，即面对空间不大的庭院，橘红色墙壁在炽热的阳光下分外夺目，左侧是修道院的工作房间，门框和窗框的亮白色与墙体的橘红色形成鲜明对比。庭院中种植着一棵夹竹桃，满枝红花盛开，与绿叶相映，扶疏繁茂，墙角很不经意地放置着几个陶制花盆，种植着低矮的绿植。整个空间温暖而不热烈，静谧却无压抑之感。可以想象，贵族家庭的女儿们，离开家庭，投入空门，她们或许并非出自本意，在快快失落之际，踏入隐修院大门，来到此处庭院，略可感受到一丝温暖。

修女们都来自贵族家庭，包括克里奥尔人、梅斯蒂索人和印第安酋长家庭。按照传统，这些贵族家庭会令次子或次女服务于上帝。也有一些贵族家庭的妇女，即使没有隐退为修女，也可以选择进入隐修院生活和静思。在将女儿送到隐修院时，每个家庭都要支付不菲的"嫁妆"，如果希望女儿进入唱诗班，则需交付 2400 银币，相当于今天的150000 美元。

一段过道引导我走向前方的寂静内院，两条橘红色拱架如彩虹横亘头顶，其中之一上书"寂静"（Silencio）一词。两道拱架之间的左侧，一道小门通向蓝色院落，橘红色使人温暖，蓝色令人平静，修女们的忐忑和失落，想必此时平复不少。

寂静的内院，四周依然是橘红色墙面，院中种植着一株枝叶繁盛的橘子树。这个庭院更像是分散人流、区隔内庭与外庭的空间，向前经过一段小路可抵达初学者回廊庭院，向右侧则通向橘子回廊庭院。

初学者回廊庭院比较宽阔，但院墙并不高大。四周回廊环绕，墙体和八边形石柱用粗粝的火山岩砌筑，连续的火山石圆弧拱券面向庭院，回廊宽敞明亮，肋架拱用黄色熟砖砌筑，黄色砖块与灰白色火山石相得益彰，肋架之间的半圆形墙面上描绘着宗教题材的壁画。回廊颇为厚重，透着古色古香的韵味。庭院四周分布着小教堂和修女们的卧室。

从寂静内院转向橘子回廊庭院，则进入另外一个色系。厚重的正方形柱体和墙面是纯净的蓝色，柱础、柱头及面向庭院的拱券和回廊的肋架拱则是白色。

从橘子回廊庭院继续向里，即进入修女们的居住空间。居住区有东西向两条街道（马拉加街和塞维利亚街）和南北向四条街道（科尔多瓦街、托莱多街、布尔戈斯街和格林纳达街），它们分别以西班牙古城来命名。

橘子回廊庭院向西是尽头封闭的小巷——马拉加街，色彩又从蓝色跳跃为橘红色，小巷中央种植着一行小树，修女们的卧室分布两侧。从橘子回廊向北则是科尔多瓦街，两条拱形过街墙架凌空架在街道上，这里的房屋通体白色，墙角、墙面和窗台上布置着鲜花，街道装饰着简洁的铁艺窗棂和路灯，整体布局、装饰和色调像极了西班牙科尔多瓦老城。继续向北，进入托莱多大街，房屋格局相同，但颜色又转回橘红色，途经塞维利亚街口，可见街道依地势修建了几处台阶，两处墙架飞架小道上方。整个区域都是修女们的住所。

1582 年，隐修院刚刚建成两年，阿雷基帕就发生了一系列强震，回廊幸而岿立未倒，但其他建筑损坏严重，宿舍坍塌，不宜居住。地震不仅毁坏了隐修院建筑，也影响到了修女们的家庭，正是这些家庭确保隐修院的资金来源，隐修院不得不经历一段艰苦的时间，以至于无力修复房舍。随着修女数量增多，宿舍不敷使用，修女们遂出资自行修建住所。建筑师们根据街道走向、可资利用的空间、修女的喜好和自己的习惯，建造了诸多布局各异的住所。持续 200 年时间，隐修院回廊和住宅经过多次整修和扩建，成为阿雷基帕殖民地建筑的典范。

鼎盛时期，隐修院居住着 500 人，其中三分之一为修女，其余则是她们的仆人。目前还有 20 多名修女居住在北区。隐修院将很多住所开放参观，让我们有幸一睹修女们的生活空间，了解其住所结构和修女们的生活。

科尔多瓦街

　　信步走进几处修女住宅。住宅之间犬牙交错，小院优雅别致，种植着花草树木，屋内三两个房间，有开放型厨房和天井。空间并不很大，但其住宿条件可能已经远远优于世界上其他所有女隐修院。隐修院外墙是封闭的，但内部住宅却是贵族妇女家庭生活空间的延伸，完全没有欧洲中世纪修道院固有的冷峻和压抑。

　　修女进入隐修院时，通常被要求携带 25 件个人物品，包括一件雕塑，一幅画，一盏灯和衣服，富有的修女还会携带精美的瓷器、丝帘和地毯。尽管来自不富有家庭的女性也可以进入隐修院而无须缴纳费用，但从隐修院房间规格看，大部分修女都很富有。

　　她们带进隐修院的，不仅有个人生活用品，还有世俗的贵族生活方式，她们甚至在隐修院内举行音乐会，举行派对。传闻不胫而走，关于她们的富有，她们的有伤风化，甚至有诸如修女怀孕，将婴儿埋在墙内的故事流传。隐修院将这些统统斥为无稽之谈，毕竟附近的圣洛萨隐修院也有类似传闻。

沿托莱多街到达隐修院北端，这里坐落着洗衣场，如同一个长条形广场，连接托莱多街和布尔戈斯街。洗衣场中央是石块砌筑的输水通道，约两指宽，长20米，两侧排列十多个大型陶制洗衣盆，涓涓细流在输水道中流淌，注入顶端的储水池。

从布尔戈斯街折而向南，进入格林纳达街，顶端则是隐修院内仅有的广场——索格多贝尔广场，它以西班牙古都托莱多的中心广场命名，中央坐落着精巧的石制喷泉，能够看到摩尔人的影响。广场周围分布着一些公共设施，如咖啡屋、餐厅和浴室等。除科尔多瓦街周边，整个居住区的房屋都是亮丽的橘红色。

墙后传来一阵男声合唱，铿锵有力，循声而去，却是四个身着黑衣，系红色腰带的男子，似乎是一个组合，正在拍摄 MTV。他们就像神秘

▼ 隐修院北端的洗衣场，输水通道用石块砌筑，两侧排列十多个大型陶制洗衣盆

白色、蓝色与橘红色
交错的院落

来客，为这隐修院平添了一份奇异的色彩。

　　倾听片刻，随后继续向南，穿过一段小路，到达大回廊庭院，这也是隐修院面积最大的庭院，其形制与西侧橘子庭院颇为相似，只是色彩成为橘红色。

　　隐修院内，街巷、回廊庭院与广场结合，空间转换巧妙，布局细腻。街道和广场并不规整，随临街房屋的伸缩而曲折多变，与西班牙塞维利亚或科尔多瓦老城错综复杂的街巷风格颇有异曲同工之妙。这并非建筑师们刻意为之，而是在不断重修和扩建中自然形成的布局，但它与传统的印加村落毫无相似之处，也与阿雷基帕整体的棋盘格迥然不同，倒像是跨越时空，直接传承自西班牙的中世纪城镇。

　　色彩运用也恰到好处，白色、蓝色和橘红色配置在不同空间，充满女性生活的温暖色调。纯净的白色令人联想到科尔多瓦；清亮的蓝色令人沉静，与北非摩洛哥和突尼斯的蓝色小镇如出一辙，从中可以看到，建筑装饰风格从非洲摩尔人经西班牙人进而影响秘鲁的路径；而居住区和多处庭院呈明亮的橘红色，则是传统印加帝国民居的色彩，建筑师当是受其启发。

隐修院道德败坏的传闻终于上达圣听，1871 年，教皇庇护九世派遣严格的多明尼各修女约瑟法·卡德纳来到阿雷基帕进行整顿。她将隐修院积累的"嫁妆"都送到欧洲，解放了所有仆人和奴隶，允许她们成为修女或自行离开。难以言说的传闻这才渐渐消散，但隐修院仍蒙着一层神秘的面纱，不为外界所知。

直到 20 世纪中期，阿雷基帕曾遭受两次地震，隐修院建筑严重受损而无力修缮，不得已向社会求助，被迫于 1970 年向公众开放。我们才有机会走进高墙，一睹古老而神秘的隐修院，但 400 年来，发生在其间的故事也成了永远的秘密。

阿雷基帕的三位名人 ◆

夜晚，凉风徐来，丝丝凉意侵袭着日间异常炎热的城市。

阿雷基帕广场套房酒店位于主教座堂东侧，二楼餐厅回廊下是宽敞的观景平台，可以居高临下俯视整个广场，就像利马的木制阳台，位置优越却很隐蔽。我们在这里晚餐，悠悠地啜饮着阿雷基帕啤酒。

拱廊下透着微微的亮光，人们从商店或咖啡屋进进出出。白色火山岩散发着清冷的光辉，只有教堂塔楼的淡黄色灯光有一些暖意。广场上灯光黯淡，棕榈树高大挺拔，枝叶婆娑起舞，优雅的青铜喷泉依稀可辨。影影绰绰，似乎有人在长椅上闲坐，几个孩童在广场中玩耍。我心头猛地一跳。

"光辉道路"领导人阿维马埃尔·古斯曼·雷诺索，1934 年出生于这座白色之城的农村地区。他在圣奥古斯丁国立大学法学院就读时，经常光顾兵器广场上的一间咖啡屋。那么，是哪一间咖啡屋呢？身材矮胖，腼腆害羞，低调神秘的古斯曼曾在哪一条长椅上小憩，静静抽一支温斯顿牌淡香烟，思念他的初恋，或构思他的哲学论文，或思考更加远大的理想？即使"光辉道路"最活跃的年代也未曾对这座城市发起过攻击，但正是古斯曼和"光辉道路"将秘鲁带入长达十几年的混乱。

注定名垂青史的，是阿雷基帕的另一个孩子，诺贝尔文学奖获得者，南美文学史上的一座大山，马里奥·巴尔加斯·略萨。他比古斯曼晚出生两年，由于被父亲遗弃，一岁时就随母亲和外祖父移居玻利维亚。

马里奥·巴尔加斯·略萨在诺贝尔文学奖获奖感言中谈到："我的秘鲁就是阿雷基帕，那是我的出生地，但我没在那里生活过。我通过我的母亲、外公、外婆、姨妈和舅舅对它的回忆和思念认识了它，因为我的整个家族像所有的阿雷基帕人一样，漂泊到哪里，就把那座白色的城市带到哪里。"1989年6月4日，马里奥·巴尔加斯·略萨在阿雷基帕宣布参加总统竞选，或许，在他心目中，开启政治生涯，如同开启新的生命。在阿雷基帕，有一座以他名字命名的图书馆，他也向图书馆捐赠了20000多册书。

"在第三世界的情况下，知识分子永远是政治知识分子"，而略萨是涉及政治至深的作家，他狂放恣肆，直率尖锐，百无禁忌，他傲骨嶙峋，感时忧国，他手握刀笔，精妙入微，既有宏大叙事，也塑造了大量升斗小民的形象，用虚构和非虚构作品展开社会政治批判，甚至竞选总统，参与最高权力角逐。而他思想的转变也跨度极大，从支持拉丁美洲社会主义革命转向新自由主义，这种转变，是"以今日之我，与昔日之我挑战"，是历经沧桑，经过深度思考后的回归本我，真正让血管里的自由主义血液自由地流淌起来，自由让他丧失了对威权领导人的尊敬。但无论怎样转变，他自始至终都是不折不扣的理想主义者，那是他真实的精神个性，其文化人格仰之弥高。但在彼时的秘鲁，鼓吹新自由主义无异于政治自杀，在竞选中败于阿尔韦托·藤森（Alberto

Fujimori）也就不足为奇了。而藤森却以准威权主义的强势政府，推行了略萨的自由经济政策。

他对"光辉道路"的批判可谓毫不留情，直言不讳地称"光辉道路"期盼天下大乱，其暴行令民众恐慌，极其原始和野蛮。在小说《利图马在安第斯山》中，他毫不掩饰地描述"光辉道路"活动，他们袭击村庄，拦截公共交通工具，杀戮百姓，使人们惶惶不可终日。总统竞选期间，他曾数次前往阿亚库乔，"那里是'光辉道路'的首府，人的生命在那里比秘鲁任何地方都不值钱"，他在阿亚库乔的竞选办公室代表也被"光辉道路"暗杀。

终结古斯曼和"光辉道路"的，是同样出生于阿雷基帕的经济学家赫尔南多·德·索托，虽来自同城，却道路迥异。德·索托1941年出生，7岁时就已居住在欧洲。

秘鲁前总统藤森时期，德·索托和自由与民主学会制订了数百份法案和法令，与"光辉道路"针锋相对，以赢得秘鲁穷人的支持，为他们指出不同于"光辉道路"的路径——通过改革，而不是通过暴力，使秘鲁政治和经济制度实现现代化。

他的处方触动了"光辉道路"的奶酪，双方矛盾公开化，"光辉道路"将他列入暗杀名单，并向他和自由与民主学会发起大规模恐怖袭击。德·索托的政策最终削弱了"光辉道路"，使其走向覆灭。秘鲁政府承认两个主要古柯叶产区的农民为合法经济体，"光辉道路"失去了最重要的人员和资金来源，失去了避风港，古斯曼不得不前往大城市藏匿，最终在利马被捕。

在与藤森政权分道扬镳后，德·索托和自由与民主学会一起为全球很多第三世界国家提供智囊团服务，制订改革方案。《经济学家》杂志将自由与民主学会列为世界上两个最重要的"智囊团"之一，《时代》和《福布斯》杂志称德·索托为世界上最具号召力的改革家之一。美国前总统比尔·克林顿甚至誉之为"目前在世的世界上最伟大的经济学家"。

他们都曾在这座中心广场留下脚印，但谁能想到，在未来，面对创伤累累的国家，古斯曼选择了"光辉道路"，而德·索托却深谙资本的秘密，走上另一条道路，并最终扼杀了"光辉道路"。我曾在雪花轻扬、寒风砭骨的时节前往"光辉道路"的大本营阿亚库乔，在周边乡村徒步，细细寻找这一组织曾经存在的蛛丝马迹。结果可想而知，这个曾经对秘鲁造成极大伤害的恐怖组织如昙花一现，完全被抹去了，而彼时古斯曼尚在狱中服刑。颇具讽刺意味的是，就在阿亚库乔附近，我在农村的白墙上意外地看到了藤森总统的竞选标语，那时藤森也在监禁中，正是他将古斯曼扔进了监狱。

埃尔南多·德·索托与马里奥·巴尔加斯·略萨也曾有过一段说不清道不明的恩怨。二人曾在早期精诚合作，德·索托参加了略萨组织的圣马丁广场大型集会，并先于略萨发言，而略萨也曾不遗余力地宣传德·索托的主张。但最终，略萨认为德·索托变成了他"竞选总统的狡诈的敌人"。在回忆录《水与鱼》中，略萨曾提到德·索托"十分可笑，因为他的西班牙语中夹杂着英语、法语和贵族式的做作"，这已是某种程度的人身攻击，但对率直的略萨来说，这委实算不了什么，他击打在加西亚·马尔克斯脸上的重拳，才更符合他的性情。惺惺相惜的好友，从此成为陌路。

三位基本同龄的阿雷基帕人，构成一个三角，以一种奇特的方式鼎足而立，以迥然不同的脸谱出现，或叛逆不法，或才华横溢，或睿智卓越，年长者制造混乱，年少者与他制造的混乱抗争，跌宕起伏，在秘鲁历史上留下了重重的印迹。

广场上人影渐渐散去，一阵凉风袭来，我也从遐想中回到现实，咕哝了一句"这地方温差还有点大"。在这座城市，我探访了神的女儿们，也在沉思中拜访了阿雷基帕的儿子们。酒已微醺，就让我在这"白色之城"中沉沉睡去，继续明日的旅程吧。

卡哈马卡

——印加人的滑铁卢之役

印加之屋客栈坐落于卡哈马卡（Cajamarca）兵器广场，面对圣卡塔琳娜主教座堂。我特地找前台要了二楼面向广场的房间，站在阳台上，可以俯视整个广场。这个广场即是卡哈马卡战役的战场，印加帝国实质意义上的最后一位萨帕印加——阿塔瓦尔帕，在这里被俘并被施以绞刑，印加帝国走向终结。

我的卡哈马卡之行并不轻松。从特鲁希略乘坐长途大巴，颠簸8个小时山路来到卡哈马卡，再原路返回。返回时，我购买了卧铺，使自己能够舒适一些，但狂放而熟悉路况的秘鲁司机竟然把大巴开出了赛车的节奏，我用安全带把自己固定在席位上，但我的身体仍跟随汽车的摆动不断在床铺两端来回滚动。我甚至开始担心，这会不会造成我生命中第一次晕车，幸好顺利过关。但旅途造成的疲惫使我不得不在特鲁希略休整了几日。

如今的卡哈马卡，深居安第斯山脉，即使拥有庞大的金矿，也感觉不到那种金钱带来的骚动。而在印加帝国时期，卡哈马卡却是至为重要的行政管理中心，它位于王室大道十字路口，南北方向上，占据库斯科通向基多的王室大道中点，向东，控扼连接查查波亚斯和亚马孙雨林的道路，向西，连接太平洋海滨。

俯视卡哈马卡全城 ▶

　　弗朗西斯科·皮萨罗、他的团队以及马匹和枪炮，花费数周时间穿越崇山峻岭，艰苦跋涉，从皮乌拉攀爬至海拔 2700 米的安第斯山脉腹地，极为艰难地来到了卡哈马卡。

　　在皮萨罗的漫漫征途中，末代萨帕印加阿塔瓦尔帕对他的行程了如指掌。阿塔瓦尔帕获知他战胜兄长瓦斯卡尔的消息后，正要启程前往库斯科。他本有无数次机会在山间伏击这支只有 168 人的军队，但不可思议的是，西班牙人没有遭遇任何抵抗，甚至，萨帕印加还派遣使者送去奇恰酒、美洲驼和食物，西班牙人也回赠了丝绸衬衣和威尼斯玻璃杯。

　　拥有至少五万雄兵，刚刚在内战中大获全胜，掌管庞大的帝国，高高在上、志得意满的萨帕印加过于轻视这支势单力薄的队伍，认为只需动动手指就可以碾碎孤军深入的不速之客，浑然不知已经面临灭顶之灾。印加人使用的武器重量太轻，完全经不住钢剑或任何金属武器的击打，他们不懂加农炮、火绳枪和利剑的威力，不懂马匹的雄壮断非美洲驼可比，不懂欧洲人有更高一筹的战术修养，更不懂冒险家们心中的原始驱动力。

惨绝人寰的卡哈马卡战役　◆

　　兵器广场约 130 米见方，七条主马路和两条小巷通向四面八方。阿塔瓦尔帕时期的广场与今兵器广场迥然不同。1532 年 11 月 15 日的广场，面积是现在的两倍，四周为房屋所包围，只有两条道路可以进出，每栋房屋有二十个梯形出口，便于西班牙士兵埋伏于内，发起冲锋。整个广场成为巨大的陷阱。

　　卡哈马卡战役有太多未解之谜，可惜双方统帅都不具备写作能力，书记官也没有留下关于他们心路历程的只言片语。傲慢的萨帕印加对西班牙人了解甚少，他丝毫不怀疑印加人对入侵者的优势，据说他计划杀死所有西班牙人并留下马匹进行繁殖。而皮萨罗则有先例可以借鉴——科尔特斯劫持阿兹特克君主蒙特祖玛，从而直接控制了阿兹特克帝国。生俘萨帕印加是冒险家控制印加帝国的绝佳机会，冒险精神根植于西班牙人的基因之中，皮萨罗不会错过这一天赐良机。

　　我站在阳台上，凭借想象复原那场战役的场景，与其说是战役，不如说是单方面的血腥大屠杀。

　　数千名最高等级的印加贵族和士兵，身着盛装，载歌载舞，簇拥着萨帕印加，耗时良多，直到接近日落时分，方才有条不紊地进入广场。面对 1∶40 的悬殊格局，埋伏在房屋中的西班牙人颇为忐忑，战栗不已，甚至有士兵吓尿了裤子。但发起冲锋时，懦夫也会为生存而战。

　　加农炮在一间房屋的二楼发出进攻信号（炮弹是不是就从我所在

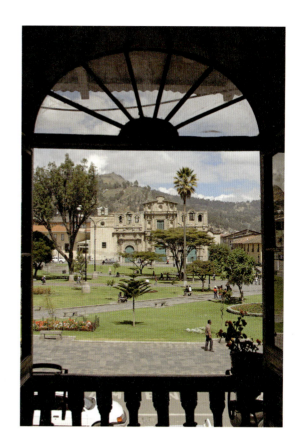

卡哈马卡兵器广场，1532
年卡哈马卡战役的战场，
弗朗西斯科·皮萨罗在此
俘虏了末代萨帕印加阿塔
瓦尔帕

的位置发射？），火绳枪齐鸣，散发出的烟雾令人窒息，数十名全副武装的骑兵挥舞长剑从房间冲出，步兵也随即杀出。数千名印加人，活着的和死去的，很快形成一堵墙，堵塞了仅有的两个出入口。

就在我脚下，身着鲜艳礼服的安第斯人，片刻前还华贵雍容，下一刻却成为任人屠宰的羔羊，全无还手之力。他们的头颅被砍下，喉管被割开，胸腔被洞穿，四肢被削断，肋骨被马踏断，血肉横飞。他们寻父觅子，呼兄唤弟，凄惨的嚎叫响彻四野，他们四处躲避却无路可逃。鲜血浸透地面，堆积起来，变得黏稠。那一刻，这里是人间炼狱，不堪言状。其情形历历如绘，在高原的冷风中，我不禁打了个寒战。天地为愁，草木含悲，百年为之销声，千年为之孤寂。

那场决定印加帝国命运的屠杀，持续时间并不很长，但印加人尸体枕藉，死亡达数千人，萨帕印加被俘，西班牙一方只有皮萨罗手指受伤。这是一场不对称的较量，西班牙人如同折断一根火柴般轻松击败了阿塔瓦尔帕的仪仗队。

那一晚，残阳如血，染红云端，色彩瑰丽而奇异，深沉悲壮；那一晚，疾风呜咽，如同忧伤的挽歌，回荡在天地间，久久不绝；那一晚，风云变色，乱云翻滚，像数千幽灵盘旋在天地间，不知从何处来，不知该向何处去。继之以倾盆大雨，冲刷着黏厚的血液，汩汩流淌。这是西班牙人为统治秘鲁而举行的一场仪典，以鲜血和生命为祭品，残酷不堪。

皮萨罗对印加帝国的致命一击，直贯心脏。

长期生活在美洲的传教士巴托洛梅·德拉斯·卡萨斯对西班牙人可谓了解至深，也痛心于印加人的无助："秘鲁全民之王，诸王国的伟大君主阿塔瓦尔帕率领众多赤身裸体的士兵，带着玩具一样的武器——他们不知道利剑如何伤人，锐矛如何刺人，马匹如何奔跑，也不知西班牙入侵者全是即使魔鬼有黄金，也敢向魔鬼袭击、抢劫的暴徒。"这些双手沾满鲜血的殖民者总是将原住民蔑称为野蛮人，殊不知，历史上真正的野蛮人恰恰就是他们自己。印加人并不惧怕战争，攻城略地只是寻常，他们不惧怕杀戮，也惯于腥风血雨，但他们遇到了根本不可能战胜的对手。

如今，广场上原有的建筑已荡然无存，代之以宏伟的卡塔琳娜主教座堂和圣弗朗西斯科大教堂，广场中心，血流成河之地，建起一座西班牙风格的喷泉。但，这里，仍是历史的现场。

末代印加的关押地
——赎金之屋

我走出客栈，沿普加（Puga）大街向东南方向前行100米，来到"赎金之屋"（Cuarto Del Rescate），阿塔瓦尔帕被俘后一直关押于此。这座房屋是卡哈马卡500年来唯一留存的房屋，现已成为博物馆，成为印加帝国最后阶段的见证。

"赎金之屋"被完整地保存在巨大的遮阳棚下，名为"赎金之屋"，实是阿塔瓦尔帕被关押的房间。长7米，深5米，高近3米，由长方形砂岩建造，梯形大门和壁龛是典型的印加风格，但比较库斯科或马丘比丘的印加建筑，这间小屋委实乏善可陈，屋前台阶和地板严重磨损，墙面石块也斑驳脱落。

在这间博物馆的墙壁上，挂着几幅现代油画，描述了阿塔瓦尔帕生命的最后时光。首先是广场上屠杀的场景，画面左侧，西班牙人骑高头大马，头戴钢盔，身穿锁子甲，手持长枪或挥舞钢剑，印加士兵匍匐倒地，被刺身亡，右侧，萨帕印加端坐在黄金肩舆之上，周围是奋力维护他的贵族；另一幅画面中，弗朗西斯科·皮萨罗与萨帕印加面对面，几乎鼻子擦着鼻子，皮萨罗手持滴血的利剑，满面凶狠，萨帕印加则满面惶恐；第三幅，萨帕印加笔直地站立在"赎金之屋"中，右手高高举过头顶，在墙上画下一条横线，表示愿意支付如此高度的黄金和白银，贪婪的西班牙人站立在两侧，似乎对萨帕印加的提议感到意外和愕然；最后一幅图片，萨帕印加被捆缚于火刑柱上，脚下已燃起烈火，两旁包围着身披铠甲、手执长矛和盾牌的西班牙士兵，皮萨罗和教士与他正面相对，画像中的近景是匍匐于地、抱头痛哭的印加人。

年轻的萨帕印加在"赎金之屋"度过了他最煎熬的时光。如果安第斯巫师的招魂术确实有效，我们或许有机会目睹这位身份高贵却残忍不恤的年轻人的最后九个月，在他光鲜的衣着下，包裹着一个痛苦挣扎的灵魂。尽管身陷囹圄，语言不通，日夜与妖魔周旋，但他仍维持着帝王的尊严；他保持平静，思索最有利的求生方案；他居高临下地接见来访的臣下，向帝国的每一个角落发号施令；他下令处死数百名王室成员，包括妇孺，处死同父异母的兄长瓦斯卡尔和其母族；他下令将帝国的黄金和白银源源不断输往卡哈马卡；国际象棋是他唯一的消遣。

直到听到死刑判决，他才最终崩溃以至当众痛哭。

对没有货币的印加人来说，西班牙人所觊觎的贵金属，黄金是太阳的汗水，白银是月亮的眼泪，它们只是王室和贵族的身份象征和装饰材料。阿塔瓦尔帕锐敏地意识到西班牙人对黄金和白银的贪婪，于是提出支付赎金来换取自由：两个月内向西班牙人支付一间屋子的黄金和两间屋子的白银。或许他单纯地认为，西班牙人会信守承诺，在获得赎金后给予他自由，毕竟每个人都会寻求哪怕一点机会逃出生天。

黄金和白银的光芒刺激着西班牙人的眼睛，刺激着他们的神经。哥伦布曾直言不讳："谁拥有了黄金，谁便可以在这个世界上为所欲为，拥有了黄金，甚至可以使灵魂上天堂。"墨西哥的征服者科尔特斯也很直截了当："我们西班牙人都受着一种心病的折磨，这种病只有黄金才能治愈。"不知道皮萨罗是否留下过类似言论，但他同样将对黄金和白银的渴求付诸行动，丝毫不逊色于先行者们。当然，这些冒险家们也委实赚了个盆满钵满。

萨帕印加缴纳的赎金，融化后达6吨黄金，12吨白银。这其中必然包括大量印加文化和前印加文化的珍品，其文物价值不可限量，这是人类文化的一次浩劫。尽管缴付了赎金，但萨帕印加还是被西班牙人付诸"审判"。审判完全是装模作样的，他被起诉的多项罪名中包括拥有多名妻子、偶像崇拜以及非法取得王位等。也有西班牙人为萨帕印加辩护，认为只有西班牙国王才有权力判决另一位国王是否有罪。但萨帕印加还是被判处了死刑。

在昏暗的"赎金之屋"，我深感压抑和愤懑，遂缓步走出，在强烈的高原阳光下，在车水马龙里，长长叹了口气。一曲悲歌，万里苍烟。

从"赎金之屋"到兵器广场，是末代萨帕印加走过的最后一段路。1533年8月29日，31岁的阿塔瓦尔帕在广场被绞死。他本来是要作为异教徒被烧死的，但为了避免连木乃伊都不能留下的厄运，他在最后一刻背叛了父神印缇，皈依了天主教，接受了洗礼，并以施洗者圣约翰（Saint John the Baptist）的名字作为教名：胡安·德·阿塔瓦尔帕（Juan de Atahuallpa）。西班牙人甚至用柴草烧掉他的一些头发，以示完成了火刑。据说，他在临死之前大声呼喊，说他将以一条蛇的形态出现在基多。就这样，阿塔瓦尔帕以不同寻常的方式结束了奇异的人生，沉重之中有些荒诞的意味。煌煌印加，就这样走到了尽头，印加帝国的烟云，慢慢飘散，其后的抗争，只表示印加人还存有血性，无关结果。

很多年后，有原住民诗人撰诗纪念其事："吾父印加王，贼人强掳去，吾主受其骗，竟遭其害死，吾王勇如狮，智谋亦如狐，贼人弑君上，仿若屠牛羊，霹雳裂长空，飞雹穿户牖，贤哲如吾父。"其感情之浓烈跃然纸上。

阿塔瓦尔帕被埋葬在大教堂后，遗体消失了，或是被征服者埋葬他处，以避免印加人把他的遗体制成木乃伊来号召民众反抗，或是被印加人偷运他处。

厄瓜多尔良加纳特斯国家公园亚马孙雨林深处，流传着关于阿塔瓦尔帕的传说：忠诚的将军得知他被处死，遂将金银掩藏于此，并将阿塔瓦尔帕的遗体偷运出来，制成木乃伊，留在这座国家公园。或许，将来考古学家们可以给我们一些惊喜。无论魂归何处，他终究是化作了安第斯山脉群峰中的一粒尘埃，死去何所道，托体同山阿。

26 年后，1559 年 11 月 30 日，即那年的圣安德鲁瞻礼日，墨西哥城举办了声势宏大的活动，以悼念逝世不久的西班牙国王卡洛斯一世，灵柩台上有一幅画，描绘"新大陆的皇帝们"——蒙特祖玛和阿塔瓦尔帕——跪在卡洛斯一世面前，"喜气洋洋，表现自己很高兴被他征服"，这真是莫大的讽刺啊。

❖ 殖民地时期的教堂

印加帝国成为西班牙人的世界，太阳神的殿堂为教堂所代替。

卡哈马卡主教座堂，是拉丁美洲宗教建筑的杰作，典型的银匠风格。

徜徉在兵器广场，不免为主教座堂的宏伟和精美所吸引，细腻的雕刻和繁复的细节显示了高超的技艺，螺旋形的所罗门柱上雕刻着葡萄藤，小鸟们在啄食葡萄，长方形砖块上雕刻着精美的叶片、花朵、石榴、涡卷和小天使脑袋，纤毫毕现。小侧门的柱体采用壁柱形式，门上方雕刻有西班牙王家纹章。而这些符号化的表现统统都有着基督教的特殊寓意，如葡萄象征着圣餐仪式中的葡萄酒和基督的鲜血。但惨死在这座教堂之前的数千印加人，他们的鲜血又拿什么来代表呢？

主教座堂只是卡哈马卡在殖民时期修建的六座教堂之一，其他如圣何塞教堂、拉雷科莱塔教堂、无玷成胎圣母教堂、圣安东尼教堂和埃尔贝林教堂，都修建于 17 世纪，雕刻精美，代表着西班牙文化对秘鲁的深刻影响。

1986 年，美洲国家组织将卡哈马卡确定为美洲历史和文化遗产。

印加帝国被西班牙征服，是历史的必然，而颇具戏剧性的卡哈马卡战役却是必然中的偶然。纵使弗朗西斯科·皮萨罗未能一战功成，也还会有无数籍籍无名的皮萨罗越洋而来。我们耳熟能详的塞万提斯就曾向国王写信，希望能带领一支远征军出征美洲。幸亏这一请求没有被批准，否则，西班牙历史上就会多一个征服者，而我们将永远无缘结识堂吉诃德了。

印加帝国对先进文明一无所知，而欧洲大陆正经历文艺复兴，正迎来创造力大爆炸的时代。即使美洲大陆人口众多，城市规模远超马德里或托莱多，但两种文明相撞，实力悬殊，征服之易也在意料之中，一位野心勃勃、富有谋略的统帅则可毕其功于一役。

印加帝国历史上，因王位继承发生纷争并非无例可循，第八代萨帕印加就剥夺了其父的王位，兄弟阋墙、各派力量倾轧、宫廷阴谋、地方叛乱甚至暗杀也绝非罕事。随着帝国版图达到顶峰，军事力量日益强大，王权之争就变得旷日持久且破坏力极强。鹬蚌相争，渔翁得利，弗朗西斯科·皮萨罗的登陆适逢其时。"如果这块土地没有被战争所分裂，除非一千名西班牙人同时到来，否则我们完全没有机会进

卡哈马卡主教座堂是典型的银匠风格，是拉丁美洲宗教建筑的杰作 ◣

入或征服她。"

　　但或许，入侵者们过高地估计了印加帝国。印加人攻城略地，征服异族，短时间内建立起庞大的帝国，征服过程同样是暴力和血腥的。帝国领土广袤至数千公里，地貌差异巨大，民族构成复杂，内部矛盾尖锐，边远地区尚未真正融入印加帝国。虽已拥有相当的发展水平和组织水平，但在自然经济时代，依靠有限的行政管理能力来统一如此幅员辽阔而复杂的国土，可谓困难重重，而继承制度带来的权力斗争和兵燹更令帝国雪上加霜。

　　文明的冲突又何时何处不在呢？如果文明的交融始终能以温情脉脉的和平方式进行，对全人类来说或许是一件幸事。但实际上，文明之间的碰撞总是激烈而残酷的，甚至以野蛮的方式去催生蜕变，这虽是历史的常态，却也令人无比痛心。

卡哈马卡之役不过刚刚拉开数百年暴虐统治的大幕，安第斯人民开始被套上殖民统治的桎梏，无穷浩劫自此始。殖民者直接袭用了印加人确立的制度。西班牙人取代了印加统治者在金字塔顶端的地位，并利用原有的等级控制机制来安抚和奴役原住民；农民原有土地中的三分之二系为印加王和太阳神耕种，西班牙人直接将其划归西班牙王室所有；印加人沿用了始自奇穆时期的米塔（Mita）制，西班牙人继续通过米塔制调配劳动力，令无数原住民葬身于波托西银矿的深处。但公允地讲，西班牙也将欧洲文明带给了秘鲁。

西班牙人征服美洲是其收复失地运动的延续和拓展，他们也将承袭自古希腊和古罗马帝国，经天主教和收复失地运动淬炼形成的威权主义政治和法团主义等文化和政治遗产带到秘鲁，这些中世纪的制度结合印加帝国遗留的社会组织结构，左右了秘鲁此后数百年的历史，其残存至今仍困扰着秘鲁的政治和文化格局。

莽莽苍苍的
东部
热带雨林

亚马孙河，发源于米斯蒂火山脚下的小小湖泊，在秘鲁境内绵延 3762 公里，浩浩汤汤，源远流长。

亚马孙林莽，幽邃神秘，不可捉摸，令人神往，却战栗不能前。

海拔 1000 米以上的林顶区，河流纵横，峡谷幽深；500—1000 米的高林区，气候温和；500 米以下则是茫茫苍苍的亚马孙平原，河网密布，气候炎热，雨水充沛，潮湿不堪，在空中俯瞰像是绿色海洋，令人心旷神怡，在地面行走则如绿色地狱，令人心生畏惧。

查查波亚斯人即生活在林顶区，勇武好战。至今雨林中的原住民仍处于极端封闭落后的状态。而伊基托斯则成为探索亚马孙雨林的门户。

奎拉普

——云雾中的查查波亚斯堡垒

查查波亚斯（Chachapoyas）远离其他所有大城市，30年前，从这里出发，即使前往最近的公路，也需要步行两个月时间。

印加帝国时期曾有王室大道连接查查波亚斯和卡哈马卡，是"征服者之路"的一部分。现在两座城市之间有公路相通，且距离更近，但道路曲折难行，雨季经常被雨水和泥石流冲毁，没有常规巴士通行。

我不得不从太平洋之滨的奇克拉约乘坐巴士前往查查波亚斯市，翻山越岭，行程近十个小时，旅途之艰辛，可见一斑。

秘鲁铁路相当不发达。前文曾谈及，秘鲁治安并不甚佳，多年前曾在山区发生过歹徒冒充乘客洗劫大巴车其他乘客的事，于是秘鲁发展出一套极为特殊的长途公路交通系统，服务完善，价格低廉。大巴座位有卧铺、半卧铺和座席，卫生间位于车厢内。每人乘坐长途大巴前，都要将行李提前交给行李台，由专人将行李安检后送进汽车下部的行李柜，个人经严格安检后才能上车。司机和乘客完全隔离。尽职尽责的乘务员会记录每位乘客的目的地，并从外锁上车厢，有乘客下车时再开门。我不再担心劫匪，倒是担心，万一失火，而乘务员施救不及，乘客们可就无路可逃了。我最喜欢南十字星大巴公司，这家公司的卧铺车厢有飞机头等舱般的享受。

查查波亚斯地区坐落于安第斯山脉东侧，横跨马拉尼翁河与乌特库班巴河交汇处的三角地带，毗连亚马孙盆地，称亚马孙安第斯。狂暴的亚马孙支流将安第斯山脉切割出幽深的峡谷，随即如脱缰的野马向亚马孙盆地奔流而去，峰峦如聚，波涛如怒。两河合流，又在伊基托斯附近与乌鲁班巴河交汇，始称亚马孙河。查查波亚斯为连绵的群峰所阻隔，为浓密的雨林所覆盖，为永恒的迷雾所笼罩。

查查波亚斯文化主要位于乌特库班巴河谷地，大约在公元 500 年开始形成，直到 1479 年前后被萨帕印加图帕克·印卡·尤潘基征服，持续上千年，可谓历史悠久。

英勇好战的查查波亚斯人

莽莽群山，地形复杂，森林覆盖，艰苦的自然环境造就了查查波亚斯人顽强不屈的性格。

查查波亚斯文化遥远而闭塞，但它连接着安第斯山区和亚马孙雨林，是与雨林地区之间的重要贸易站，印加贵族颇为热衷的古柯叶和热带丛林中鲜艳的鸟类羽毛等重要物品的贸易都集中于此，因而被野心勃勃的萨帕印加纳入帝国版图。

据《印卡王室述评》记载，查查波亚斯人勇武好战，桀骜不驯，刚刚被印加人征服不久，即起兵反抗，并再次被征服。在德高望重的老妪求情之下，萨帕印加赦免了查查波亚斯人，随后将查查波亚斯战士征召为宫廷武士和职业士兵。为抑制好战的丛林战士，通过米塔制，印加帝国几乎将半数查查波亚斯人迁移到帝国其他地区，包括马丘比丘，甚至远到玻利维亚。

西班牙人入侵印加帝国之际，查查波亚斯人被西班牙人利用。曼科·印加率领十到二十万人围攻库斯科，数百名查查波亚斯人曾在城内与西班牙人并肩作战。西班牙人在征服印加帝国时，得到很多印加人的敌对部落的帮助，这也是印加帝国迅速崩塌的原因之一。

查查波亚斯意为"云中的人"，这是印加人给予他们的名字，他们本有的名称已不得而知了。据西班牙编年史作家佩德罗·西耶萨·德莱昂记载，查查波亚斯人归属印加帝国后，开始接受印加风俗习惯。印加人和西班牙征服者提供了关于查查波亚斯文化的主要信息，但没有来自于查查波亚斯人的一手资料交叉比对。编年史作家印卡·加西拉索·德拉维加在描述这一文化时，也是基于零散的二手资料。如今，对这一文化的探索多来自考古挖掘，来自墓葬、陶器和其他文物。

❖ 云雾中的武士

奎拉普（Kuélap），意为"云雾中的武士"，古查查波亚斯人的城堡，它坐落于崇山峻岭之巅，睥睨周遭河流山川。它比印加帝国更加古老，比马丘比丘海拔更高，更鲜为人知。

我从查查波亚斯市出发，沿乌特库班巴河行进，穿过丁戈（Tingo）镇继续前行。驶出小镇不远，导游指着旁边的高山说，那座山名为拉巴雷塔（La Barreta）山，海拔 3000 米，山顶就是此行的目的地奎拉普，比我们身处的河谷高 1200 米。两地直线距离只有几公里，我们却不得不在盘山公路绕行很久。天气阴沉，飘着小雨，山间翠蔼浮空，云雾缭绕，影影绰绰间似乎可以看到石墙，但又不十分确切，虚无缥缈，如在仙界。

奎拉普城堡东侧面向乌特库班巴河峡谷，西北两侧面向丁戈河峡谷，只能从西南部进入。城堡居高临下，鹰视虎踞，令人望而生畏。印加人仰攻精于箭术的森林人时，需要面对的困难是可想而知的。《印卡王室述评》没有单独记载印加人是如何攻破这座云中城堡的，但描述了征服查查波亚斯人时遇到的诸多困难："这个大省地形复杂，充满了艰难险阻，居民又骁勇好战，印卡王在征服时费尽九牛二虎之力，并付出了大量人员伤亡的代价。"

终于到达城堡，寒气袭人，我下意识地将冲锋衣和抓绒外套的拉链拉到脖颈。通向城堡的石板路湿漉漉的，踩上去滑不溜秋，一行人小心翼翼地前行。时雨蒙蒙，停云霭霭，天空黯淡得没有质感，路边乱草迷离，矮树挂满松萝，条条缕缕，树干上长满苔藓，微风掠过，树枝和松萝轻轻摇曳，凄神寒骨，悄怆幽邃。这令我想起《指环王》中的场景，确实有那么一点梦幻的感觉。

城堡围墙颇为厚重，高10—20米，用长方形石灰岩石块修砌。有的石块硕大，据称重达3吨，石块表面苔痕斑斓，微微泛黄发黑，就像古玩的包浆，石缝间生长着大量青草，墙头草木尤为茂盛，像是为石墙镶上一道参差不齐的绿边。有的地段，表层石块脱落严重，露出碎石块和砂浆混合的填充物，并为藤葛缠绕。墙内许多乔木高大挺拔，枝干槎丫，树冠高耸，郁郁葱葱，为城墙罩上了巨大的伞盖；偶有探出城墙者，如虬龙探头，那是一种昂扬而历尽沧桑的姿态。

▼ 厚重的石墙守护着奎拉普，表层石块脱落严重，墙头草木茂盛

奎拉普城堡整体呈南北走向，依山顶地势而建，极不规则，南北长600米，东西宽150米，整个城堡占地24000平方米。

城堡年久失修，入口两侧城墙用木板和木架支撑，以免坍塌。出于防御目的，城堡入口经过精心设计。门口呈梯形，下宽上窄，仅可容纳4—5人并排通行。入门后有十几米长的甬道和五六米高的陡峭台阶，继之以十几米长的狭窄甬道。甬道两侧城墙高近十米，查查波亚斯战士可以站立于城墙之上，狙击来犯之敌。试想数十个弓箭手居高临下射击甬道内的入侵者，直如同射杀陷阱中的野兽。中国古有瓮城，奎拉普有"瓮道"可以媲美。走过狭长的甬道，通过堪堪可容二人并行的窄门，正式进入城堡，眼前豁然开朗，没有了身处甬道的逼仄与局促。面对狭窄的甬道及石墙上的弓箭手，来犯之敌难有胜机。印加人是如何攻入城堡的？

奎拉普——这座经过周密规划的城堡，大约可居住3000人。他们可能还没有出现社会分层，人人平等，从事农业、放牧和工艺品制作。城堡内有行政、军事、宗教和居住用途的建筑420余间，包括神庙、广场、住宅和防御工事等建筑，有石块修建的水道，将泉水引入城内。

目之所及，众多房屋大体只遗留基础或墙体，除五间房是正方形或长方形布局，其余所有建筑都呈圆形，整体高2米，墙体厚50厘米。

考古学家精心复原了一处房屋，使我们得以一窥全豹。房屋为圆形，基座直径略大于其上墙体，圆锥形尖顶高大细长，以茅草覆盖，如同电影《哈利·波特》中的魔法帽。基座部分用整齐的长方形石块建造，上部三分之一处，有一条饰带环绕，饰带上有一圈连续的菱形图案浮雕，或许代表了某种原始的图腾。基座与墙体之间铺设一圈石板，宽可容一人在上行走，同时也构成基座的外檐，借以保护其下饰带。房屋入口在石板之上。墙体用不规则的石块配合砂浆砌就。

居住区西北部，有一座"高城"，地势较高，墙体高11.5米，只有两个狭窄的入口。"高城"以北，有用于防御的7米高塔，考古学家在此处发现了一些武器。

▼ 城堡入门后有十几米长的甬道和五六米高的陡峭台阶，继之以十几米长的狭窄甬道。甬道两侧城墙高近十米，构成稳固的防御

▼ 圆形建筑遗存和考古学家复原的房屋

城堡虽稍经整饬，空气中还是有一丝积年草木腐败的味道，若有若无，与遗址的败落倒也相谐调。荒草萋萋，几只羊驼或悠闲地踱着方步，或卧在那里咀嚼美味的杂草，对三三两两的游客毫无兴趣。1000多年前，它们的先祖也曾徜徉于此。

据考古发现，早在公元5世纪即有人在此居住。公元900—1400年，奎拉普是查查波亚斯文化的政治和宗教中心，主要建筑修建于公元900—1100年之间。

一座2—3人高的建筑吸引了我的目光，它上粗下细，像一个倒置的圆台，底部直径近15米，顶部约18米，其上是巨大的平台。圆台整体用规整的石灰石石块砌造，一侧已经坍塌，可见内部碎石块填充物。

在奎拉普遗址，它是最吸引人的单体建筑。历史学家或称之为 El 丁特罗（Tintero）主神庙，或称之为太阳观测台。神庙往往享有重要地位，而天象观测也多与祭祀密切相关。考古学家们在神庙下发现了种子、动物和人的遗骸以及来自不同地区的供品，包括厄瓜多尔的海菊蛤、黑曜石雕刻、宝石和祭祀用碗等。顶层平台不可攀爬，是举行宗教仪式的场所，平台中央有一个凹洞，洞中也发现有人骨等祭祀残留物品。

我未曾亲眼见证查查波亚斯繁盛时期的模样，而在短短的游览中，目睹城墙荒芜，茂盛的树木环绕，房屋坍塌，灌木缠绕，云烟惨淡，一派衰败景象。昔日盛景，唯余断壁残垣，在这阴冷的天气里，我的心也难免消沉下来。

El 丁特罗主神庙，或称为太阳观测台，是奎拉普遗址中最吸引人的单体建筑

查查波亚斯文化巡礼

　　或秉笔直书，或春秋曲笔，西班牙人对印加历史多有记述，但对远在边陲的查查波亚斯，能够诉之笔墨者也就寥寥无几了。关于查查波亚斯文化，我们只能从考古、传说和民俗中寻求。

　　古查查波亚斯人最重要的圣地库恰库艾雅（Cuchacuella）湖，距离奎拉普西南大约十公里，至今，当地萨满和巫师还前往圣湖举行仪式或采集巫术所需要的草药。奎拉普位于圣湖附近，且易守难攻，发展为政治、宗教和军事中心也就顺理成章了。

　　出于神圣的宗教信仰，古查查波亚斯人热衷于将拉巴雷塔山作为墓葬地。他们希望将自己或家人埋葬在圣地，无论路途多么遥远，多么艰难，他们都不辞辛劳，跋山涉水，来到奎拉普，参与这座城堡漫长的修建过程，给这里的主神庙带来祭品，将家人的木乃伊安置在悬

查查波亚斯文化的男性木乃伊，放置于山洞中，自然干燥，并在裹尸布的脸部描绘特殊图案

崖上的停尸房（陵墓）内。这更使奎拉普成为查查波亚斯人的圣地，成为亚马孙地区独一无二的宗教场所。

查查波亚斯人有独特的丧葬仪轨，如古埃及人和印加王室，他们也将死者制成木乃伊，只是手法不同。查查波亚斯地区潮湿多雨，制作木乃伊确实极具挑战性。他们将死者内脏从肛门取出，将大脑从鼻孔取出，以避免尸体腐烂，随后用裹尸布包裹尸体，在裹尸布的脸部描绘特殊图案，再将木乃伊像胎儿一样安放在名为卡拉希阿（Karajía）的人形石棺内，随后置于悬崖上特殊建造的"停尸房"。或许这是查查波亚斯人祖先崇拜的体现。

我国西南少数民族的崖葬或悬棺与其颇有几分相似，崖葬艰难，故多用于贵族。查查波亚斯在悬崖安葬的死者可能也只限于智者。

考古学家在奎拉普挖掘出大量陶器、织物、石制工具、骨头、木材、贝类、葫芦或羽毛制作的器物，这些器物表明查查波亚斯在不同阶段与秘鲁其他传统文化地区有贸易往来和文化交流。陶器分别来自安第斯山脉北部的卡哈马卡，中南部的瓦里文化，太平洋沿岸的莫切文化、兰巴耶克文化、奇穆文化和印加文化，而海菊蛤和黑曜石则来自遥远的厄瓜多尔。

古查查波亚斯人不仅制作陶器、编织衣物、建造房屋，以供基本的物质生活，也使用石块、木材、葫芦和骨头等材质创造装饰性物件来展现精神世界。墙体上的拟人、动物形象或几何图形饰带、壁画和浮雕，已具有艺术雏形，他们或许试图表达某种宗教的含义。

1479 年，使用查查语的查查波亚斯人被说着克丘亚语的印加帝国征服，尽管他们依然在反抗，但不得不将印加文化作为主体文化，古老的查查语如今只能在地名和姓氏中找到蛛丝马迹。

1570 年，西班牙人征服这一地区后，奎拉普被彻底遗弃，从此不再为人所知。人类史还原为自然史，但时间没有凝固，日月星辰、风雨雷电循环往复，与堡垒为伴。风吹日晒，天火焚烧，缺乏完善的排水系统而又遭暴雨侵袭，树木蔓延，城堡建筑破落倾颓。俱往矣，天

奎拉普石块上的鸟形浮雕

地悠悠，无复来者，奎拉普陷入寂静，死一般的寂静。

直到 1843 年，法官胡安·克里索斯托莫·涅托在爬山时，意外地发现了奎拉普。世间三百年，仙界只是一瞬。他在《利马地理协会》上发表文章《秘鲁的巴别塔》，介绍了这座古城堡。奎拉普比马丘比丘的发现早了半个多世纪，其后被誉为"北方的马丘比丘"。

奎拉普是查查波亚斯文化最重要、最具代表意义的场所。千年查查波亚斯文化虽已成为历史，掩盖在重重迷雾中，不再清晰可辨，但它为亚马孙地区遗留了重要的文化内涵。祖先的知识和风俗在日常生活中代代传递，传统制陶和编织工艺依然在使用，建筑工艺在农村地区多有保留，古老的饮食习惯也融合在当今美食中。

2004 年，奎拉普被列入世界文化纪念物守护计划，以唤起人们对其日益损坏的关注。世界纪念性建筑基金会和其他组织致力于奎拉普保护，在此设立天气观测站，加固建筑。2010 年，奎拉普被联合国教科文组织列入世界文化遗产预备名单，我相信，它终会被列入正式名录。

奎拉普位置偏远，游客罕至，虽有"北方马丘比丘"的名头，但游客数量过于少了一些。我不辞千里奔波，虽只是浮光掠影，浅尝辄止，但也饱含着对古人的敬意，对文明的尊重。

伊基托斯
——橡胶大亨的奇思妙想

从利马飞往伊基托斯，能够充分体会到秘鲁的地形差异。飞机咆哮着从查韦斯机场升空，机翼下，太平洋蔚蓝的水面波澜不惊，随后，机身倾斜着掉头向东北飞行，掠过城市上空，火柴盒一般的房屋尽收眼底，之后是灰不溜秋的沿岸沙漠和土黄色的低矮山峰。不久，地势开始爬升，安第斯山脉连绵起伏，深壑绝壁，台地陡崖，蔚为壮观。到达安第斯山脉东侧，逐渐离开山区，机翼侧畔，白色的积雨云如连绵的山峰，变幻万千，万米高空之下是辽阔的亚马孙雨林，树木葱郁似青毡，浑黄的亚马孙河支流扭动出各种曲线，如巨蟒般蜿蜒前行。

走出机场，时值正午。阳光炙烤大地，滚滚热浪扑面而来，潮热难耐。30多摄氏度的高温并不可怕，叠加100%的湿度才令人窒息。我似乎看到热气在地面蒸腾，那是亚马孙河水的蒸汽，是热带雨林蕴含的水分。

亚马孙生态协会首席科学家理查德·博德默博士和他的团队到机场迎接我们，带我们前往亚马孙河畔的卡萨莫雷志愿者驿站。甫一见面，这位科学家即给我留下很深的印象，他穿着简朴，颇有一些南美风格的自然与随性，但又不乏传统英国绅士的礼貌和周全。

100多年前，橡胶热时期，亚马孙河畔的伊基托斯曾一度辉煌。随

鸟瞰亚马孙河支流和热带雨林

着橡胶热退潮，伊基托斯又陷入沉寂，但它也借此契机发展成为秘鲁在亚马孙腹地的最大港口和城市。伊基托斯是全球公路所不能到达的最大城市，50万人口只能通过飞机和水路往来于秘鲁其他地区。唯一的公路通往100公里外的瑙塔（Nauta）镇——帕卡亚－萨米利亚（Pacaya–Samiria）自然保护区的门户。

暴富的橡胶大亨，崛起的伊基托斯

　　卡萨莫雷志愿者驿站是一栋颇有历史的二层小楼，面向拉蒙·卡斯蒂利亚广场，亚马孙河的洪流在广场外流过。小楼外墙为白色，通体镶嵌着浅色马赛克瓷砖，两条亮蓝色的带状装饰环绕着屋檐和底部，每道门窗两侧都有附墙装饰性假柱，配以繁复的柱头，深红色屋顶，气度不凡，光洁整齐。大厅挑高四五米，宽敞明亮，大幅油画展示着伊基托斯在橡胶热时期的辉煌，画面中码头上车水马龙，河面上轮船如织。

　　博士很理解我们的好奇心，解释了这座房屋的由来。1913年，橡胶大亨路易斯·莫雷拥有多艘蒸汽船，将昂贵的橡胶运往欧洲，遂在码头附近修建住宅，这座宅邸堪称"维多利亚风格和亚马孙装饰的完美结合"。橡胶热退潮后，码头改建为拉蒙·卡斯蒂利亚广场，以向鸟粪经济时代的总统拉蒙·卡斯蒂利亚致敬。莫雷的住宅也逐渐破败，屋顶坍塌。为保护伊基托斯的历史文化，亚马孙生态协会主导修复房屋，

橡胶大亨路易斯·莫雷的住宅，现为卡萨莫雷志愿者驿站

恢复其历史风貌，博德默博士和妻子图拉·方博士提供了大量赞助。随后，卡萨莫雷成为科考队员进入亚马孙热带雨林前的中转站。毫不夸张地说，卡萨莫雷见证了伊基托斯的历史。

站立在拉蒙·卡斯蒂利亚广场，俯视着宽阔的亚马孙河面，我脑海中浮现出 500 年前的场景。秘鲁征服者弗朗西斯科·皮萨罗之弟贡萨洛·皮萨罗——那位头颅在利马的兵器广场示众十年之久的皮萨罗——曾在 1541 年带领一支数千人的探险队，从基多出发，试图寻找传说中的黄金之国埃尔多拉多。他们陷身于亚马孙雨林，粮绝，遂砍伐木材勉强造了一艘船，令弗朗西斯科·德·奥雷利亚纳带领小队人马驾船寻找食物。奥雷利亚纳沿途遭遇急流、饥饿、疾病、原住民的袭击和部属哗变，不得已顺流直下，竟然从纳波河进入亚马孙河，漂流数千公里，到达大西洋，成为历史上第一个完成亚马孙航行的人。奥雷利亚纳本是一名征服者，却机缘巧合成为探险家。纳波河河口在伊基托斯下游 80 公里处，附近的村庄即以他的名字命名。他们可能曾遭遇凶悍的原住民女性，视之为传说中的亚马孙女战士，这也成为亚马孙名称的来历。殖民者们远谈不上英雄，但他们骨子里的冒险精神仍令人折服。我从来都不是一个风险偏好者，面对滚滚洪流和险恶的雨林，只能以安全的方式走进亚马孙。

伊基托斯历史谈不上悠久。18 世纪中叶，耶稣会在这里设立定居点，只有 1500 名居民。百年后，附近林区盛产橡胶树，一时炙手可热，1864 年伊基托斯建市，成为橡胶出口中心。橡胶大亨应运而生，欧美商人蜂拥而至，原住民云集于此。整个城市弥漫着橡胶独特的气味，有人认为那气味酸而恶臭，有人却喜欢它难以描述的芬芳。伊基托斯在 20 世纪初发展到巅峰，橡胶出口占秘鲁各类商品总出口额的 30%。

但好景不长，巴西橡胶业兴盛后，距离亚马孙河口 3680 公里之遥的伊基托斯在运输成本上明显处于劣势，更为致命的是，橡胶树被大规模人工种植在运输成本低廉的东南亚国家，彻底打破了亚马孙流域对橡胶业的垄断，橡胶价格暴跌，亚马孙橡胶热随即退潮。只有在二战时期，东南亚沦陷于日本军国主义的铁蹄之下，同盟国不得不依赖于亚马孙雨林的橡胶资源，伊基托斯才迎来了昙花一现的复兴，但这并没有给当地经济带来持续增长的动力。

橡胶大亨们积累了巨额财富，使一座欧式城市在亚马孙雨林拔地而起。但灾难也接踵而来。野生橡胶资源迅速耗尽，更具灾难性的后果是，原住民在极其恶劣的条件下遭受奴役，且对传染病毫无免疫力，他们的死亡率达到80%。

亚马孙丛林远离利马，交通不便，橡胶大亨们骤然暴富，竟潜滋暗长出分裂倾向，秘鲁政府通过财政控制和武装干涉才阻止了领土分裂。

马里奥·巴尔加斯·略萨基于军方组织妓女劳军的真实事件，撰写了著名的结构现实主义讽刺小说《潘达雷昂上尉与劳军女郎》。伊基托斯发生了一系列军人强奸案，军方派遣正直的潘达雷昂上尉组织一队妓女前往丛林中的军营提供服务，强烈的讽刺意味带着浓郁的热带雨林风情跃然纸上，而在伊基托斯拍摄的同名电影使雨林风情愈加鲜活起来。

❖ 欧洲风格与亚马孙风情相遇

尽管伊基托斯橡胶热如昙花绽放般短暂，却也惊艳了亚马孙，异香弥漫，久久不绝。在交通闭塞的亚马孙河畔，橡胶经济的繁荣催生了独特的文化现象。不同国家的商人带来不同风格的建筑、音乐和其他文化元素。

漫步在街头，尚可大约领略到昔日橡胶热时期的繁荣，一些欧洲风格的老式房屋多彩亮丽，散布在整体有些没落的城市中。马特利兹大教堂是典型的哥特复兴式风格，塔楼上的瑞士钟表成为伊基托斯的象征；马雷孔·马尔多纳多大街的房屋装饰着从意大利和葡萄牙进口的陶瓷贴片；拉伊蒙迪大街的商铺和住宅成为国家遗产保护对象；兵

伊基托斯街头，一位母亲正在给女儿梳头，小巷中有许多孩子在玩耍

器广场上坐落着宏伟的主教座堂。

铁房子（Casa de Fierro）依然矗立，无声地诉说着伊基托斯曾经的辉煌。埃菲尔铁塔的建造者——古斯塔夫·埃菲尔为1878年法国巴黎世界博览会设计建造了这座房屋。伊基托斯橡胶大亨安索莫·德·阿基拉（Anselmo del Águila）的所作所为超出了我的想象力，他购买这座铁房子后，将之拆解运输到伊基托斯，重新安装于此，设计师精妙的艺术与暴发户的大手笔就这样完美地结合在一起。在1900年，橡胶大亨们就买来爱迪生的电影放映设备，在铁屋放映了第一场电影，这时候，艺术的气息方才开始浓厚了一些。

人们的闲适透露出这里的慢节奏。妈妈在街边安详地帮女儿梳理着长辫，出租车司机驻足与我们闲聊，街头的巨幅墙画描述了亚马孙河上交易的场景，墙画前，一位中年人将脚高高地搭在自行车上小憩。市场里的摊贩们懒洋洋地销售着由各种瓶瓶罐罐装着的香料、各种叫不上名字的蔬菜、亚马孙河水产和鲜艳的服装，几只秃鹫到摊前寻找

食物，又被行人惊吓，展翅飞去，落在电线上。

　　转向亚马孙河边，昔日繁华的码头已不复存在，只有漂浮屋在水中随波颤动，依稀展现出电影《陆上行舟》中的场景。菲茨卡拉尔多的躁动不安但勇气非凡似乎都已成为过去，"一点天真气，千里快哉风"的精神也已不再，伊基托斯的命运，就像这漂浮屋一样，随着旱季和雨季的转换起起落落。

　　20 世纪 80 年代初，联邦德国导演沃纳·赫尔佐格在伊基托斯拍摄了电影《陆上行舟》，描述了外来文化与原住民文化的冲突，展现了橡胶大亨不同的精神层面，展现了他们基于财富的想象力、行动力以及对精神世界的渴求，这种渴求充满狂热的、超越现实的浪漫主义色彩，与亚马孙河流的奔腾不羁和热带雨林的狂野浩茫相辅相成。

　　主人公菲茨卡拉尔多曾计划修建一条穿越安第斯山脉的铁路，将伊基托斯与太平洋连接起来（这是一项至今未能实现的壮举）。他热爱歌剧，是意大利男高音歌唱家恩里克·卡鲁索的超级崇拜者，他最大的愿望是在伊基托斯修建一座歌剧院。

政府将橡胶林划割成片，销售给橡胶商人。最后一片未被授权的橡胶林位于乌卡亚利河，但激流凶险导致货船不能进入。野心勃勃的菲茨卡拉尔多观察到亚马孙河另一条支流距离目的地不远，于是谋划将轮船从那条河拉上岸，翻越山头，进入乌卡亚利河，再进入这片橡胶林。在原住民的帮助下，他终于把这艘三层楼高，重达320吨的蒸汽船拖过山头。但当地酋长趁菲茨卡拉尔多醉酒之际，切断缆绳，轮船沿乌卡亚利河激流颠簸而下。尽管侥幸闯过险滩，但菲茨卡拉尔多终究空手而归。失望之余，他将船卖给了橡胶大亨。

菲茨卡拉尔多凤愿未了，他要进行最后一次航行。他专程前往巴西玛瑙斯，返航时，携卡鲁索和整个演出团队在甲板上大肆演奏，音乐声和歌声响彻亚马孙河，菲茨卡拉尔多站在他喜爱的男高音旁，意气风发，自豪而陶醉，却又带一点天真气。

《陆上行舟》中的原型为阿塞·费明·菲茨卡拉尔多，是19世纪下半叶的伊基托斯橡胶商人，他发现了菲茨卡拉尔多地峡，创建了马尔多纳多港。电影中的情节即来自这位现实中的橡胶大亨的经历。菲茨卡拉尔多将轮船从乌卡亚利河上溯至乌鲁班巴河再进入米沙瓦河，将30吨重的轮船拆解后拖过菲茨卡拉尔多地峡（他发现这处是连接两条河的最便利的地峡后，以自己的名字命名），在马德雷德迪奥斯河支流马努河重新安装。天才的创举令人喝彩，可惜在一次沉船事故中，这位天纵奇才遇难，英年早逝，时年35岁。

影片中，一片水上房屋与城市中心高大的教堂、奢华的宅邸和大亨们纸醉金迷的生活形成鲜明对比。菲茨卡拉尔多即居住于水上房屋，浑黄的滔滔河水在窗外流过。亚马孙河水水深在雨季和旱季相差10米左右，雨季时，这些水上房屋会随河水上涨而漂浮在水面，进出只能通过小船，而在旱季，房屋会落在地面上，可以步行进入。

我走下陡峭的台阶，小心翼翼地行走在房屋间的原木栈道上，尽量避开周围的泥泞。一群孩子叽叽喳喳地尾随着我，在泥地里奔跑。

亚马孙河面的水上房屋与栈道

透过窗户，能够看到屋内简陋的陈设，几无家什。一位年轻美丽的妈妈靠门框站立，正在哺乳怀中的婴儿，我赶紧转移视线，但仅此一瞥，即看到她定定地望着我，面无表情，眼中似空无一物，我心头一颤。我不愿过度解读她的眼神，但仍迅速逃离水上房屋。后来，我在雨季时再次来到伊基托斯，站在岸边，怔怔地望着漂浮屋，脑海里全是那双美丽而木然的眼睛。

或许，菲茨卡拉多修建穿越安第斯山脉、通向太平洋的铁路的凌云壮志，也代表了无数伊基托斯人可望而不可即的梦想。修建漫长的陆上交通，不仅成本高昂，也会在亚马孙雨林留下巨大的开放性伤口。

热带雨林是天赐之物，是上苍赐给全人类的财富。橡胶热催生了伊基托斯，给予它非同寻常的历史建筑和文化内涵。但雨林又将伊基托斯封闭起来，使之成为绿色海洋中的一片孤岛，如同亚马孙河上的漂浮屋，起起落落。

帕卡亚－萨米利亚自然保护区
——亚马孙雨林深处的科考之旅

　　我对亚马孙雨林的向往由来已久，从大学时代阅读里维拉的小说《旋涡》开始，心底的亚马孙之梦如虫啮虱咬般难忍。遍查资料，知道进入亚马孙雨林的最佳途径是参加科考，而这对于文科生来说不啻天方夜谭。终于，夙愿得偿。在谌良仲老师组织下，跟随公益组织守望地球，前后四次，分别在雨季和旱季参加了亚马孙科考，与科学家

▼ 雨林风光

们一起深入亚马孙，探索亚马孙的奥秘。

清晨，趁着天儿还没有燥热起来，我们与博德默博士和科研团队从伊基托斯出发，驱车两个小时，穿越雨林，前往洛雷托省的首府瑙塔镇。我们将登上"阿雅普阿"（Ayapua）号，上溯亚马孙河支流马拉尼翁河，转入萨米利亚河，进入帕卡亚－萨米利亚自然保护区。

帕卡亚－萨米利亚自然保护区是秘鲁最大的自然保护区，有全亚马孙流域面积最大的水淹森林，也可能是整个亚马孙雨林生物多样性最丰富的地区。进入保护区需事先取得秘鲁国家自然资源管理机构INRENA 的许可。

❖ 亚马孙守望者
理查德·E. 博德默博士

博德默博士在亚马孙流域从事科研和雨林保护。他的团队每月都会进行鱼类、鸟类、两栖爬行类以及其他森林动物监测，并欢迎世界各地的志愿者参与科考项目。

谌良仲老师——守望地球野外科研志愿者机构的创始人——对环境保护工作付出了极大热忱。他曾担任世界银行顾问和联合国环境规划署顾问，从事臭氧层保护的国际合作。临行前，谌老师盛赞博德默博士："十几年如一日，把生命奉献给了亚马孙生态保护事业，他待人诚恳、热情，平易近人，幽默风趣，讲解通俗易懂，给大家留下了深刻印象。大家从心底里敬重他。"

抵达伊基托斯机场，我们即感受到博德默博士的细致与体贴。这位受人尊敬的科学家亲自到机场迎接我们。他 50 岁出头，些许发福，在炎热的正午大汗淋漓，令人动容。

博德默博士出生于伦敦，在美国伊利诺伊大学取得生态学等多个学士学位及生物学硕士学位，返回英国后，取得剑桥大学动物学博士学位，在肯特大学任教。后长期在巴西和秘鲁亚马孙流域从事研究，他与其他科学家一起促成了帕卡亚-萨米利亚自然保护区新模式的确立，在满足原住民的生活需求和保护亚马孙生态之间达成平衡，改变了秘鲁亚马孙盆地自然保护区环境屡遭破坏的被动局面。

博德默博士也在保护伊基托斯的传统文化。他协助亚马孙生态协会购买并修复了卡萨莫雷，作为志愿者进入保护区之前的驿站；改造橡胶大亨腐蚀不堪的轮船"阿雅普阿"号和"克雷韦罗"（Clevero）号，作为亚马孙雨林科考的交通工具。超过百年历史的房屋和橡胶船都作为伊基托斯的文化符号被永久珍藏了。

博德默博士对秘鲁、对亚马孙有深厚的感情，工作和生活也与亚马孙紧密结合在一起。妻子图拉·方博士是秘鲁籍，也是一位深受尊敬的科学家，与丈夫一起从事热带雨林保护和其他科研工作，他们的孩子威廉也加入热带雨林保护的行列。博德默博士已融入当地社会，担任秘鲁亚马孙协会负责人，颇受尊重。秘鲁亚马孙成为他的第二故乡。

关于志愿者项目，博德默博士侃侃而谈："我们欢迎来自世界各地的志愿者，他们给予我们资金支持，使我们可以开展更多科研项目，进行更深入、更全面的研究。我们也希望通过志愿者项目广泛宣传，使各界人士给予亚马孙雨林保护更多关注。"秘鲁前驻华大使贡萨洛·古铁雷斯先生曾于2014年作为志愿者参加了博德默博士组织的野外科研工作。

博德默博士并不健谈，甚至略带腼腆，总是流露出淡淡的微笑，只有在讲课时，才用风趣幽默的语言，深入浅出地介绍相关知识，并耐心地等待大家充分理解。

在英国、美国和南美洲的生活都给博德默博士带来影响。他一丝不苟地介绍亚马孙雨林的成因、科研背景、科研方法以及多年的研究成果，无时无刻不体现出科学家的严谨和英国绅士的风度礼仪；而在衣着方面的简朴却体现出美式的随性；他偶尔客串酒吧招待，又展现出南美洲人的浪漫情怀。最后的话别时刻，大家兴致盎然，他离开片刻，返回时却身着白色礼服，头戴礼帽，携带一把古董剑和一顶英国士兵头盔，从容地与大家合影，把气氛推向高潮。

　　守望的背后是坚持和无悔，更加令人崇敬。与博德默博士的相处是短暂的，但他却使志愿者们拥有了完美的科考体验，使亚马孙科考成为美好的回忆。

❖ 醍醐灌顶般的科考体验

　　"阿雅普阿"号是我们的基地，整个科考期间，我们食宿都在船上。伴随长鸣的汽笛声和轰隆的马达声，"阿雅普阿"号在小雨中启程。宽阔浑黄的河面笼罩着一层轻雾。我们将上溯马拉尼翁河，行驶大约18个小时后进入帕卡亚 – 萨米利亚自然保护区，到达我们的科考地。

科考船"阿雅普阿"号 ▶

这里河道蜿蜒曲折，河汊纵横交错，多处牛轭湖波光粼粼，与周遭雨林一起，形成绝美的画卷。

博德默博士的团队都富有经验。出生于亚马孙的罗伯托，皮肤黝黑，身材壮实，是一位不折不扣的亚马孙专家；毕业于生物相关专业的辛西娅、强纳森、杰克和加布里埃尔，都是充满理想主义情怀的环保人士；同样来自亚马孙河的瑞内，已经与博德默博士一起工作十年之久。从辛西娅用中文说"欢迎你们"开始，科研团队的热情迅速感染了志愿者们，似乎不需要任何破冰环节，团队默契迅速形成。

"阿雅普阿"号，这艘百年古董船在亚马孙雨林保护中焕发了青春。我走上楼梯时，惊奇地发现，它竟是电影《陆上行舟》的拍摄取景船，我当时所不知道的是，另一部巴西选美片也曾在这艘船上拍摄。它的百年历史和怀旧氛围瞬间吸引了所有人的注意力。

辛西娅引领我们参观"阿雅普阿"号，干净整齐、装有空调的房间让我们在湿热的环境中倍感清爽；会议室兼作餐厅，宽敞明亮，一台老式唱片播放机与整体的木地板和家具风格很是相称；厨师微笑着欢迎我们，他们将精心照料我们的饮食，也的确帮我们烹饪了美味的西餐、秘鲁餐甚至中国面条；楼上图书馆陈放着关于亚马孙科研的书籍，墙角写字台有一部电脑，我们需要每天将监测数据录入系统，旁边陈列柜里摆放着一把老式宝剑和礼帽等物品；最令人惊喜的是，甲板上竟然有一处小小的日落酒吧，我们可以在工作之余享受一瓶冰镇啤酒或皮斯科酸酒。

简短的参观后，第一堂课在会议室进行。博德默博士为我们详尽介绍了亚马孙雨林的成因、生物多样性、动植物的协同进化以及科研项目的方法和意义。他对大家支持亚马孙科研项目表示诚挚的谢意，并笑着说："除了科考本身，志愿者将会充分领略到大自然的智慧，相信所见和所闻都将会对大家有所启发。"

他着重强调科考期间的安全要求，"禁止游泳"是第一条必须遵守的安全规范。貌似平静的水面下蕴藏着极大危险，危机四伏，食人鱼、电鳗、凯门鳄和牙签鱼（能够钻入人的身体）都会危及游泳者的生命；雨林中也存在美洲豹、毒蛇、箭毒蛙和毒蜘蛛等动物以及有毒植物。志愿者需要始终与经验丰富的科研助手一起行动。在亚马孙河中游泳，遭遇亚马孙独有的动植物对我们每个人来说都是致命诱惑。

亚马孙河的形成颇具戏剧性。在遥远的冈瓦纳古陆时期，南美洲与非洲尚连接在一起，彼时的"亚马孙河"发源于非洲部分，向西流入大洋（太平洋也不是现在的轮廓）。随后大陆漂移，南美洲板块与非洲板块分离，在向西漂移时与纳斯卡板块碰撞，安第斯山脉和圭亚那高原隆起，在现今的亚马孙盆地西部形成巨大的湿地佩巴斯湖（Lake Pebas），面积超过100万平方公里，与加勒比海相通。而后，亚马孙河转而自西向东注入大西洋，亚马孙盆地开始形成。在此过程中，很多鱼类、鸟类、哺乳类和两栖爬行类动物被隆起的安第斯山脉和圭亚那高原截断，在太平洋或加勒比海和亚马孙盆地分别走上不同的进化路径。过程大抵如此，关于事件发生的年代，依然存在"古老的"和"年轻的"亚马孙盆地两种假设，存在数百万年的分歧，我们就把分歧留给学者们去考虑吧。前些年曾听到过一句很流行的情话，颇有趣味："于我而言，你是淌过摩尔曼斯克的暖流，亦是填满亚马孙拗陷的长河。"爱如亚马孙河一般浩大无边，那是多么气势磅礴啊，而要填满"亚马孙拗陷"，这爱仿佛从远古走来，伴随着造山运动的轰轰烈烈，气势惊人，且历久弥盛。

雨季时，东北信风将来自大西洋和热带雨林的暖湿气流吹上安第斯山脉，在山脉东侧形成大量降水，导致河水泛滥，亚马孙盆地大片森林被水淹没，形成水淹森林，土地如同群岛；旱季时，东南风起，雨水减少，河水回归河道。旱季和雨季周而复始，在漫长的生物进化过程中，亚马孙雨林盆地的动植物优胜劣汰，形成了独特的生物特性。观测这些生物的数量和特征成为监测亚马孙盆地生态环境变化的重要指标。

亚马孙雨林面积690万平方公里，产生了世界上三分之一的氧气，是不折不扣的地球之肺，也是一座庞大的基因库。这座碳库固化的碳相当于美国 50 年的排放量，保护亚马孙雨林的生态环境即是保护全人类的生存环境。而今，亚马孙雨林被过度砍伐，一年被砍伐的面积超过 10000 平方公里，相当于巴西最大城市圣保罗的 7 倍。如果亚马孙雨林退化为稀树草原，生物多样性将受到严重影响，全球变暖也会急剧加速，会带来世界性灾难。而在政府、众多科学家和公众的努力下，秘鲁在雨林保护方面的状况远远好于巴西。

科考项目设计有严密的逻辑，监测对象包括鱼类、鸟类、两栖爬行类、水生动物以及有蹄类和灵长类动物，科研人员针对每一类型的动物选取最具代表性的物种进行监测。我们将在科研助手的带领下进行水虎鱼、金刚鹦鹉、凯门鳄和亚马孙河豚的监测，并在热带雨林中徒步，采集陆地样带动物数据，走访保护区内的居民。科考不仅反映亚马孙生态环境的变化，同时也反映保护区内是否存在过度捕猎的现象，为保护区模式的持续发展提供数据支持。根据数据显示，在新模式确立后，亚马孙生态环境持续改善。

每天会开展全部五个科考项目，志愿者可根据偏好自愿报名，晚餐后进行当日总结。大家都尽可能满满当当地安排项目时间。

万籁俱寂的清晨
——金刚鹦鹉监测

晨雾中，整个亚马孙尚在沉睡，我们出发观测金刚鹦鹉。当森林生态发生变化时，金刚鹦鹉会非常敏感地寻找新的栖息地。

我们在小河汊中选择 10 个位置，分别停留 15 分钟，观测空中飞过或停留在枝头的金刚鹦鹉，记录其种类和数量。这是一个浪漫的科考项目，我们将小船系在水边，悠然地享受亚马孙清晨的宁静。晨光熹微，水面像镜子一样，偶尔会有几丝涟漪或稍不留意就会忽略的涡旋，昏暗的光线中，树木的轮廓尚不十分清晰，倒映在水面就更加模糊了。

金刚鹦鹉监测 ▶

透过树叶间的缝隙，看得到东方的天空隐约发白，继而朝霞初现，鸟类开始吟唱，被惊扰了晨梦的吼猴猛烈地向鸟类发泄它们的不满，河豚显然有君子之风，在水面隐而不显。那一刻，我们仿佛做了一场心灵瑜伽，人世间的沉浮恍如在另外一个世界，驿动的心终于在这里沉静下来，每日忙碌在钢筋水泥丛林中的我们，在亚马孙的原始森林中，实现了与大自然的水乳交融，达到物我两忘之境。环境保护不仅是物质意义上的水土保持和生物多样性保护，更是保护我们每个人心中的"瓦尔登湖"，能使我们回归自我。但大自然一直被挤压，留给我们心灵沉思的地方已经寥寥无几了。

科研助手罗伯托出生于亚马孙河，成长在亚马孙雨林，面目黧黑，笃实敦厚。他对亚马孙的了解不亚于任何人，对动植物了如指掌，鸟类飞过，他只需看一眼，或听一声鸣叫声，即可辨认出是什么鸟，看到水中翻腾的浪花，他可以立即分辨出是什么鱼。那是亚马孙人世世代代的经验在他身上的积淀。他保护亚马孙雨林的初衷与我们完全不同，那是发自心底的爱，于他而言，亚马孙是家园。年轻的强纳森出生于伊基托斯，热爱科考，对科学研究和生态保护则有着浪漫主义情怀。

雨季和旱季的鸟类数量差异很大。在旱季通常可以观测到 20 多只金刚鹦鹉，而在雨季，则多达 100 只，有时甚至可以看到一群金刚鹦鹉飞过，如漫天彩虹。在罗伯托指引下，通过 3 小时的观测，我们认识了各种金刚鹦鹉、各种翠鸟、大食蝇霸鹟、大白鹭、黑冠白颈鹭和黑领鹰等鸟类。

一日清晨，太阳欲升未升，东方天空露出鱼肚白，雨林尚笼罩在晨霭中，我们的小船行驶在狭窄的水汊里，马达声在宁静的森林中显得颇为突兀，睡意未消的我们还能略略感到一丝凉意。突然，两只角雕的出现将幽静的森林变成一个混沌而疯狂的世界，数千只鸟不明就里，纷纷夺路而逃，瞬间在我们面前形成鸟的洪流，鸟的海洋，各种鸟漫天飞舞，全然没有了平时的优雅与闲适。经过几分钟的纷纷扰扰，鸟群散去，余音尚存，水面上的我们犹自瞠目结舌，还没有从如此壮观的场景中回过神来。

海豚的后裔
——亚马孙河豚监测

在亚马孙河享受一份宁静总是浪漫的，亚马孙河豚观测也是如此。我们关闭引擎，沿水面缓缓漂流 5 公里，记录亚马孙河豚的种类、数量和行为，看他们睡觉、捕鱼、行进或是嬉戏。3 小时内，往往会有近 30 只亚马孙河豚间断性地陪伴我们。

年轻的科研助手辛西娅来自伊基托斯，加入博德默博士的科考机构后，非常频繁地深入亚马孙雨林，与外界隔绝，也对个人生活造成了很大影响。她带领我们辨别粉豚和灰豚，观察其行为。

海洋被安第斯山脉隔绝后，演变为森林、河流和湖泊，来自太平洋的海豚则慢慢演化为淡水粉豚。为适应水淹森林的复杂环境，粉豚生成了独特的声呐系统，它们往往呈 S 形前进，且很少跃出水面。灰豚则是从大西洋沿亚马孙河溯流而上，停留在亚马孙盆地，不同于海豚，它们的颈骨没有长合，头部转动非常灵活，适合在满是树枝的水淹森林中生活。灰豚直线行进，经常像调皮的孩子一样，跃出水面。海牛不是我们的监测对象，但仍值得一提，它们在被隆起的圭亚那高原分隔后，在加勒比海和亚马孙盆地形成了不同的进化分支，亚马孙海牛成为世界上唯一生活在淡水中的海牛。

亚马孙河豚被当地居民视为神，没有人捕捉，观察其数量可以判断水质和水量变化对水中动物产生的影响。亚马孙神话中，亚马孙河豚会在夜晚化身为俊美的青年去迷惑少女，使她们受孕，清晨再变回河豚的模样。

树影斑驳，波光粼粼，我们缓缓漂流在茶褐色的水面上，静静欣

宁静的亚马孙河 ▶

▼ 一只调皮的亚马孙灰豚跃出水面

赏亚马孙河豚捕鱼嬉戏，确然是一种享受。看起来它们从广阔的海洋来到内河，仍愿意与人类亲近。粉豚从水中露出粉红色的身躯，留下一圈水纹，喷出一串水柱，又悄悄没入水中；间或有灰豚从水中跃起，溅起一片水花，有时甚至悄悄潜至小船附近窥探。

雨林中传来各种鸟鸣以及吼猴嬉戏或保护领地时发出的吼叫声，像是不间断的森林交响乐，如同天籁。有时可见一个家族群的数十只松鼠猴在林间追逐嬉闹，平添了快乐的气氛，巨嘴鸟在树洞中进进出出忙碌着，几只黄斑河龟在水边悠闲地憩息，偶有蝴蝶结对从我们船前飞过。那森林的广阔，那飞鸟的舒展，那水流的雍容，那亚马孙河豚的悠然……有那么一刻，我有些出神，似乎正孤身一人，乘坐一叶扁舟，随流飘荡，任意西东，直到同伴呼唤我做记录，才把我拉回亚马孙雨林。

每个科考项目结束后，我们需要把观测数据录入电脑系统，留待科学家们分析，并就科考内容组织讨论。

与亚马孙河恐怖之王的亲密接触
——食人鱼监测

鱼类观测能让我们更深入地体会亚马孙河的恐怖。来亚马孙前，朋友特地发给我食人鱼的视频短片，提醒我注意安全，我自己反而甚是从容，相信在科研团队关照下，一切无虞。

食人鱼即锯脂鲤属的水虎鱼，被列为亚马孙河最恐怖的生物之首。它们短小精悍，牙齿锋利，动作迅速，攻击力强，且数量巨大，经常群起发动进攻，可以将一头牛在几分钟内啃噬得只剩一副骨架。不过，水虎鱼也只有在结群时才表现出强大的攻击力。

亚马孙河水浑浊，能见度极低，使水虎鱼不能赶尽杀绝，从而给其他生物留下了生存空间。巨獭、凯门鳄、巨骨舌鱼和电鳗都是水虎鱼的天敌，一条成年电鳗释放的电量可以瞬间击倒30条水虎鱼。但真正控制水虎鱼数量的却是雨季和旱季的转换。雨季过后，洪水从水淹森林退却，大量水虎鱼被局限在小水塘内，而后被凯门鳄、巨獭和鸟类

水虎鱼尖利的牙齿

从容捕食，或搁浅在水洼中干渴至死，成为食腐鸟类的美食。大自然在物种间巧妙地构建起了平衡关系。

科学家利用水虎鱼数据判断河流生态的变化。博德默博士介绍说："水虎鱼是原住民捕捞的主要鱼类，水虎鱼种群数量和体重不仅反映亚马孙水质和水量变化，也反映保护区内是否存在过度捕捞。"根据多年监测掌握的数据，"新模式下的帕卡亚－萨米利亚自然保护区内，水虎鱼和其他鱼类种群数量均呈上升趋势，只有在2010年，亚马孙水位降低到历史低点，鱼类数量才有所下降"。

早餐后，我们前往附近的一处牛轭湖进行鱼类监测。阳光变得炽烈起来，周围树木高耸，郁郁青青，亚马孙王莲密布在水面，数不清的白鹭、番鸭和其他鸟类在盘旋，正是一幅绝美的雨林风光。我们用渔网和垂钓两种方式捕捉水虎鱼——这也是原住民的捕鱼方式，随后记录鱼的种类、数量、身长和体重等指标。

垂钓水虎鱼与平常钓鱼是完全不同的感受，不需要专业钓具，不需要浮子，只需在鱼钩上挂一小片肉即可。项目介绍会上，我曾怀疑钓鱼技术会影响钓鱼数量，进而影响到数据的准确性和科学性。博德默博士解释说："我们假定所有志愿者的钓鱼水平是相当的。目前是旱季，河水中水虎鱼数量巨大，技巧对钓鱼数量的影响非常有限。"尽管如此，当时我仍将信将疑。

但当我把鱼竿投入茶褐色的水中，水下摄像机拍摄到数不清的水虎鱼瞬间蜂拥而至，我立即知道博德默博士所言非虚，在亚马孙钓鱼并不需要技巧，这里的生态环境也确实得到了很好保护。旱季时，每人每小时都可以钓到10条水虎鱼。

我和罗伯托乘坐一叶小舟前去布网，船身很低，让人感觉自己紧贴着被单宁酸浸染的茶褐色水面，每划动一下船桨，都能感受到船身的颤动。想想水下隐藏的危险，确实有一些异样的感觉，那一刻，我没有感到恐惧，反而觉得有些刺激。半小时后，我们返回收网，收获30多条水虎鱼、1条甲鲶和1条慈鲷鱼（Acarahuasu）。这是我们在旱

雨季，单宁酸将亚马孙河的河水染成褐色 ◢

季的收获。我们将大鱼拿回去烹饪，放生小鱼。

甲鲶，我们称之为"清道夫"，比水虎鱼体重略大，体表如骨头般坚硬。我好奇地将它与几条水虎鱼放在一起，竟然相安无事。看来水虎鱼尖利的牙齿也难以穿透甲鲶的盔甲。

雨季时，整个森林被淹没，热带雨林变成巨大的森林湖泊。原本集中在河道中的鱼类分散在辽阔的森林中，密度大大降低，渔获通常少得可怜，偶尔钓上一条水虎鱼，大家都会兴奋不已。

按照操作规程，我们需要带上厚厚的帆布手套，以避免被水虎鱼咬伤。水虎鱼牙齿异常尖利，咬合力很大。我们将小指粗细的树枝塞进它嘴里，能被锋利的牙齿瞬间咬断，屡试不爽。一个偶然机会让我们领教了水虎鱼的速度。40多岁的罗伯托与水虎鱼、鳄鱼和丛林打了一辈子交道，艺高人胆大，却也有失手之时。他赤手测量，滑不溜秋的鱼脱手后，在空中翻腾的瞬间咬伤了他的手指，制造了一起科考期间的小事故，幸无大碍，但也令我们认识到水虎鱼绝非浪得虚名。这是亚马孙雨林留在罗伯托身上的又一个伤痕，但这对他来说并不算什么。他向我们描述他的峥嵘岁月，"有一次在雨林中用砍刀开路，用力过度，伤到了自己的左腿和左脚"，而最令他心悸的是，"在捕捉一条大鳄鱼时，与合作伙伴配合失误，被鳄鱼咬伤左臂，如果被鳄鱼咬住胳膊拖下水，来一个死亡翻滚……后果将不堪设想"。科研助手们为科研工作付出了艰辛和汗水，甚至还有鲜血。

晚餐，厨师为我们烹饪水虎鱼，它们的牙齿在餐盘中依然那么狰狞。水虎鱼味道非常不错，只是肉很少，不适合烧烤，倒是鱼汤味道鲜美，确属上品。

热带雨林徒步

在亚马孙雨林徒步是我们团队每个人的梦想，陆地样带项目也最具挑战性。我们需要在雨林中往返穿行10公里，观测所看到的动物，记录其种类和数量。到达目的地后，休息一个小时，待受到惊扰的丛林恢复平静，再原路返回。每次徒步都是一次洗礼，不同的路线，不同的时间，我们都会有不同的收获。

雨林地面是潮湿的或泥泞的，蚊子数量惊人，随意停留10秒钟，就会被数十只蚊子包围，它们的口器穿透力很强，可以穿透单层速干衣裤。我们武装到了牙齿，标准装备是：高筒雨靴，速干衣外再套着冲锋衣，丛林蚊帐帽，手套。可以想象，在温度30多摄氏度，湿度100%的环境中，徒步数公里，其结果必然是汗湿重衫。在湿热的雨林中，身穿冲锋衣相当不科学，但对蚊子的恐惧心理让我们选择了忍受湿热，这样，及时补充水分就很重要了。

我们扎进茫茫雨林，脚下并没有太多腐枝烂叶，高温潮湿的雨林中分布着大量微生物，它们在急不可耐地等待树叶落下，一俟"猎物"出现，立即蜂拥而上，分而食之。树林中幽暗不明，树木形成明显的分层，巨大乔木的树冠经常高达50—60米，以吸收阳光，争取生存空间。高大的树冠纵仰视也不能见其顶，行走其中，常叹人类如此渺小。康拉德的描述颇有古意："与其说亚马孙是丛林，不如说像远古的暴民，是古时大片植物群起暴动，占领世界的遗迹。"这就是我此刻的感受——站立在一群手持棍棒的暴民中间，如此无助。有修士的描绘更富有文学色彩："草木及阴郁青苔覆盖了高耸的树木，仿佛建造了一座哀凄墓室，旅人恍如行走在鬼魅和女巫的隧道内。"

向导手持长刀披荆斩棘，在前开路，另一名科研助手殿后。我们立即被硕大的板状根、气生根、老藤、布袋似的树上蚁穴、长有尖刺的树、蜕皮的树、正在绞杀树木的巨藤、数不清的菌类及各种昆虫所征服，也观察到了猴子和浑身长满菌类懒惰无比的树懒等动物。

这是诡异的阿凡达的世界，光怪陆离，令人眼花缭乱。为适应热带雨林的自然条件，或是相互适应，各种动植物大显神通，经过漫长的进化，形成了独特的生存方式。

科研助手们有绝佳的视力和听力，甚至第六感，他们可以从很远距离"感知"到某个方位某种动物的存在：游荡在"森林之母"木棉树的树冠上、距离地面数十米的猴子，伪装到极致的三趾树懒，腐叶中指甲盖大小的蛙类，或是几乎与树皮同色的昆虫。

科研助手们向我们详细介绍动植物的生存方式，植物间是相生相克的，而动植物间也是相互利用的。为适应高温高湿环境，很多树木长有气生根，气生根有呼吸功能，可以吸收空气中的水分；雨林土壤松软贫瘠，大部分树木根系不发达，为固定高大的树干，由粗大的侧根发育成巨大的板状根，高达三四米；并非只有动物间才有你死我活的斗争，植物之间也有着复杂的交互关系，它们共生或以对方为代价而生存，也有斯杀和存亡之争，经常可以看到巨藤紧抱大树，慢慢绞杀，如同巨蟒试图令猎物窒息。站立在那里，我似乎可以听到恶魔的咆哮和猎物的喘

懒洋洋的三趾树懒

息与挣扎。偶尔也能看到侥幸逃脱的猎物，巨藤缠绕过的痕迹深入肌理，猎物拼命挣扎，逃过了敌人的猎杀，顽强存活下来，但已是遍体鳞伤，只能苟延残喘；还有树木在积极防御，在气生根或树干上长满尖刺，既阻止藤蔓袭击，也防备动物骚扰；更多植物和地衣等附生在树干、树枝甚至树叶上，只要附主身上有一丁点可赖以生存的腐殖质，它们就不会放过机会，它们发育出特殊的器官和组织，快速收集和存储雨水，吸收空气中的水分，建造起一座座空中花园，那真是一个琳琅满目的世界；而附生的凤梨科植物经常在叶芯积水，造就了箭毒蛙的蝌蚪生长的场所；一棵死去的树木可以成为植物界的"鲸落"，成为各种附生、腐生植物的温床，滋养着各式各样的小型植物，甚至为未来的参天大树提供养分，可谓"病树身上万木春"；水藤可以在体内储存水分，杰克砍断一段，我们纷纷品尝这天然饮品，有木质清香，味道不错，但却有轻微毒素，是古代巫师经常使用的致幻剂。亚马孙雨林对闯入的陌生人并不友好，动植物之间也毫不容情，是不折不扣的"绿色地狱"，这里不是伊甸园，而是拼个你死我活的战场。

潮湿和大量腐木也使菌类疯狂滋生。随处可见大大小小、各种色彩、形状各异的菌类，有的亭亭玉立，有的像花朵怒放，有的像晶莹的瓷器，有的生长在一簇气生根上，像扇面上的朵朵梅花，偶见一枝落地的腐木上，长着一串珍珠般的菌类，娇小可爱。

浩浩荡荡的切叶蚁大队，用双颚举着用以培植真菌的树叶，在我们面前匆忙走过。到处可见悬挂在树上的蚁穴。有趣的是，杰克将蚂蚁汁液抹涂在身上，说可以防止蚊子叮咬，我没有尝试这种奇特的方法，而是选择了冲锋衣。

一只提灯蜡蝉的出现引起我们的关注。它就那么趴在树干上，丝

在亚马孙雨林徒步，巨大的板生根令人生畏

毫不起眼，直到科研助手发现它。它的外形独特而华丽，有一丝诡异。如蚕之吐丝，蜘蛛之结网，沫蝉若虫用一团白色泡沫来保护自己。

目睹树懒也是奇遇，这种长期挂在树上的神奇生物，已经丧失地面生存能力。它懒到了极致，身上长满的藻类为它提供天然的保护色，以避免被其他动物所猎食。我们静候在下方，期望看到它稍许挪动身体，但它的确无视我们的存在，悬挂在那里纹丝不动。

我确实有过旖旎的想法，如遭遇美洲狮或美洲豹，期待看到食蚁兽、美洲貘和森蚺等亚马孙独有的动物，但我也很清楚，能够看到美洲狮或美洲豹的可能性几乎没有。张树义老师在《野性亚马逊》中提及，他在野外徒步时，曾亲眼见到美洲狮，也曾感知到美洲狮在树后跟踪窥探他。或许，也会有美洲狮正在窥探我们，而我们却懵懂不知。幸运的是，一天中午，我们正在用餐，一只貘竟然大摇大摆地出现在船边觅食，我们去拿相机的工夫，它已经钻进河中，消失得无影无踪了。

雨季到来，森林成为泽国，只有地势颇高的地段尚在水面之上，我们只好两栖作战，先是乘船在森林中穿行，到达高点，再弃舟登岸，作森林徒步。在森林中行船确实是难得的经历，在旱季时，这个水位是飞翔的鸟类才可以到达的高度。雨季和旱季的转换对动植物的影响是很复杂的，它们已经习惯于雨季与旱季循环往复的节奏，甚至已经进化出特殊的技能，黄斑河龟懂得在雨季到来之前抓紧时间产卵；九带犰狳可以将空气吸入胃部，给自己打造一件救生衣，从容泅水；蜘蛛学会了游泳；火蚁也可以将腿互相缠在一起，利用水的表面张力，成群结队地漂浮在水面迁徙，它们将蚁穴建在树上，避免雨季时遭受灭顶之灾。

仰望高耸的树木，树冠几不可见，周围丛林茂密，头脑中浮想起里维拉小说《旋涡》中的场景，在热带雨林中亡命，基本没有生存可能。我们都很清楚：离开向导，我们就会被亚马孙雨林毫不留情地吞噬。但另外一个念头也萦绕在我的脑海：人类正在毫不留情地吞噬着亚马孙雨林。

亚马孙河水在雨季和旱季水深相差最高达到 10 米，旱季的雨林徒步在雨季就改作划船进入水淹森林了 ▶

雨季到来，森林成为泽国 ▶

人类为了短期利益肆无忌惮地破坏着雨林，破坏着人类赖以生存的环境。其实，大自然何曾在意这些微不足道的变化呢，它不过是满脸讽刺地看着愚蠢的人类如同蚂蚁一般忙碌地在自己家搞破坏罢了。

幸运的是，包括博德默教授在内的科学界，基于生态环境监测数据，一直在呼吁保护亚马孙雨林，人们已认识到亚马孙雨林保护的重要性，至少亚马孙雨林的"沙漠化"在秘鲁并不严重。参与亚马孙热带雨林保护就是保护地球之肺，保护我们自己。

每天傍晚，工作结束后，红霞散金，夜鸟投林，我们来到顶层甲板，享受一瓶冰镇啤酒，这是最惬意的时光。但美好时光总是短暂的，太阳西沉，蚊子瞬间铺天盖地而来，我们不得不迅速进入室内，稍有迟疑，就会被数十只蚊子光顾。博德默博士开玩笑说，被蚊子叮咬 1,000 次，就不会再有感觉了。我曾亲见蚊子叮在他胳膊上，他竟浑然不觉。我承认我被打败了，永远停留在了 999 次的水平。

捕捉凯门鳄
——邂逅黑暗王子

凯门鳄是亚马孙河不折不扣的黑暗王子，浑浊的河水下，你永远感知不到它的存在，但它就在那里，它善于潜伏，随后发动突然袭击。

监测凯门鳄的种类、数量和身体指标，有助于推断保护区内鳄鱼的数量和生活状态，也能判断其是否遭到过量捕杀。

凯门鳄监测都在夜间进行。我们沿河岸巡视 5 公里，捕捉样带内的鳄鱼。科研助手捕捉鳄鱼只需要强光灯和类似于套马杆的绳套。用强光照射岸边，鳄鱼眼睛里名为明毯的结构，会反射出红色的光点。大部分情况下，它们会静静地等待我们捕捉。发现鳄鱼后，科研助手用绳套套住鳄鱼嘴将其拖上小船。

有时月华如练，浮光跃银，有时星汉灿烂，银河广袤，有时漆黑一团，光影俱无，或有淫雨霏霏，甚或大雨如注。没有百鸟齐鸣、吼猴嘶叫和亚马孙河豚戏水，雨林万籁俱静，微风习习，只有我们这条小船孤独地行驶在河汊中，偶有一条飞鱼跃上小船，我们的马达声是打破大自然沉寂的唯一声响。我注目两岸黑黝黝的森林，那些惯于夜行的动物们，很可能就隐藏在高大的树木后，打量着这些不速之客。乘小船进入雨林的第一个夜晚，心下仍有一些惴惴不安，亚马孙那些神奇恐怖的传说萦绕在脑海，周围空气都仿佛变得凝重稠密。但为宁静的雨林所感染，我很快沉溺于浑然物外、返璞归真的境界，那一刻我似乎回到童年的某一个场景，在家乡的野外，听风望月，享受清冷的夜晚，这份久违的感觉摄取了我的心神。科考期间，我每晚都会参加凯门鳄观测项目，充分享受这份心灵的宁静。

科研助手们捕捉鳄鱼的动作非常纯熟，猎物通常是体长1米内的小鳄鱼，往往一个人就可以完成捕捉，随后用胶带缠住鳄鱼吻，将四肢捆扎。我们需要记录鳄鱼的种类、性别、数量、体重、身长、吻到

科考中捕捉到的未成年凯门鳄 ▶

头部的长度、吻到眼部的长度和到性器官的长度等，然后将其放归。受到惊吓且被限制自由的鳄鱼一动不动，在众人围观下，瞪着无助的眼睛，对自己的境遇懵懂无知，只能任由摆布。看着它们不安、不解和有些恐慌的眼神，我对这些小生灵充满歉意。

　　放生一条小鳄鱼时，它悬浮在水面一动不动，我们很担心是不是有什么意外，遂用长棍搅动水面，小鳄鱼才迅速游走。动物的狡黠令人捧腹。

　　收获总是伴随着辛苦。一个凄风苦雨的夜晚，天空中偶尔响起一声惊雷，雨点噼里啪啦地打在身上，河面漆黑一片，小船顶风冒雨前行，在南纬4°的热带，居然寒气袭人，我身着雨衣瑟瑟发抖。老天爷没有惠赠我一个月朗风清的夜晚，却赐予我巨大的惊喜——我们捕捉到了科考期间最大的一只鳄鱼，一只2米长18公斤重的成年雌性黑凯门鳄。杰克和加布里埃尔欢喜异常，我也瞬间肾上腺素飙升，紧张和兴奋交织。

▼ 一个凄风苦雨的夜晚，我们捕捉到一条2米长的成年雌性凯门鳄

一天晚上，凯门鳄观测项目结束返回，只见满屋飞蛾乱舞，遮蔽了灯光，我瞬间头皮发麻，浑身发凉——我出门前忘记关灯了。我只好打开卫生间的灯光，将飞蛾吸引过去，用淋浴喷头将它们击落，从下水道冲走。那一晚，我杀死了数十只飞蛾。深知杀戮过重，从此不敢再犯错误。

每次离开亚马孙，我都会带着几十处蚊虫叮咬的红肿离开，通常需要一两周才能完全恢复。最痛苦的一次经历是在捕捉凯门鳄时，右臂在树枝上轻轻划过，只是一瞬，就被某种昆虫叮咬，剧痛迅速扩散，几个小时后才缓缓消失，但肿胀持续数周才退。博士很庆幸我没有遭遇子弹蚁。美国昆虫学家贾斯汀·施密特亲身尝试过 150 多种昆虫的叮咬，他把子弹蚁叮咬后的疼痛排在"施密特叮咬疼痛指数"首位，他描述说，"那种感觉就像有颗生锈的钉子扎入脚后跟，然后再赤脚走在火红的木炭上"。或许我该庆幸疼痛并没有如此剧烈。亚马孙雨林中，有些部落的年轻人需要在成人礼上被子弹蚁叮咬十分钟，与他们相比，我的痛楚也就算不得什么了。

❖ 走访亚马孙原住民村落

秘鲁亚马孙盆地大约 30 万平方公里，居住着 68 万人，很多原住民世代生活于此，以在亚马孙河和丛林中进行渔猎和树木砍伐为生。20 世纪 90 年代前，秘鲁建立了一些自然保护区，将原住民迁出以保护雨林，使原住民失去了归属感，导致大量盗渔、盗猎和盗伐，甚至暴力事件频发。之后，在博德默博士和其他科学家倡导下，帕卡亚－萨米利亚保护区采取新模式——将原住民纳入生态系统，允许他们以传统方式在保护区内生活，按需渔猎和伐木，有了归属感的居民反而参与到雨林保护中来。这种模式获得了成功，目前已推广到秘鲁其他十多个保护区。

村民的小船平缓地穿行在墨绿色的树木倒影中，与自然融为一体

　　偶尔可见村民的小船驶过，平缓地穿行在墨绿色的树木倒影中，小船和他们五颜六色的衣服也倒映于水，各色倒影又被小船撞碎，随水纹荡漾，他们与自然融为了一体，像极了一幅印象派画作。村民们对科考船并不陌生，远远地看着我们，脸上流露出微笑。有一次我竟呆呆地看了他们半天，暗问自己是否可以耐得住寂寞，长居雨林中。

　　返程时，我们走访了玻利瓦尔村。一幅纯美的田园风光。一条小木船正从村庄划向河对面，那里有几亩田地。妇女们在河边洗衣服，男孩子们在戏水，望见我们到来，光屁股的孩子们纷纷在水中翻起了跟斗，就像一群顽皮的灰豚，算是欢迎我们了。他们竟然不担心遭到凯门鳄或食人鱼攻击么？

　　憨厚的村长陪同我们。村民们过着几近与世隔绝而自给自足的生活。

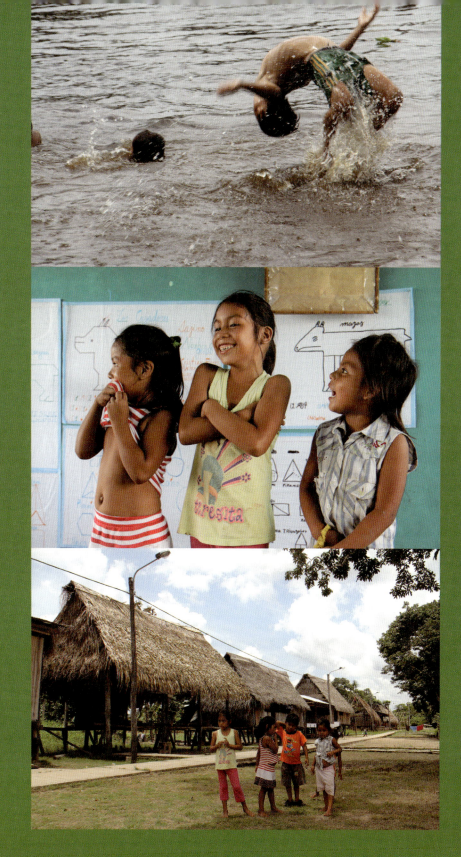

玻利瓦尔村
中的孩子们

高脚屋都用木材和树叶搭建，很简陋，房内几无长物。

大些的孩子们在踢球，年轻的妈妈坐在门口的木梯上，正在哺乳怀中的婴儿，笑意盈盈，目光温润澄澈。美丽的少女懒洋洋地躺在木板上，斜眼看着来客，眼神中透着一丝好奇。

学校只有一间校舍和一位老师，教室墙壁上悬挂着各种手绘知识图。我们为孩子们带来一些文具。正在上课的一群小不点兴奋不已，立即放弃上课，叽叽喳喳地缀在我们身后。

村民们的精神生活相当贫乏，但这里的河水和森林足以令他们衣食丰足。我想到伊基托斯水屋的年轻妈妈，场景完全相同，但城市的繁闹和物质生活的贫乏显然给她造成了太多压力。

这些原住民世世代代生活在这里，亚马孙河水似乎流淌在他们的血管中。他们并不知道，也不会介意亚马孙雨林对这个世界意味着什么，他们只知道，亚马孙能够提供衣食和庇护之所，也是他们的精神家园。

依依惜别亚马孙

离开玻利瓦尔村，即将驶离萨米利亚河。我们正在会议室做科考总结，突然，窗外飞过密密麻麻的鸟群，只见成千上万只野鸭，排着密集队形，贴着水面，向同一方向飞去，纷纷攘攘，持续几分钟时间，就像阅兵场上，千军万马接受检阅。直到野鸭群飞远，我们还在面面相觑，如在梦中。

博士开玩笑说："野鸭们也来为你们送行了。"随后为我们揭开了谜团："野鸭正在集体觅食，它们熟悉这里的水面，统一行动，将鱼群驱赶到一处，再集体捕食。"在这壮观的场面后，野鸭们将会迎来一场盛筵，而等待鱼类的则是悲惨的大屠杀。不仅鸟类有这样的密切配合，凯门鳄和巨獭也有合作捕鱼的行为。大自然的智慧确实高深莫测。

完全与外界隔绝的科考时光是美好的。志愿者们充分享受迷人的

成千上万只野鸭，排着密集队形，集体捕鱼 ▼

雨林风光、野外工作和婴儿般的睡眠，享受与自然结合为一的感觉。科考即将结束，离情别意慢慢滋生，空气中弥漫着伤感的情绪。

进入宽阔的马拉尼翁河，踏上返程之路。已经形成深度默契的志愿者们在甲板上小聚，科研团队和服务人员也加入我们。博德默博士拿出各种英式古董衣帽和宝剑作为道具，与大家一起拍照留念，这一刻，科学家表现出科研之外的魅力。

马拉尼翁河呈现了一场壮美的落日，辽阔的天空和河面满是瑰丽的红、粉、橙、紫，浑然一体，秘鲁国旗在风中猎猎作响。我曾有缘在长江三峡看长河落日圆，也曾在尼罗河上，让落日余晖将我的船帆染红，每一次壮丽的日落都发生在行程即将结束之际，每一次都令人心荡神摇，魄动魂牵。离别，夕阳，那一刻，所有人都陶醉了。一道曼妙的身影在翩翩起舞，裙裾飞扬，她手上似乎还拿着一只酒杯，那是爽直的田老师。能为保护亚马孙雨林尽一点绵薄之力，我们倍感欣慰。

次日清晨，我们从瑙塔镇乘快艇前往马拉尼翁河与乌卡亚利河交汇处，下面的河道正式称为亚马孙河，流经伊基托斯，一路向东穿过巴西，注入大西洋。在三河交汇处，目睹"浩浩汤汤，横无际涯，朝晖夕阴，气象万千"，颇有从这里沿亚马孙河顺流而下的冲动。浑浊的水面下和茫茫的雨林中，还有更多神奇和未知吸引着我。

与博德默博士和他的团队依依惜别，他们真诚欢迎越来越多的中国志愿者参与亚马孙科考，参与到雨林保护中来。

我自忖对亚马孙雨林的描述带有小布尔乔亚的矫饰色彩。我不能像冒险家埃德·斯塔福德那样，历时860天，从密斯米雪山的亚马孙源头全程徒步到大西洋河口，行程近万公里；不能像《亚马孙：伪天堂里的人类与文化》的作者、人类学者贝蒂·梅格斯那样，进入亚马孙原住民的精神世界；也不能像张树义博士一样经年居住在雨林中，自主独立地进行科考。我只能在科考团队的细心照料下，在风险可控的情况下进入雨林，但这已经是我所能做到的，最大限度地与亚马孙雨林的亲密接触了。我对雨林保护的呼吁，听起来也有点口号化的意味，但我必须声明：这是我发自内心的告白。

后记

　　我惯于行走，却不勤于笔耕，常常抱着一点愧疚心，抱愧于走过的路、遇到的人、访过的古迹、看到的景致，甚至拍过的照片。秘鲁的书稿，断断续续花了十年时间才告完成，我能够清晰地感觉到自己思想和文风的转变轨迹，以至于在最终统稿时，我不得不粗暴地强行抹除这道轨迹。我的指尖划过键盘，凹凸不平的触感即是那难以掩饰的变化。

　　我无疑是钟爱秘鲁的。我曾三次在中央电视台四套"城市1对1"栏目中担任嘉宾，分别介绍了库斯科、阿雷基帕和普诺（的的喀喀湖）；在中央人民广播电台的一次访谈节目中，当主持人询问我最喜欢哪个国家时，我思索再三，最后笃定地回答："秘鲁。"

　　作家撰写人物传记时，通常会对传主倾注深厚的情感，这是显而易见的，而撰写某个国家的"传记"，又何尝不是如此？我对秘鲁的钟爱已然体现在整本书的字里行间，自不必再赘述之。

　　对秘鲁的深厚情感，使我总希望能够穷尽其一切，然而愈追求圆满，一些遗憾在心中就愈加被放大。我在秘鲁的足迹不可谓不广，但仍有一些路线是我至今未能成行的，比如攀登海拔5821米的米斯蒂火山，比如徒步穿越印加小道前往马丘比丘，比如登临华纳比丘，比如前往伊斯皮里图大草原走访曼科·印加最后的都城比尔卡班巴。我相信，我会在不远的将来实现这些夙愿。

既然对秘鲁那么富有情感，那就让我将先行完成的部分分享给大家，以免拖延症发作，以至于要再耗时十年才最终走完那几个地方并完成全部的写作——若真拖到那时，本书大概也不需要面世了吧。

但钟爱也不至于令我盲目，让我看不到存在的问题，或偏袒感情上倾向的一方，以至于闭目塞听乃至讳莫如深。我会"制止过于匆忙地顺从欲望，减轻和限制激情，以便理智可以自由地考察，理性不偏不倚地做出判断"（约翰·洛克语）。我常常心痛秘鲁在历史上遭受的苦难，也深深遗憾，一如南美洲其他国家，秘鲁也长时间未能走出历史的恶性循环，而这种恶性循环体现在秘鲁社会生活的方方面面。

从 2011 年到 2017 年，我曾 4 次造访秘鲁，每一趟基本也就间隔 1—2 年。而距离上次离开秘鲁，迄今已有 6 年时间，于我而言，可谓暌违良久。但也恰是在最近几年，困于斗室之中，创作欲望被激发，我加速了秘鲁书稿的写作，反倒更加频繁地"云游"秘鲁了。于是乎，那郁郁苍苍的群山、蜿蜒崎岖的河流、荒凉苍茫的沙漠、梦幻神秘的古文化、多姿多彩的民俗、形形色色的人物……一次次地涌现在我的眼前，流淌在我的指尖，闪现在我的屏幕前。

写作是对这份钟爱极好的慰藉，而能有幸将这份钟爱分享给更多读者，则是加倍的快乐。

2023 年 11 月

参考
文献

1. 白凤森 . 列国志：秘鲁 [M]. 北京：社会科学文献出版社，2006.

2. 林被甸，董晶胜 . 拉丁美洲史 [M]. 北京：人民出版社，2010.

3. 胡恩菲尔特 . 秘鲁史 [M]. 左晓园，译 . 北京：东方出版中心，2011.

4. 崔格尔 . 理解早期文明：比较研究 [M]. 徐坚，译 . 北京：北京大学出版社，2014.

5. 威利 . 聚落与历史重建：秘鲁维鲁河谷的史前聚落形态 [M]. 谢银玲，曹小燕，黄家豪，等译 . 上海：上海古籍出版社，2018.

6. 巴恩 . 考古通史 [M]. 杨佳慧，译 . 天津：天津人民出版社，2021.

7. 赵鸥 . 安第斯文明特展：探寻印加帝国的起源 [M]. 北京：文物出版社，2019.

8. 萨默维尔 . 印卡帝国 [M]. 郝名玮 ，译 . 北京：商务印书馆，2015.

9. 沈小榆 . 失落的文明：印加 [M]. 上海：华东师范大学出版社，2001.

10. 德拉维加 . 印卡王室述评 [M]. 白凤森，杨衍永，译 . 北京：商务印书馆，1993.

11. 布朗 . 印加人：黄金和荣耀的主人 [M]. 段长城，译 . 北京：华夏出版社，2004.

12. 麦夸里 . 印加帝国的末日 [M]. 冯璇，译 . 北京：社会科学文献出版社，2017.

13. 乌尔顿 . 印加结绳符号 [M]. 北京：商务印书馆，2020.

14. 薛恩伦 . 马丘比丘：印加帝国的世外桃源 [M]. 北京：中国建筑工业出版社，2016.

15. 普雷斯科特 . 秘鲁征服史 [M]. 周叶谦，刘慈忠，吴兰芳，译 . 北京：商务印书馆，2011.

16. 卡萨斯 . 西印度毁灭述略 [M]. 孙家堃，译 . 北京：商务印书馆，1988.

17. 伯曼 . 宗教裁判所：异端之锤 [M]. 何开松，译 . 沈阳：辽宁教育出版社，2001.

18. 麦夸里 . 安第斯山脉的生与死：追寻土匪、英雄和革命者的足迹 [M]. 冯璇，译 . 北京：社会科学文献出版社，2017.

19. 王世申，周义琴.安第斯山的传说：秘鲁 [M].上海：上海锦绣文章出版社，2010.

20. 天地父母：印第安神话 [M].樊英，译.北京：中国青年出版社，2006.

21. 拉尼德.印第安神话故事 [M].王喆，李晨，译.北京：北京联合出版公司，2017.

22. 马林诺夫斯基.巫术科学宗教与神话 [M].李安宅，译.上海：上海社会科学院出版社，2016.

23. 陆国俊.美洲华侨史话 [M].北京：商务印书馆，1997.

24. 斯图尔特.秘鲁华工史（1849—1874）[M].张凯，沈桓，译.北京：海洋出版社，1985.

25. 费根.洪水、饥馑与帝王 [M].董更生，译.杭州：浙江大学出版社，2009.

26. 约翰.气候改变历史 [M].王笑然，译.北京：金城出版社，2014.

27. 费根.气候改变世界 [M].黄中宪，译.北京：天地出版社，2019.

28. 米哈雷斯.解放者 [M].杨恩瑞，陈用仪，等，译.北京：中国对外翻译出版公司，1984.

29. 罗德里格斯.为玻利瓦尔辩护 [M].徐世澄，译.北京：五洲传播出版社，2014.

30. 米特雷.圣马丁传 [M].仇新年，译.北京：新华出版社，1991.

31. 阿拉纳.银、剑、石：拉丁美洲的三重烙印 [M].林华，译.北京：中信出版集团，2021.

32. 威亚尔达.拉丁美洲的精神：文化与政治传统 [M].郭存海，邓与评，叶健辉，译.杭州：浙江大学出版社，2019.

33. 加莱亚诺.拉丁美洲被切开的血管 [M].王玫，等，译.南京：南京大学出版社，2018.

34. 克劳泽.救赎者：拉丁美洲的面孔与思想 [M].万戴，译.北京：北京日报出版社，2020.

35. 诺曼.埃德蒙·柏克：现代保守政治教父 [M].田飞龙，译.北京：北京大学出版社，2015.

36. 索托.另一条道路：一位经济学家对法学家、立法者和政府的明智忠告 [M].于海生，译.北京：华夏出版社，2007.

37. 贝利.殖民地时期的拉丁美洲艺术 [M].姜册，译.长沙：湖南美术出版社，2019.